如何培养孩子的
社会能力 ⓘ

"我能解决问题"法的 *107* 个情景运用

[美] 默娜·B.舒尔 / 著

陆新爱 / 译

Thinking Parent,
Thinking Child

北京联合出版公司
Beijing United Publishing Co.,Ltd.

图书在版编目（CIP）数据

如何培养孩子的社会能力．Ⅲ／（美）默娜·B.舒尔
著；陆新爱译．— 北京：北京联合出版公司，2022.1
ISBN 978-7-5596-5777-0

Ⅰ．①如… Ⅱ．①默… ②陆… Ⅲ．①家庭教育
Ⅳ．① G78

中国版本图书馆 CIP 数据核字（2021）第 261119 号

THINKING PARENT, THINKING CHILD: TURNING EVERYDAY PROBLEMS INTO
SOLUTIONS (SECOND EDITION) By MYRNA B. SHURE
Copyright © 2016 BY MYRNA B. SHURE
This edition arranged with Books Crossing Borders,Inc.
Through BIG APPLE AGENCY,ING.,LABUAN,MALAYSIA
Simplified Chinese edition copyright©2022 by Beijing Tianlue Books Co.,Ltd.
All rights reserved.

如何培养孩子的社会能力（Ⅲ）

著　　者：[美] 默娜·B.舒尔
译　　者：陆新爱
出 品 人：赵红仕
选题策划：北京天略图书有限公司
责任编辑：管　文
特约编辑：高锦鑫
责任校对：郝　帅
装帧设计：形式书籍设计·刘大毛

北京联合出版公司出版
（北京市西城区德外大街 83 号楼 9 层　　100088）
北京联合天畅文化传播公司发行
水印书香（唐山）印刷有限公司印刷　　新华书店经销
字数 292 千字　　889 毫米 ×1194 毫米　　1/16　　23.25 印张
2022 年 1 月第 1 版　　2022 年 1 月第 1 次印刷
ISBN 978-7-5596-5777-0
定价：50.00 元

感谢所有的父母和孩子，
他们教给我的东西比我能教给他们的要多。

引 言

告之，则恐遗忘。

师之，铭记于心。

引之，学以致用。

　　　　　　——中国谚语

现在是早上 8 点。你听到校车正隆隆地向你家驶来，而你 7 岁的孩子甚至还没开始穿衣服。

你 4 岁的孩子从一个玩伴那里哭着回来了。"汤米打我，"她抽泣着说，"还弄坏了我的新玩具。"

你在家里接听一个重要客户的电话，就在你们通话的时候，你 6 岁的孩子大声喊着让你帮他找鞋子，尽管你已经告诉过他很多次不要在你打电话的时候干扰你。

复活节的前三天，你 9 岁的孩子宣布周日她不会和你一起去看望亲戚。

"我的老师说我考试作弊，可我没有！"你 11 岁的孩子愤怒地喊道。

你的孩子们是否经常因为玩具、玩电脑的时间、电子游戏或其他东西而争吵？他们是否经常为任何事情或每一件事情而与你争吵、彼此争吵？他们是否经常因为不听你的话、不按照你想的去做并顶嘴，而家里也被搞得气氛紧张？你是否觉得自己似乎试过了所有的方法，结果都不管用？

如果你正在寻找一种不同的方法来处理类似这些情形，那么这本书就是为你而写的。我对家庭和学校进行的 30 多年的研究表明，那些自己能够充分思考并成功地解决日常问题的孩子，比那些不能这样思考的孩子，行为问题更少，在学校表现得更好。

在我之前的两本书①中，我介绍并解释了一种实用的方法，用来一步一步地教给孩子们批判性思考的技能，我将这种方法称之为"我能解决问题"法（"I Can Problem Solve"），简称ICPS。这种方法描述了一些具体的游戏、活动和对话，使父母们能够用来教给他们的孩子对日常生活中出现的问题和冲突做出更深思熟虑和更机智的反应。

我从那些和自己的孩子尝试过我的ICPS法的父母那里收到了成千上万感人的信件、电子邮件和电话。有些父母很感激这种方法的一致性和对孩子的尊重，就像这位妈妈所说的那样：

《如何培养孩子的社会能力》这本书对我们家人来说就像一份礼物。我们6岁的女儿已经成长为一个看起来对她自己是谁以及她在想什么有强烈意识的解决问题的能手。作为父母，我丈夫和我觉得我们现在有了一种平静而尊重的养育方式，可以用来指导我们的孩子处理他们的生活中从分享到同龄人压力的各种问题。我们全家都很感激舒尔博士在养育方面做出的杰出贡献。

另一位父母则专注于ICPS法的具体实施：

我的孩子们能够解决更多的冲突了，因为我转移了自己的关注点。我坚持使用舒尔博士的对话技巧，将解决孩子们大部分日常问题的责任从我身上转移到了孩子们身上。

这位妈妈认识到，我的"对话技巧"是我的解决问题方法的

---

① 这两本书分别是 *Raising a Thinking Child* 和 *Raising a Thinking Preteen*。中文版书名分别为《如何培养孩子的社会能力》和《如何培养孩子的社会能力（Ⅱ）》，均由北京联合出版公司出版。——译者注

核心。我说的这种技巧是什么呢？

比如，4岁的帕蒂和她8岁的姐姐瓦尔正在为一套黏土套装争吵，那是她们的姑姑送给帕蒂的生日礼物。帕蒂挑衅地告诉她姐姐，黏土是她的，瓦尔不能玩。几分钟之内，两个女孩就开始冲对方大声喊叫，以至于她们的妈妈朱莉娅知道自己必须要出面干预了。

以下就是帕蒂和瓦尔的妈妈如何运用对话技巧来帮助自己的女儿解决冲突，从而让两个女孩最终对解决方案都满意。

妈妈：发生什么事了？有什么问题吗？

帕蒂：这是我的粘土，瓦尔要全部拿走。

瓦尔：我只想要一点。帕蒂从来不跟我分享，而我总是把我的东西和她分享。

妈妈：帕蒂，你们俩都在冲对方喊叫。你现在感觉怎么样？

帕蒂：生气！

妈妈：瓦尔，你感觉怎么样？

瓦尔：我生气！帕蒂太自私了！她从来不分享！

妈妈：冲对方喊叫是处理这个问题的一种方式。现在发生了什么？

帕蒂：我们在吵架。

妈妈：你们两个能想出一个**不同**的方法来解决这个问题，以便你们两个都不生气，也不争吵吗？

瓦尔：她可以拿着红色的粘土，我拿着蓝色的，然后我们再交换。

妈妈：帕蒂，这是个好主意吗？

帕蒂：是的，我可以用粘土做蛋糕，她可以把它当甜点。

瓦尔：好，我来做糖霜。

正如你能看到的，朱莉娅没有对两个女儿唠叨，而是问她们问题。这种方法不仅直接让孩子们参与到解决自己问题的过程中，还能让朱莉娅搞清楚从孩子的角度来看问题出在了哪里。这还给了瓦尔机会表达她的感受——她感到特别生气，因为她相信自己总是和帕蒂分享自己的东西，而帕蒂却不分享。

同样重要的是要注意，朱莉娅问的每一个问题都有一个特定的目的。例如，当她问两个女儿感觉怎么样时，她是在帮助孩子们培养共情。共情之所以重要，是因为我们只有学会关心自己的感受之后，才会关心别人的感受。当朱莉娅问"现在发生了什么"的时候，孩子们就会受到鼓励去思考自己行为的后果。最后，为了帮助孩子们想出解决问题的办法，她问："你们两个能想出一个不同的方法来解决这个问题，以便你们两个都不生气，也不争吵吗？"

不同在对话技巧中是一个关键词。事实上，在本书的很多章节中，你会看到我用黑体标出的一系列字词，以表明它们是以一种新的方式在使用。其他字词——比如**不**、**之前**和**之后**——例如在下面这样的问题中，也变成了关键词："你的想法是个好主意还是个**不好**的主意？""你打他**之前**发生了什么事？""**之后**发生了什么？"

当孩子们思考这些问题时，使用这些和其他关键词，就会发生一些极不寻常的事情。孩子们不会再带着愤怒、沮丧、无聊或难以忍受的感觉走开，他们会感到被赋予了力量，并且更可能对解决方案感到满意。正如我的研究已经表明的，与父母们认为最好的解决方案相比，孩子们更可能执行他们自己想出的解决方案。

这种解决问题的方法与父母们想出的处理孩子们问题的其他方法有什么不同呢？让我们回到朱莉娅两个愤怒的女儿争吵的情形，假设她使用了心理学家所说的"权力压制"，我简单地称之为"权力法"。她会说类似这样的话："把黏土给我，如果你们两个不能分享，我就把它收起来，你们两个都不要玩了！"或者"我不想再听到你们大喊大叫了！帕蒂！别那么自私！"类似对孩子喊叫、强求孩子、剥夺孩子想要的东西之类的方法，甚至采用历史悠久的"暂停"的方法，都可能带来你想要的结果——停止孩子们的争吵——但父母可能只会在短时间内感到满意。

这是因为"权力法"忽视了整个情形中极其重要的一部分：孩子们自己。她们有什么感受？很可能，她们依然像刚开始争吵时那样气愤和沮丧。不仅如此，她们并没有学会如何解决她们的问题，这很可能意味着一旦"暂停"结束，她们会再次因为争夺黏土而争吵。明天，她们也会很容易因为别的事情争吵。依靠"权力法"的另一个陷阱是，随着时间的推移，孩子们开始感到非常压抑，以至于她们可能会变得冷漠或心怀怨恨，因此，她们可能会把自己的挫败感发泄到其他朋友身上或发泄在学校里。

朱莉娅还可能使用的其他办法包括我所说的"建议法"和"解释法"。如果朱莉娅采用建议法，她会告诉孩子们**应该**做什么，而不是**不该**做什么。例如，她会说："你想要什么就应该去要"或"你应该分享你的玩具"。如果她采用解释法，她可能会这样说："如果你们两个不学会分享，就没有人会和你们一起玩，你们也不会有任何朋友。"这种解释法是基于一种假设，即理解自己行为影响的孩子不太可能做出伤害自己或他人的行为。作为解释法的一部分，朱莉娅可能会依赖广泛使用的"我句式"，比如"当你们两个像这样争吵时，我感到生气"。

虽然建议法和解释法比权力法更积极，但使用这三种方法的父母仍然是在**替**孩子思考。这些父母不是让孩子自己解决问题，而是进行一种单向的自言自语。这些父母只是在**告知**孩子怎么做，而不是在和他们进行**交流**。而且，孩子们很可能已经拒绝了父母提供的任何建议或解释。此外，父母最终会因为孩子不听他们的话而感到恼怒——这反过来又会导致一个没有人能赢的情形。

事实上，这三种方法都不鼓励父母去认可或理解孩子们的感受，当与孩子之间关系紧张时，这些方法也不能处理父母自己内心的感受。

使用对话技巧作为一种解决问题的方法——也就是朱莉娅实际采用的与女儿们之间的沟通方法——兼顾了父母与孩子们的需求和感受。结果是双赢的。

朱莉娅知道这一点。她是一位**会思考**的妈妈。

成为一位会思考的父母，关键是要积极主动，而不是被动反应。不管你的孩子是与兄弟姐妹、同学、朋友还是与你就一个问题产生争执，善于思考的父母都会权衡选择，决定如何回应，帮助孩子弄明白**如何**思考，而不是思考**什么**，这样，孩子就能自己解决问题了。

现在，我们来假设有三个孩子，都是 5 岁，都想要玩一个珍爱的玩具。

莱尼对弟弟说："把那辆火车给我！那是我的，而且轮到我玩了。"当弟弟拒绝之后，莱尼一把抢过玩具，然后离开了房间。

索尼娅要求和妹妹轮流玩洋娃娃，被妹妹拒绝后，索尼娅放弃了，闷闷不乐地离开了房间。

安东尼要求和弟弟轮流玩卡车。被弟弟拒绝后，他问道："为什么不让我玩？"

"我现在需要它，我正在灭火。"他的弟弟说。

"我可以帮你，"安东尼回答，"我去拿根水管，我们可以一起把火扑灭。"

安东尼与莱尼和索尼娅的处理方式有什么不同？莱尼对挫折的反应是采取行动，在这个情形中，他抢走了玩具。索尼娅大胆地提出了一个建议——轮流玩洋娃娃——但是，遭到妹妹的拒绝后，她放弃了，退缩了。

安东尼的处理方式与他们两个人都不同。当他意识到第一个解决方案行不通时，他又想出了另一个。虽然安东尼可能想过打他的弟弟或抢走玩具，但是他没有这么做。他的共情之心不允许他这么做。相反，他想出了在不伤害自己或弟弟的前提下就想要的玩具进行谈判的方法。他能够兼顾他们两个人的需求。

安东尼是一个**会思考**的孩子。

所有的孩子都可以学会像安东尼一样思考。解决问题的能力不仅会对孩子现在的行为产生持久影响，而且，正如我的研究表明的，这种能力也会对他们今后的行为产生深远的影响——比如说抵制来自同龄人的压力，拒绝一些更具潜在破坏性的行为，比如吸毒、酗酒、不安全性行为和暴力行为。

再往后，会思考的孩子长大后很可能会成为会思考的父母。

不要将解决问题的养育方式与戴安娜·鲍姆林德①所称的"娇纵型养育"混为一谈。②因为娇纵型养育与解决问题型养育都鼓励孩子自己做出决定，我经常被问："我的孩子可以做他想做的任何事情吗？"正如川端义人（Yoshito Kowabata）和他的同事们描述的，娇纵型父母会对孩子的需求有求必应，但不会设置明确的界限。所以，就像乔治·霍尔顿（George Holden）描述的，他们对孩子几乎没有控制。虽然娇纵型父母和解决问题型父母都允许孩子调节自己的行为，但是，娇纵型父母缺乏严格的规则和始终如一的管教，这可能导致孩子缺乏对诸如愤怒之类情绪的控制能力，也缺乏在与同龄人产生冲突或者沮丧时反思自己行为的能力。这可能导致攻击性行为，正如霍尔顿指出的，这会导致孩子缺乏独立性和实现目标的动力。③另一方面，解决问题型父母会教给孩子们一些技能去思考怎么做才会产生积极而非消极的后果。这种理解将帮助他们做出正确的决定，并形成与处于痛苦中的人的共情，这样他们就不会想去伤害任何人。

---

① 戴安娜·鲍姆林德（Diana Baumrind），美国加州大学伯克利分校发展心理学教授，她提出了四种养育方式，分别是权威型（authoritative）、专断型（authoritarian）、娇纵型（permissive）、忽视型（neglectful）。——译者注

② Baumrind, D. (1971). Current patterns of parental authority. *Developmental Psychology Monographs*, 4(1, Pt. 2), 1–103.——作者注

③ Holden, G. (2015). *Parenting: A dynamic perspective* (2nd ed.). Thousand Oaks, CA: Sage.——作者注

关于这个新版本

2005 年出版的本书第一版包括 87 个重要场景，教你如何将我的独特的"我能解决问题"法应用到你和你的孩子、你的孩子和他们的兄弟姐妹、你的孩子和他们的同龄人之间出现的冲突和问题中。在现在的这个新版本中，我将讨论自那时以来发表的一项重要研究，这项研究既验证了我的方法，又提出了一个观点，为这里的讨论添加了相关信息。在这项新研究的基础上，并且作为对读者提出的其他问题的回应，我增加了三章新内容和 20 个新场景，涉及主题从健康到安全问题，包括互联网问题。

像第一版一样，本书也是按主题安排的。每一章都关注一个特定问题，比如愤怒、攻击或同情，并且包含了多幅反映这些问题的小插图。这种安排可以让你从不同角度对每个主题进行思考。

像第一版一样，你将学会如何让你的孩子掌握做出正确决定的技能，以及如何自由地使用这些技能。你将学会引导你的孩子改变他们的行为，使他们变得不那么富有攻击性、不那么害羞或害怕，而是变得更具合作精神、更能与别人共情，而且变得更能适应和应对生活中的挫折和失望。你还会看到解决问题的技能如何帮助孩子在学业上取得更好的成绩。而且，你会看到他们变得更能真正地与别人共情。这种解决问题的方法，让孩子们开始理解父母也有感受。

有些章节会鼓励你反思你自己对待孩子的行为，会问一些刺激你的问题：暂停到底有多大的作用？打屁股会帮助还是伤害我的孩子？当我与我的配偶对一个问题持相反的观点时，我们要怎么做？我需要成为一个更好的倾听者吗？我怎样才能成为更好的倾听者？如果我不遵守诺言，我可能会给我的孩子传递什么信息？虽然我肯定相信自己的方法是有用并且有效的，但我从来没有对任何养育技巧说过"永远不要"。例如，我不会建议你永远不要对孩子大喊大叫，或者永远不要对孩子发脾气。那是不近人情的。我们都需要发泄我们的情感，而孩子们必须学会面对这一现实。然而，如果当你的孩子做了你不希望他们做的事情时，你总是——或者大多数时候——变得很生气，并且惩罚孩子，那么他们就更难以成为独立的、会思考的孩子。虽然我不会告诉你该怎么做，但我给你提供了一些看待问题的新方法，来帮助你决定什么是对你和你的家人最好的。

2000 年，新泽西州普林斯顿教育考试服务中心的研究员欧文·西格尔（Irving Sigel）告诉我："每当有人教给一个孩子一些他本可以自己发现的东西时，这个孩子就无法自己发现它，因此也就无法完全理解它。"我的目标，是帮助你给你的孩子机会，去发现如何找到——并理解与人相处的正确方法。

而且，一个孩子在哪里能比在家里更好地学会这样思考呢？正如已经运用 ICPS 方法超过 15 年的神经心理学家、前学校心理学家邦尼·阿伯森（Bonnie Aberson）所说：

> 孩子们会知道，无论在其他地方遇到什么困难的情形，家都会提供一个避难所，在那里每个人都能得到倾听和接纳，而且问题都能得到解决。正是 ICPS 培养出的开放和接纳式的沟通方式，增强了亲情心理联结以及那种问题能够而且确实可以得到解决的被赋予力量的感觉。

我们真正对孩子说的是："我在乎你的感受，我在乎你的想法，而且我希望你也能在乎。"我们也是在确认："我相信你会做出好的决定。"在尝试过本书中描述的解决问题的方法之后，我相信你会放心地给予孩子这种信任。

解决问题技能的执行功能

近年来，对心理学家称之为"执行功能"① 的概念的研究越

---

① 执行功能（executive functioning）包括一系列认知能力，例如将想法保

来越多。达纳·利伯曼（Dana Lieberman）、杰拉尔德·吉斯布雷希特（Gerald Giesbrecht）和乌尔里希·穆勒（Ulrich Müller）对大量描述执行功能关键要素的研究进行了综述。[①]经过邦尼·阿伯森的扩展和调整，这些要素对本书描述的人际关系问题的解决方法都有影响。

为了说明，让我们考虑一下前面描述过的 5 岁的安东尼。当他弟弟拒绝了他的第一个解决方案（要求玩那辆消防车）时，安东尼想出了另一个解决方案（加入游戏，帮助弟弟灭火）。在这样做时，安东尼显示了一种叫作"转换"或"认知灵活性"（cognitive flexibility）的能力。安东尼没有通过打弟弟或抢夺玩具来处理他可能有的愤怒或沮丧情绪，相反，他能够克制住这些想法，并**转换**到一个更适合的解决方案。这种自我调节让安东尼有能力控制自己的情绪，并抵制住冲动的行为。此外，安东尼很可能预见到了打弟弟或抢夺玩具的潜在后果，运用了执行功能的另一个被称为"前瞻记忆"（prospective memory）的要素——想起过去的经历、解释或观察的能力。这种思考，以及对弟弟观点的感知（称为"换位思考"），无疑引导安东尼想出了一种既能满足弟弟的需要，又能满足自己的需要的解决方法。

正如大卫·费里尔（David Ferrier）、秀子·巴塞特（Hideko Bassett）和苏珊娜·德纳姆（Susanne Denham）描述的那样，像学龄前孩子那么小的孩子就能成功地发展执行功能的一些技能。[②]正如阿伯森在自己的实践中经历的那样，特殊需求的孩子，

存在大脑中并在短时间内回忆起来（工作记忆）的能力、控制冲动和情绪的能力，以及在不同任务间灵活转换注意力的能力等。——译者注

① Lieberman, D., Giesbrecht, G.F., & Müller, U. (2007). Cognitive and emotional aspects of self-regulation in preschoolers. *Cognitive Development*, 22, 511–529.

② Ferrier, D.E., Bassett, H.H., & Denham, S.A. (2014). Relations between executive function and emotionality in preschoolers: Exploring a transitive cognition-emotion linkage. *Frontiers in Psychology*, 5, 1–12.

包括患有阿斯伯格综合征和注意力缺陷多动障碍（ADHD）的孩子，也能够发展这些技能。[1]

根据川端义人及其同事[2]、迈克尔·苏里克（Michael Sulik）及其团队、伊莎贝尔·罗斯克姆（Isabelle Roskam）和其他人的研究报告，孩子们有可能是先发展出了执行功能的一些技能，从而导致更少出现行为问题，并防止出现严厉或惩罚式的管教。这些研究人员的研究还显示，母亲和父亲共同采取的积极养育方式，更有可能对执行功能的发展具有一种显著的影响，使得孩子们调节自己的行为和情绪成为可能。[3]苏珊娜·德纳姆研究员和她的同事报告说，自我调节的能力预示着社交能力和学习能力。

运用这些积极养育方式的研究结果和我自己的"我能解决问题"法，你可以用以下这些方法来促进执行功能的发展。

作为父母：

· 要给情感贴标签，以便你的孩子能更好地分辨悲伤的感受与愤怒或沮丧的感受有什么不同，从而帮助他更好地处理自己的真实感受。
· 要热情、接纳并倾听你的孩子，以便他能自由地表达自己的想法和感受。

---

① Aberson, B. (2014). Building executive functioning in children through problem solving. In S. Goldstein & J.A. Naglieri (Eds.), *Handbook of executive functioning*. New York: Springer. 302

② Kawabata, Y., Alink, L.R.A., Tseng, W., van Ijzendoorn., & Crick, N.R. (2011). Maternal and paternal parenting styles associated with relational aggression in children and adolescents: A conceptual analysis and meta-analytic review. *Developmental Review*, 31, 240–278.

③ Sulik, M.J., Blair, C., Mills-Koonce, R., Berry D., & Greenberg, M. (2015). Early parenting and the development of externalizing behavior problems: Longitudinal mediation through children's executive function. *Child Development*, 86, 1588–1603.

· 在产生分歧时，要对孩子的观点保持敏感。

引导你的孩子：

· 处理负面情绪，并且不要在生气或沮丧时大发雷霆。
· 积极参与交谈（通过促进讨论和提出开放式问题）。
· 理解你也有感受。
· 计划好如何用一系列可以采用的方法来解决与孩子的年龄相应的问题。
· 通过考虑一个行为的潜在后果来思考他的想法、感受和行为。

如果你努力支持孩子的执行功能，你还要抑制住对孩子做或说的事情做出一种情绪化的、冲动的反应，而要转换成一种更积极的反应，并依靠你的前瞻记忆来增强你作为一个会思考的父母的技能。

通过描述从 2 岁或 3 岁到 12 岁左右的孩子的一些情景，我将让你看到积极的养育，更具体地说是解决问题式养育方式，是如何帮助你的孩子发展那些构成执行功能的技能，以及如何在现实生活中应用的。

最后的一些想法

与第一版一样，我写这本书的目的，是提供一个易于阅读的概要，说明父母们和他们从学龄前到青春期前的孩子每天所面临的挑战性问题——以及将这些问题转变为解决方案的亲身实践工具。

当你使用这本书时，你不仅会获得处理日常情形的自信，你还将学会如何让你的孩子每天都使用这些解决问题的对话技巧。而且，你将帮助你的孩子拥有用来处理生活中出现的问题所需要的工具，不仅仅是今天的问题，还有明年的、10 年后的，直到他们成年。即使你已经从我出版的前两本书中熟悉了ICPS方法，你也会发现当具体问题出现时——因为这是不可避免的——这个新版本是一本非常宝贵并易于使用的参考书。

　　尽管任何时候开始使用"我能解决问题"法都不会太晚，但也永远不会太早。

目 录

第3章　压力、担忧、恐惧和创伤

本章将探讨一些更难以琢磨并且有时是长期的感受，比如压力和焦虑，这些感受往往是害羞的原因，还讨论了如何处理转学到一所新学校、为新学年做好准备、参加考试和可能影响学习的紧张情绪，或处理我们无法控制的事情，比如世界的不确定性……

第4章　对待失去

失去是一种毁灭性的感受……当一个朋友搬走的时候，当一只宠物死去或一个挚爱的家人去世的时候……

第5章　关心和共情

你将看到学会处理类似这样的困难情形如何能够帮助我们的孩子成为能够理解并接受自己的情感的有爱心、会共情的人……

第6章　自尊和掌控感

那些能控制自己生活的孩子不会让生活控制他们……

第2部分　处理并预防问题

第7章　时间与时机：就寝时间、拖延、打扰和没耐心

与就寝时间、何时开始写一周后要交的读书报告以及选择合适的时机寻求帮助有关的争论，这些都与时间的选择有关……为了解决这些重要的问题，我设计了一个名为"合适的时间 / 不合适的时间"的游戏……

第 8 章　占有欲

孩子们陷入争论的另一个熟悉的话题与占有欲有关：如何分享玩具、时间和生活空间……通常，我们的冲动是通过做到"公平"来解决这种争端……但是，就像大多数父母很快就会发现的那样，追求公平往往是徒劳的……

第 9 章　抗拒、告状以及撒谎

你的孩子抗拒你的要求吗？冲你无礼地大喊大叫吗？他是否理解不应该互相打小报告或撒谎……

第 10 章　身体攻击、欺凌者与受害者

如何处理一个孩子打另一个孩子、推另一个孩子、抢玩具或者以其他方式伤害或意图伤害他人身体的情形……

第 11 章　情感攻击

情感攻击发生在背后议论别人、散布谣言或者在聚会或午餐时排挤其他孩子的情况下……

第 12 章　与孩子谈安全行为、危险行为和暴力

如何采用"我能解决问题"法与你的孩子谈论那些恼人的早期高风险行为……

第 3 部分　在家里培养孩子与人相处的能力

第 13 章　家庭纽带

在这个忙碌的世界里，如何增强家人之间的亲情……

第 14 章　同胞竞争

同胞竞争可以是相当有建设性的。孩子们能够学会协商、妥协、轮流，并学会考虑和协调彼此的观点……

第 15 章　同龄人

如何把在家庭这个安全的港湾学会的技能运用到家庭之外不可避免地出现的与同龄人的冲突中……

第4部分　培养人生技能

第16章　倾听

善于倾听是一项需要培养的重要技能……如何在调整你自己的倾听技能的同时，帮助你的孩子调整他的倾听技能……

第17章　安全

如何保护孩子的安全，如何与孩子讨论与互联网有关的日益普遍的问题……

第18章　责任感

另一项人生技能——责任感，也有助于孩子在学校和生活中取得成功……

第 19 章　健康与健身

如果你的孩子挑食怎么办？孩子肥胖又拒绝运动怎么办？如何让你的孩子离开沙发、离开游戏，去锻炼身体？当孩子的家人或者朋友患有终身残疾或危及生命的疾病时怎么办……

第 20 章　学校、家庭作业和学习

家庭作业什么时候做？如何让孩子喜欢做作业？如何让孩子爱上阅读？爸爸的参与对孩子的学业成功大有帮助……

第 21 章　创造力和艺术

创造力和想象力对于涉足音乐、艺术、写作等领域的孩子是非常重要的。如何培养孩子的创造力，点燃孩子的想象力……

后 记

致 谢

第 *1* 部分

处理感受

那些能控制自己生活的孩子不会让生活控制他们。

在你的女儿放学后走进家门的那一刻，你就知道她身上发生了什么美妙的事情——你可以从她的眼睛、她的步伐，甚至她的一举一动中读出她的开心。"妈妈！"她大喊着，高兴得几乎说不出话来——"还记得我写的那份读书报告吗？我今天拿回来了，我的老师很喜欢。我得了 A！"

像这样的快乐通常是会传染的。你知道如何回答："这真是个好消息！我真为你高兴！"

另一些时候，你女儿的感受可能更难读懂。她的眼神很警惕，而且不怎么说话。你想知道什么样的问题能让她敞开心扉——然后又想知道她是否愿意谈谈。如果你强迫她，她可能会变得沮丧，甚至更不愿意说话。

有时候，她回到家时可能看起来非常痛苦。"杰米说我不再是她最好的朋友了。"当被问起时她这样说，声音微弱得几乎听不到。

你现在该说什么？怎样才能帮助她感觉好起来？

情感不仅是普遍存在的，而且在人出生的时候就存在了——只要观察一个被喂食的饥饿的婴儿，注意他脸上呈现的从愤怒、沮丧、惊喜、满足到开心这些千变万化的情感就会知道。但几乎没有什么事情比情感更难处理。

虽然感受是难以描述的——我们既摸不到也闻不到——但不可否认，它们是真实存在的。而且，感受还有些生理成分。我们的身体往往能感觉到情绪。当感到恐惧时，我们有些人的胃会不舒服，有些人则是喉咙后面不舒服。我们都有不同的反应。

帮助你的孩子处理其感受的第一步，是处理好你自己的感受。你可以从意识到你自己对生活中发生的事情的情感反应开始。当一些美好的事情发生时，比如升职，你有什么感受？

现在想想这件事。当你想要某件事发生但它没有发生时，你有什么感受？当你认为会发生的事情没有发生时，你有什么感受？你会大发雷霆、感到沮丧或悲伤吗？你是把怨气发泄在别人身上、放弃还是寻找让事情变得更好的办法？

一旦你确认了自己的感受以及你对它们的反应，你就可以帮助孩子确认他们的。孩子们是从我们这里了解感受的。例如，当我们感到快乐，或者看到我们的孩子快乐时，我们要把它说出来："你今天看起来很快乐！"或者，看到孩子伤心时，要说："你为什么看起来这么伤心？"随着时间的推移，孩子们就能学会将内心的感受与相应的词语联系起来。

说出感受的名称，是一个强有力的工具。当孩子能够描述他们的感受时，他们会感觉到自己能够更好地控制自己和自己的世界。这就是为什么帮助孩子们识别各种情感很重要。很多孩子在被问到有什么感受时，他们会说"好""棒极了""不好""可怕"或"糟糕"之类的词语。很少有人回答"快乐""骄傲""悲伤""沮丧""害怕"。找到一个感受词语不仅会帮助孩子们更清楚地理解他们的真实感受是什么，还可能会决定他们下一步怎么做。如果一个孩子感受到的是悲伤，他做的事情可能会与感到沮丧时不同。仅仅认为他感觉"不好""糟糕"或"可怕"，并不能帮助他对自己的下一步做出一个明智的决定。贝瑟妮·布莱尔（Bethany Blair）和她的同事们报告说，那些使用更复杂的情感词语的父母，他们的孩子能够更好地控制自己的负面感受，并能够找出更多控制愤怒的方法。[①]

除了帮助孩子们学会给感受命名并识别它们之外，帮助他们感觉到能安全地表达自己的感受也很重要。布莱尔和她的同事们进一步解释说，对孩子们表达的感受表现出热情和接纳，会鼓励他们对其进行讨论，而不是隐瞒。在研究中，他们发现那些应对负面情绪的能力最强的5~10岁孩子，更有可能发展出建设性的、积极的友谊——可能是因为这些孩子更有能力有效地表达自己的感受，能够找到应对负面感受的恰当方法，并能以恰当的方式理解和回应他人的感受。在我自己的研究中，我认识到当孩子们感到安全时，他们喜欢谈论自己所有的情感，甚至那些不那么好的情感——男孩和女孩都是如此。

由于所有这些原因，一位10岁男孩的父亲在接受过以本书为基础的"我能解决问题"法培训后，认识到"我过去常常告诉儿子**我**有什么感受，但我从来没想过问**他**有什么感受"就太重要了。

当孩子们成为善于解决问题的人时，他们将能够想到说出自己内心想法和感受的潜在后果。然后，他们就能确定将这些想法和感受告诉他人是否足够安全——也就是说，他们是否可以与一个朋友谈论他们的恐惧，而不用担心这些交谈会反过来对他们造成无法摆脱的困扰。这会给他们一种权力感，因为这变成了由他们决定自己对别人说什么，以及不说什么。学会控制情绪对于健康成长是至关重要的，正如阿曼达·莫里斯（Amanda Morris）和她的研究小组解释的那样，这首先是因为处理日常问题和压力的能力可以防止之后的焦虑或抑郁，还因为未解决的愤怒情绪会导致攻击性行为，比如打、踢、咬其他孩子，打架和与成年人争吵。[②]

① Blair, B.L., Perry, N.B., O'Brien, M., Calkins, S.D., Keane, S.P., & Shanahan, L. (2014). The indirect effects of maternal socialization on friendship quality in middle childhood. *Developmental Psychology*, 30, 566 - 576.——作者注

② Morris, A. S., Silk, J. S., Steinberg, L., Terranova, A.M., & Kithakye, M.

　　你在第一部分将读到的几章，介绍了帮助孩子处理一些有时难以表达的感受的方法——尤其是男孩子——比如失望、沮丧、悲伤和恐惧，以及有时难以控制的像愤怒那样的情绪。

　　我还将探讨一些更难以捉摸并且有时是长期的感受，比如压力和焦虑，这些感受往往是害羞的原因。我将告诉你为什么那些表现出害羞或焦虑行为的孩子一定不能被忽视，并且我将教给你将这些感受消灭在萌芽状态的方法。该部分还讨论了如何处理转到一所新学校、为新学年做好准备、参加考试和可能影响学习的紧张情绪，或处理我们无法控制的事件，比如世界的不确定性。我也考虑到了一些毁灭性的感受，比如失去——当一个朋友搬走的时候，当一只宠物死去或一个挚爱的家人去世的时候。

　　你将看到学会处理类似这样的困难情形如何能够帮助我们的孩子成为能够理解并接受自己情感的有爱心、会共情的人。他们还将会知道他们能够控制自己的情感。这有助于他们感觉到掌控着自己的生活——这意味着他们不太可能让生活掌控他们。

(2010). Concurrent and longitudinal links between children's externalizing behavior in school and observed anger regulation in the mother–child dyad. *Journal of Behavioral Assessment*, 32, 48 - 56.——作者注

第 *1* 章

愤 怒

哦，那些大发脾气！

你和你3岁的孩子正在逛商店，这时他发现了一盒他想要的麦片。他热切地伸手去够，但你告诉他你不想买——它太甜了——而且你选了一个含糖少的牌子。他很生气，使劲地推着购物车。他变得越来越烦躁，挥舞着手臂，脸涨得通红——而你的胃部感受到了那种可怕的、奇怪的下坠感。他又要发脾气了。就在前几天你去看你妈妈的时候，他刚发过一次脾气。它们总是在最糟糕的时候到来。

现在，你的儿子正在尖叫，而你不得不想出该怎么做。

安东尼·贝尔登（Anthony Belden）、妮可·汤姆森（Nicole Thomson）、琼·卢比（Joan Luby）告诉我们，对于1岁半到5岁的孩子来说，像这样发

脾气，只要不那么频繁和激烈，都是正常的。但是，不应该忽视它们。孩子们必须学会如何控制自己的情绪。[1]

但是，如何控制呢？

你可以恳求你的孩子别哭了，但他不会听你的。你可以威胁说，即使等你买完东西也不会像承诺的那样带他去游乐场，但这也吓不到他。你可以无视，并希望这种大发脾气能很快消失，但你知道它不会。你可以让步，并把那盒麦片放进你的购物车里，但你不想让他在长大的过程中认为如果他哭得够厉害，他就能够得逞。反过来，你也可以生气——提高你的声音，从他的手中抢过那盒麦片——但是，如果你不能控制你自己的脾气，又怎么能期望你的孩子学会控制他的呢？

不幸的是，以上这些可能的办法听起来都没有吸引力——也不会有什么效果。对待发脾气并没有完美的方法。但是，有一些对它们做出回应的更积极的方式。根据乔治·霍尔顿所写的《养育》（*Parenting*）一书以及来自康涅狄格大学的艾丽西亚·利兰（Alicia Leland）及其同事们的说法，你可以通过在你沮丧时保持平静来教给孩子对待沮丧的方法。你可以尽量用拥抱来安慰他们、分散他们的注意力（例如，用一个玩具，但不是他们**现在**想要的那个）、与他们交谈，或者通过告诉他们在等待时可以做什么来设法帮助他们保持耐心。但是，正如利兰和她的同事们最近发现的那样，安慰和分散孩子的注意力只能有一点帮助，如果真的有帮助的话。[2]

---

[1] Belden, A.C., Thomson, N.R., & Luby, J.L. (2008). Temper tantrums in healthy versus depressed and disruptive preschoolers: Defining tantrum behaviors associated with clinical problems. *Journal of Pediatrics*, 152, 117 - 122.——作者注

[2] Leland, A.J., Russell, B. S., & Jessee, V.F. (2015, March). *Tantrums and self-control: Maternal strategies for promoting preschoolers' self-regulation*. Poster presentation at the meetings of the Society for Research in Child Development, Philadelphia.——作者注

虽然这些研究人员确实发现，教给孩子保持耐心往往能缩短发脾气的时间，但是，"我能解决问题"法会帮助孩子停止发脾气，甚至是在发脾气之前——或者至少在发脾气升级之前。

与其教给或建议你的孩子学会保持耐心的方法，比如建议他在等待的时候可以做什么，不如通过鼓励孩子想出他自己的主意——问类似这样的问题"你在等待的时候可以做些什么"——来帮助他感到更能控制自己。一个 4 岁的孩子正在尖叫，因为他想让妈妈给他读一个故事，而她正在做晚餐。她越解释为什么现在不能停止做饭，她的孩子发的脾气就越大。当她问他在等待她给他读故事的时候能做些什么时，他停了一下，笑了起来，并且说："我会看看这些图画。"（他想让妈妈读的那本书里的图画。）这与冲孩子喊叫、解释、转移注意力或建议他现在该做什么的结果是多么不同啊。

你还可以和孩子玩"相同与不同"的游戏。

找一天下午，当你和你的孩子都很放松地享受彼此的陪伴时，让孩子看你用胳膊做了什么。首先，伸出两只胳膊，比画了一个大圆圈。然后，拍手。现在，问你的孩子："我刚才做的是**相同**的事情，还是**不同**的事情？"

在你的孩子回答"不同"之后，想出你能用双脚做出的两个不同的动作，让他能再次给出正确的答案。然后，让他想出两个身体动作，并问你他做的是相同的事情还是不同的事情。

你们可以在操场上玩这个游戏。"看那两个孩子，"你可以说，"他们的衬衫颜色**相同**，还是**不同**？"

你们可以在看电视、开车或步行去朋友家的时候玩这个游戏。目的是教给孩子**相同**和**不同**这两个词。

这和发脾气有什么关系？下次，你们在一个商店里或者在你妈妈家，而且你感觉到你的孩子要发脾气时，你可以平静地对他说："让我们玩'相同和不同'的游戏吧。你能想出一个**不同**的方式来告诉我你现在有什么感受吗？"

一个 3 岁女孩在妈妈问她这个问题的那一刻停止了哭泣。她记得和妈妈一起玩过这个游戏，笑着说："是的，我可以用我的胳膊比画圆圈。"她的坏脾气消失了。

另一个 4 岁的孩子快要在操场上发脾气了，这时，她的妈妈问："你能想出一个不同的方式告诉我你有什么感受吗？"这个女孩听出了"**不同**"这个词，停了一下，傻笑了一会儿，并且平静了下来。

一个 5 岁的小男孩尖叫着要冰激凌，当他妈妈问他同样的问题时，他停止了叫喊。他面无表情地说："可是，冰激凌会帮助我长高。"妈妈忍不住笑了。尽管她不得不使出浑身解数才能坚持自己的立场，但她做到了。不到一分钟，她的孩子也破涕为笑了。

要把发脾气变成一个教给你的孩子知道他有一个选择的机会——他可以从各种可能的表达方式中选择一种来表达他的感受。这样，你们两个就都能更好地控制自己。

那些该死的脏话！

一天，8 岁的达伦放学回到家里，一脸的闷闷不乐。"我在校车上和一个孩子打了一架，"他说，"我恨他。他是个他妈的骗子。"他的妈妈罗斯玛丽以前从未听他说过这个词，尽管她很同情他的感受，但她马上告诉他再也不要用这个词了。

随后，当他和他的朋友在电话里聊天时，罗斯玛丽听到他说："我的数学老师真是个婊子。"

"达伦，"罗斯玛丽打了断他，说道，"再也不要说这种话了！回你的房间去！"他砰的一声关上了门，他是那么用力，以至于房子都在晃动。

那天晚上，当罗斯玛丽问到他的科学作业时，他回答说："我不知道那节见鬼的课到底发生了什么。"

罗斯玛丽震惊得不知所措。她的儿子这是怎么了？他以前从来没有这样说过话。当然，她知道孩子们会听到一些脏话——通过歌曲、电影，甚至是电视节目。但是，为什么他突然被那些在她看来非常无礼的词给吸引住了呢？

她告诉他不要再那样说话，解释说她不喜欢听到那些词。"但每个人都那么说。"他说。接着，她解释说，脏话会让一些人感到不舒服。"我的朋友不会。"他回答。而当她问他为什么现在说这么无礼的话时，他耸了耸肩说："没有为什么。"

罗斯玛丽毫无办法了。她能做什么呢？

罗斯玛丽想是不是有什么别的事情使达伦烦恼，造成了他说那些令人讨厌的话。脏话可能是真正问题的结果，而不是问题本身。例如，10岁的杰罗姆，一直以来数学成绩都很好，但由于掌握不了小数，变得非常沮丧。由于太自负而不愿意求助，他的数学考试开始不及格。他也开始说脏话，尤其是在谈到学校的时候。这是他发泄挫折感的一种方式。当他的父母发现杰罗姆问题的根源时，他们就能够为他安排一些小数方面的额外帮助——这不仅提高了他的成绩，而且他不再说脏话了。

然而，很多时候，像达伦这样的孩子会因为脏话具有让人震惊和反叛的效果而说脏话。如果你怀疑这是你的孩子说脏话的动机，你可以问：

"当你那样说话时，你认为我有什么感受？"
"你能想出一个**不同**的方式来告诉我（或你的朋友）你有什么感受吗？"

当被问到这些问题时，达伦是那么惊讶，以至于他迅速停止了说脏话。他也开始意识到他的妈妈也有情感。她后来再也没听到过他说脏话。

"妈妈，我恨你！"

保罗，9岁，放学后和一个朋友一起玩，回家晚了，而且没有及时完成作业。这是保罗本周第二次没有完成作业了。他的妈妈弗兰很生气，当他进来吃晚饭时，她说："如果你再这样，你会被禁足一个星期！"

保罗觉得受到了限制。他眯起眼睛，脸开始变红，然后吐出了几个字："我恨你，妈妈！"弗兰觉得自己就好像被保罗打了一拳。恨，是一个情感很强烈的词。你会忍不住对此做出反应。弗兰知道保罗并不是真的恨她——或者，即使是真的恨她，也只是在那一刻。但是，她无法否认自己感到多么伤心、震惊和愤怒，她也无法向儿子隐瞒自己的感受。

但是，她也知道保罗也很生气，而且她不想忽视他的感受。她知道，此刻她不能什么都不说就让这件事这么过去。但是，她应该说些什么才能使情况好转而不是火上浇油呢？

如果她说"我不恨你"，他可能听不进去——而且即使听进了，也不会在意，因为他仍然在盛怒之中。

如果她努力向他解释为什么学会承担责任是成长的一个重要组成部分，他可能也听不进去，因为他此时对义务或逻辑推理不感兴趣。

她可以说："我知道你很生气，但你不能总是想做什么就做什么。"这是一个更好的回应，因为这会让保罗知道她理解他有多么生气。但是，这并不能帮助他感觉不那么沮丧和烦躁。

下面是我对你在家里遇到这种情况时如何回应的建议。要问你的孩子："当你这样对我说话时，你认为我有什么感受？"

当弗兰问保罗这个问题时，他很惊讶。他从来没有停下来考虑他的行为会给妈妈带来什么感受。但是，由于他还在生气，他只是耸耸肩说："我不知道。"

然后，弗兰问："你能想个**不同**的方式来告诉我你有什么感受吗？"保罗仍然在生气，他走开了。但是，当他想起妈妈脸上伤心的表情时，他回到妈妈身边，道了歉，并告诉她他真的不是那个意思。

由于弗兰和保罗都平静了下来，弗兰可以解决当初激怒保罗的问题了。她现在可以问："你能想出怎么做才能按时完成作业吗？"保罗没有这个问题的答案，因为他以前从来没有听到过这个问题；他得考虑一下。最后，他说："我可以先完成作业，然后再去和我的朋友玩。"（关于帮助你的孩子安排家庭作业时间的更多内容，见第 20 章。）

当你用这种方式问你的孩子问题时，他会明白问题不在于他的感受，而在于他表达感受的方式。随着时间的推移，保罗逐渐意识到他表达愤怒的方式是多么伤人。他还学会了思考别人会如何回应他的感受。当他真的感到生气时，他找到了其他方式来表达。

我们越是猛烈抨击我们的孩子，他们就越会对我们——或者想对我们——猛烈抨击。

弗兰与儿子交流的新方式与威胁要将他禁足完全不同。而且，保罗再也不必"恨"她了。

处理孩子离家出走的威胁

有时候，孩子们会对你非常生气，以至于他们会脱口而出一些他们认为会让你心寒的话："妈妈，我再也不和你说话了！"如果这没有得到他们想要的反应，他们通常会尝试："我恨你！"如果即使这样也不起作用，他们会尝试自己能想到的最糟糕的事情："妈妈，我要离家出走！"

你知道你的孩子并不是真这么想——或者即使是，也只是在当时那一刻。但是，即便如此，最好的反应方式是什么？你会说"好吧，我帮你打包"吗？你可能感觉想这么说，因为你知道他的威胁是多么愚蠢和空洞，但不想表现得好像他的愤怒对你没有任何意义。你会守在门口，只是为了让他更生气吗？或者，你会向他解释家的所有优点，希望他能意识到拥有一个家是多么的幸运吗？你可以试试——但以我的经验，愤怒的孩子是听不进长篇大论的解释的。

　　安妮特是 6 岁的梅根和 10 岁的大卫的妈妈，她尝试了以上所有的方法，发现哪个都无法让她满意。然后，一天下午，梅根和哥哥大卫吵了一架，她怒气冲冲地下楼来，嚷道："我讨厌他，我讨厌这个家。我要离家出走！"安妮特决定用一种新的方式来处理这个情形。

　　首先，她在微波炉里放了一些爆米花。然后，她说："你为什么不告诉我发生了什么事呢？什么事情让你烦恼？"

　　梅根喊道："你从来没有给过我想要的东西！"

　　"这让你有什么感受？"妈妈问。

　　"生气。"梅根说。

　　"那么你想要什么？"妈妈问。

　　"我自己的电脑。大卫从来不让我用电脑。"梅根抱怨道。

　　"哦，我们有个问题要解决。"妈妈说。爆米花做好了。她把爆米花倒进一只碗里，给了梅根一些，问道："你能想想你可以做什么或说什么，来让大卫让你用一会儿电脑吗？"

　　"我可以问他，但他总是说'等会儿'。永远都轮不到我。"梅根又开始生气了。所以妈妈开始求助于她的解决问题技能。

　　"我知道，如果你努力想一想，你可以想出另一种方式跟他说。"妈妈说。

　　梅根努力思考怎么才能轮到自己。最后，她说："也许我可以承诺只玩一会儿，比如 20 分钟，之后我就还给他。"

　　"这是一个主意，"妈妈说，"如果他还是不给你，你可以怎么做？"

　　"也许我可以借用厨房里的那个计时器，这样 20 分钟结束的时候我们就不用争吵了。"梅根建议说。

　　"好主意，"安妮特说，"现在你有了两个新主意。"

　　安妮特赞扬她的女儿，是因为梅根想出了一个解决方案，而不是因为她想出了什么具体的解决方案。如果安妮特让梅根知道她想要一个具体的解决方案，梅根可能会把这当作自己不需要思考任何其他解决方案的一种暗示。

梅根笑容满面地回到了楼上，而且，当她下来的时候，她更高兴了。"大卫说可以。"她说。

很多时候，当孩子们发出一个最后通牒时，他们实际上是因为一个自己不知道如何解决的问题而感到烦恼。梅根的妈妈帮助她的孩子解决了这个真正的问题。梅根感到很自豪，爆米花味道很好——而且梅根最终决定待在家里。

"我不喜欢这个礼物！"

你 5 岁的儿子杰克刚刚收到一个包裹，这是他住在另一个州的奶奶送给他的生日礼物。他兴奋地把它拆开。下面是随后发生的事情。

杰克：一个骑士雕像？呸！我讨厌它！

妈妈：你不需要喜欢它，但你必须给奶奶打个电话并感谢她。这样做比较好。

杰克：（挑衅地）我不想打！

妈妈：（激动地）你必须打。如果你不打电话谢谢奶奶，她会**伤心**的。

杰克：我不在乎。

妈妈：这样做才对，你要这样做。

杰克：我再也不想和奶奶说话了！

妈妈：（生气地）你竟敢这样说话！现在就按我说的去给奶奶打电话。

杰克给奶奶打了电话，用他最沉闷的声音跟奶奶说了声谢谢，电话打了 30 秒，对奶奶的各种问题都用一个字做了回答，然后将雕像留在厨房的桌子上，怒气冲冲地回了他的房间，独自生闷气。妈妈也很生气。最糟糕的是，问题没有得到解决。杰克仍然不知道当别人送给他不喜欢的礼物时该如何回应——他将发现这是在一生中会经常遇到的情形。

杰克的妈妈原本可以运用"我能解决问题"法，这样处理这个情形。

妈妈：奶奶会很高兴知道她的礼物到了。你打算跟她说什么？

杰克：我收到了，但我不喜欢这个礼物。太丑了。这不是我想要的。

妈妈：我知道这不是你想要的，而且你不是必须要喜欢它。但是，如果你这么说，奶奶会有什么感受？

杰克：感觉很**糟糕**。

妈妈：如果她感觉很糟糕，你会有什么感受？

杰克：**伤心**。

妈妈：那你怎么说才能让奶奶不感觉糟糕？

杰克：我可以谢谢她，并告诉她我爱她。

结果是多么不同啊！当杰克的妈妈没有建议、没有解释，也没有要求他去做什么时，他想出了一个既忠实于自己，也感谢了自己奶奶的方法。而且，你不会知道那个雕像最终放在了杰克的梳妆台上！他终究还是喜欢上它了。

通过问诸如这样的问题，而且重要的是，通过认可儿子对这件礼物最初的想法和感受，妈妈能够帮助杰克考虑他的奶奶的感受，而不仅仅是他自己的。这样，她把杰克的注意力从礼物本身转移到了奶奶想让他高兴的意图上。一旦他明白了这一点，他也能帮助奶奶感到开心。

你的孩子真正理解的是什么？

男人可能来自火星，女人可能来自金星，但孩子们，尤其是年龄小的孩子，往往看起来就像是来自一个完全属于他们自己的星球一样。

我给你举几个例子。一天早上，我走进一个学龄前孩子的教室，看到一个快乐而热情的孩子，我跟他打招呼，说："你好，小家伙（pal）。"

"我不叫帕尔（Pal），"孩子告诉我，"我叫理查德。"

还有一次，我正在纽约市的宾夕法尼亚火车站外等出租车，听见我身后的一家人讲述他们从波士顿到尼亚加拉瀑布，现在来纽约的旅行。"你们真的在到处走（moving around）。"我笑着说。

那家人里6岁的孩子转过身纠正我。"我们不是在搬家（moving），我们只是在观光。"她非常实事求是地说，完美地展示了小孩子的思维是多么具体。

至少，孩子们似乎在用词上比我们更具体，而且对世界的看法也与我们的不同。也许这就是为什么我们经常发现自己向孩子们解释该做什么和为什么要这么做，然后，当他们不按我们的要求去做时，我们就会恼羞成怒。我们通常没有认识到，孩子们可能真的不理解我们要求他们做什么。

这里有一个父母会如何误解自己孩子的行为的例子：4岁的伊莱生气地把自己的杯子从桌子上扔到地上，因为他想去看电视，而妈妈告诉他，他需要待在桌子那里。当杯子打碎时，妈妈把他送回了他的房间，尖叫着说："你**再也不要**这样做了！你不能到处打碎东西！你是故意的，妈妈很生你的气。你明白吗？"

伊莱害怕而顺从地说："明白。"他的妈妈很满意他吸取了教训。

但是，他吸取教训了吗？

当我思考这个情形时，我不那么确定。在我看来，实际上，有以下三种可能性：

· 伊莱真的吸取了教训，并且在他不能想怎样就怎样时，不再扔东西。
· 伊莱对妈妈说的话一个字也没听进去。
· 伊莱并没有真正理解他妈妈试图表达的意思。

第一种情况是不太可能的。一句威胁式的命令并不能那么快地改变一个孩子的行为。第二种可能性更大：因为伊莱不喜欢别人对他大喊大叫，他可能对妈妈冲他喊的一个字都没听进去。但是，最可能的情形是第三种。大多数4岁的孩子无法区分意图和实际发生的事情。也就是说，伊莱很有可能不理解打碎一个杯子有多糟糕。像很多他这个年龄的孩子一样，他可能认为，因为没看见而不小心撞到一个手里拿着放有五只玻璃杯的托盘的人身上，而导致打碎五只玻璃杯，要比因为自己生气而故意将一只杯子扔到地上打碎更淘气。为什么？因为五只比一只多。

4岁的梅根也是如此，她从自己的朋友手里抢了一些黏土，因为"朱莉的黏土更多"。实际上，两个女孩的黏土一样多。但是，朱莉把她的黏土拍成了一个圆饼，所以看起来更大。在梅根看来，自己好像被骗了。

下一次，当你问你的孩子"你明白吗？"的时候，要考虑到这种可能性：无论他说什么，他可能都不明白。

正如苏珊·金斯伯格和奥珀（Opper）所描述的那样，心理学家让·皮亚杰和他的孩子们一起做的实验为我们提供了一些可以玩的游戏，这些游戏将帮助我们理解孩子们如何思考"多"和"少"的概念，以及为什么当我们感到生气的时候可能无法理解彼此。[①]

把10枚硬币摆成一排，每枚硬币之间留出一些空间。现在，

---

① Ginsburg, H., & Opper, S. (1969). *Piaget's theory of intellectual development:*

在这 10 枚硬币下面再摆 10 枚硬币。问你的孩子："这两排硬币的数量是一样的，还是有一排的硬币更多？"

他很可能会正确地回答："是一样的。"

现在，在他的注视下，把下面一排的硬币往中间推，让硬币靠得更近，然后问："这两排硬币的数量是一样的，还是有一排的硬币更多？"

现在，他可能会回答："上面的一排更多。"这是因为它看起来更长。他关注的是他看到的以及事物外表的样子——即使他看到你并没有从下面一排拿走任何硬币。要帮助你的孩子明白到底发生了什么，要让他自己把下面的一排硬币推得更近一些。要问他有没有硬币被加进来或拿走。即使这样做，直到大约六七岁时，他可能仍然不能理解两排硬币的数量是一样的。

下一次，当你给你的孩子的黏土和给他朋友的一样多，但有一块最终看起来比另一块大的时候，你可以试试这样做：给他看两杯水，杯子大小相同，装着同样多的水。问你的孩子，是其中一杯的水多，还是两杯水一样多。他可能会回答正确："一样多。"现在，在他的注视下，把其中一只杯子里的水倒进一只细高的杯子里。他这时可能会认为细高的那只杯子里的水更多，因为更高。然后，把那只细高杯子里的水倒回原来的杯子里。现在，他可能会说两杯水一样多。这时，把两块黏土都团成一个球，让它们看起来一样大。现在，在他的注视下，把其中一块捏扁，让它显得更大。有些孩子会明白，但还是有些孩子直到长大一点才会明白。

我们可能会认为孩子理解事物的方式与我们的一样，但进一步的询问往往会揭示出他们完全是另一种理解。如果我们明白小孩子的思考方式和我们的不同，我们就能更好地理解他们的行为。

An introduction. Englewood Cliffs, NJ: Prentice-Hall.——作者注

第 2 章

挫折与失望

"我的孩子讨厌失败"

你 8 岁的儿子和 10 岁的女儿在玩跳棋。当你的儿子输了时，他开始哭喊："她作弊！"

你建议他们再玩一局。这一次，你女儿输了。"我让他赢的。"她说，这激怒了他。

你 9 岁的女儿在感觉到自己快要输的那一刻，会开始故意破坏她正在玩的任何游戏。"别对我指手画脚！"她冲对手喊道，之后就不玩了。

而你 12 岁的孩子对输掉任何游戏都是那么焦虑——不管是打扑克牌还是打保龄球——以至于他根本不玩任何游戏。

在这类情形中，你可以说的有很多。你可以泰然自若地说："下次你会赢的。"——但是你无法保证。你的孩子下次可能赢不了，或者再下一次也赢不了。而当你的孩子无法相信你的时候，你就输了一场大仗。

你也可以说："你明天就会忘记这件事。"但是，他也许忘不了。

你可以设法安慰你的孩子，说："我很遗憾你输了。我知道你感觉很难过。"但这可能会让这次交谈彻底结束。当你向你的孩子暗示他有什么感受时，你会阻止他探索什么样的失败让他有这种感受。他甚至有可能一点都不觉得难过；失败对他的意义可能与对你的完全不同。

成为一个输得起的人是一种可以掌握的经验。这需要时间。当孩子们不喜欢输时，往往是因为他们感觉自己不好。或者，他们可能认为有什么事情不对。就像一个哥哥在输给妹妹一盘棋后对我解释的那样："我不应该输给她。"还可能是那些输不起的孩子对获得控制或感觉到自己的力量有过度的需求。

我刚才提到的那些方法不是有害，而是没有效果。它们不起作用的原因是，它们没有触及孩子问题的根源，其根源并不是赢或输这个事实，而是你的孩子有什么感受。

你能做哪些更有效的事情呢？

不要关注游戏或者假定你的孩子有什么感受，而要问他有什么感受。在他说出自己有什么感受之后，将注意力转到另一个孩子身上，问他："当你说你的姐姐赢是因为作弊时，你认为她会有什么感受？"

你的孩子可能会认识到另一个孩子可能会感到伤心或生气。这是一个良好的开端。

这时，问他："你姐姐是**一些**时间赢，还是**所有**时间都赢？"

最有可能的是，你的孩子会承认他的姐姐只是**一些**时间赢。然后，问他："你能想出什么**不同**的话跟姐姐说，以便她不感到伤心或生气吗？"

这类问题可以帮助孩子们在思考自己和他人的感受的更大背景中理解输和赢的概念。这样，他们就能学会成为输得起也赢得起的人。通过专注于你的孩子的感受，他将会接受尽管赢了感觉很好，但当他输了的时候，他仍然是他。

正如 W. 提摩西・加尔韦（W.Timothy Gallwey）在他的经典

著作《网球的内心游戏》中告诉我们的那样："专注于网球和专注于执行任何任务，从根本上来说并没有区别……而且，学会欣然接受竞争中的障碍，必然会提高一个人在人生中遇到所有困难时找到优势的能力。"加尔韦还指出，赢得一场比赛是一种外在现象，不会影响或改变我们内在的自己。[①]

你还可以让你的孩子参与一项他能轻松掌握的活动——目的是让他对自己感觉良好。也许，你的女儿想帮你做饼干。这样，她不仅能学到一项新技能，还能享受和你单独在一起的特别时光。

孩子们可能需要花一段时间才能明白，爱和关注并不取决于他们是赢还是输。那些帮助孩子感到更自信的父母，将能够培养出自我感觉良好而且能享受更多乐趣的孩子。这会使他们自由自在地只专注于游戏的乐趣。

而且，难道学会如何输与学会如何赢不是同样重要吗？

你的孩子必须成为关注的焦点吗？

你的孩子想参加篮球队吗？她努力争取参加班级演出吗？参加学校音乐会吗？如果是这样，那真是个好消息。那些参加体育、戏剧、音乐或其他活动的孩子会在很多方面获益。像这样的有组织的活动，会帮助孩子们：

- 学会团队合作。
- 交到同样喜欢这些活动的新朋友。
- 在失败时应对挫折。
- 学会公平竞争。
- 培养对那些没有进球或者在冰场上摔倒的人的共情。
- 学会管理自己的时间，以便他们还能按时完成家庭作业。

---

① Gallwey, W.T. (1997). *The inner game of tennis* (Rev. ed.). New York: Random House.——作者注

然而，对有些孩子来说，成为"最好的"会变得如此重要，以至于这给他们参加比赛或加入球队的愿望蒙上了阴影。父母们经常因为过分强调赢而受到指责。我们都读到过那些在场外巡视、与教练争吵，并因为争球和击球而被驱逐出去的过分热情的父母的故事。但有时候，赢的压力来自孩子们自己。

你如何判断自己的孩子是否过于看重赢或成为明星呢？下面是一些迹象：

· 当事情没有按照他的意愿发展时，他感到沮丧并且生闷气。
· 他压力重重地回到家里，或许是因为想要脱颖而出的压力，或者因为比赛太激烈。
· 他的生活似乎越来越不平衡，以至于花在朋友和（或）学业上的时间少了，并且对此失去了兴趣。
· 他声称自己再也不想参加那种运动或活动了。
· 她觉得自己是个失败者，因为她没有在剧中担任主角或没有在比赛中取得最高的分数。

如果你的孩子有以上任何一种表现，你或许已经努力帮助他从更广阔的角度来看待自己的处境。例如，如果她没能在剧中担任主角，你可能会忍不住说诸如"你10年后就记不起这件事了"之类的话。这可能是真的，也可能不是。但是，这种回答的问题在于，谈论她10年后的感受并不能解决她现在的感受。

你可以向她保证，不管她进了几个球或者扮演了什么角色，你都爱她——她不必成为明星或最好的。这是非常重要的，因为她可能正渴望得到她觉得自己正在失去的那些关注。或者，她可能觉得她的哥哥比她得到了更多的关注或赞扬，因为哥哥在另一项活动中比她表现得好。或者，她正在嫉妒一个同学得到了在学校的音乐会上单独表演的机会，因为她感觉这个女孩更受欢迎。

但是，这还只是第一步。

你能做的下一步是帮助你的孩子在自己参加的活动中玩得开心。当9岁的蒂姆因为教练说他过于瘦小而没有获得橄榄球队的首发位置时，他根本就不想参加了。蒂姆的爸爸先是向蒂姆保证，没能得到这个位置不是蒂姆的错，然后问："还有哪些是你喜欢并且擅长的？"

在这次谈话之后，蒂姆发现自己擅长踢足球。他还发现他其实很喜欢这项运动——他喜欢在球场上跑来跑去和踢球。而且，因为他在球场上对自己感觉很好，所以他能轻松地交到新朋友。他很快就认识到和朋友们一起玩比当明星更重要。

无论你的孩子做什么，都要帮助他尽力做到最好。但是，帮助你的孩子思考每项活动的内在奖励也很重要。

当你的孩子什么都想要的时候

你的孩子不断地索要玩具、游戏和装备吗？在当今这个消费社会，孩子们被宣传新"玩意儿"的广告狂轰滥炸，而且很多孩子认为向父母索要他们看到的每样东西没什么大不了的。他们几乎不知道这些东西要花多少钱。当他们看到其他孩子有最新的电子设备或最新款的运动鞋时，他们自然也想要。

你如何对待他们的要求呢？许多父母发现说"不"很难。但是，如果你因为无法忍受孩子的纠缠而妥协，你的孩子就会失去一个宝贵的机会来学习重要的一课：我们都需要在生活中做出选择，这正是学习如何做出选择的最佳时机。

卡尔，9岁，和爸爸有一段这样的对话。

卡尔： 我生日的时候想要一双新溜冰鞋。

爸爸： 你已经要过一辆新自行车了。而且，就在去年冬天，你还想要新的滑雪板。

卡尔：（噘着嘴）爸爸，我需要溜冰鞋去打冰球。每个人都

有这种新款的溜冰鞋。

　　爸爸：够了！别缠着我了，否则我什么也不给你买！

　　就在这时，卡尔走进自己的房间，砰的一声关上了门。

　　爸爸知道他没有以自己本来想用的方式来处理这次谈话。他真希望他能说出自己有什么感受，那就是卡尔的脚还在长大，而且按照这个速度，一年以后溜冰鞋就太小了。但是，卡尔不会听这种合乎逻辑的解释。爸爸也可以说溜冰鞋太贵了。但是，承认这一点让他感到不舒服。

　　这就是为什么爸爸决定用"我能解决问题"法再试一次。下面是卡尔要新溜冰鞋时发生的事。

　　爸爸：你认为我们今年**因为**什么不想给你买溜冰鞋和自行车？

　　卡尔：我不知道。其他孩子都有了。

　　爸爸：你认为我们只是**因为**吝啬，所以你无法拥有其他孩子有的那些东西吗？或者，你认为可能有一个**不同的**原因？

　　卡尔：（皱眉）一个**不同的**原因，我猜。

　　爸爸：（帮儿子思考）你觉得这和这些东西要花多少钱有关系吗？

　　卡尔：我猜有关系。

　　爸爸：**如果**我们今年给你买新溜冰鞋，那么你认为明年还需要一双新的吗？

　　卡尔：你是什么意思？

　　爸爸：你的脚现在正在长，**还是**不长了？

　　卡尔：哦，我明白了。

　　爸爸：好。我们真的买不起所有那些新东西。你为什么不选一样东西，选溜冰鞋**还是**自行车？

　　三天后，卡尔问爸爸能否谈谈。

卡尔：我真的想要溜冰鞋。**如果**你只能给我买一样东西，溜冰鞋可以吗？

爸爸：好。你真的考虑过了。我为你骄傲。

当我问 10 岁的男孩汤米，他能做什么来得到他想要的那个昂贵的玩具时，他告诉我他决定卖掉他的旧玩具和游戏，并为这个新玩具攒钱。

卡尔和汤米都想出了新主意——自己想出的：卡尔在两件昂贵的礼物中选择了一件，而汤米想了一个办法来买他想要的玩具。如果他们的父母向他们提出这些建议，这两个孩子很可能会拒绝。

使用"我能解决问题"法还有一个优点。问这些问题不仅能帮助你的孩子考虑他自己的感受，还能帮助他考虑你的感受。不管因为什么原因孩子不能拥有新玩具，你都在给他传递一个重要的信息："我在乎你的感受，我希望你也能在乎你的感受，而且我相信你对这件事会做出好的决定。"

当孩子们能够自由地做出自己的决定——而不是跑回自己的房间并砰的一声关上门时，结果是多么不同啊。

停止哼唧

还有什么比听一个孩子哼唧更烦人的吗？差不多就在孩子们会说话时，他们就会知道，当他们得不到想要的东西，或者得到的不够快，或者每当事情不合他们的心愿时，他们就可以哼唧。如果这种习惯变得根深蒂固，就很难改掉。

对许多父母来说，哼唧就像听到"指甲划过黑板"——是最难以忍受的行为。这是某种语调、面部表情和身体姿势的令人恼火的混合，目的就是让父母心烦意乱。

每个父母都禁不住想做任何事情来阻止哼唧。你可以尝试无视你哼唧着的女儿、告诉她停下来、恳求她安静下来，或者做出让步。问题是，这些都不能帮助她改掉哼唧的习惯。事实上，让步可能会在无意中让她知道，哼唧会让她得到她想要的。

在对这种烦人的行为做出反应之前，要想想你的孩子为什么哼唧。有些哼唧的孩子并不想惹人厌，他们只是不知道当自己沮丧的时候还能怎么做。有些孩子则知道哼唧会惹恼你，并故意这样做。

但是，不管他们的动机是什么，他们都不完全理解自己的行为给别人造成的影响。这种理解需要以一种富有同情心的方式详细地告诉孩子。你可以使用"我能解决问题"法来实现这一点，这将帮助你的孩子从一个新的角度思考她的行为。

首先，问你的孩子："当你的兄弟姐妹或朋友向你哼唧的时候，你有什么感受？"这个问题可能会让她大吃一惊。她可能从来没有停下来考虑过一个人的语气会对别人有影响。也许这是她第一次考虑哼唧对她的影响。她可能会说她有多么讨厌它。

这时，你要问："当你不停地唠叨和哼唧时，你认为我有什么感受？"

此时，她或许能够意识到，如果她这么讨厌哼唧，你可能也一样。

然后问她："当你哼唧时，你内心的真实感受是怎样的？"

这个问题还会帮助你的孩子解决一些她以前可能从未考虑过的事情：她之所以哼唧是因为她内心的感受。一旦她能够识别自己的感受，她就能少受它们的支配，并且更多地掌控如何表达它们。

接下来，要问："你能想出一种**不同**的方法，来让我知道你现在有什么感受吗？"

这会帮助她意识到她有选择——在如何表达自己方面，她可以做出很多选择。到 8 岁或 9 岁的时候，很多孩子就能想出解决办法，比如"当我感觉想哼唧的时候，我可以先让自己平静下来，然后用一种平静的声音要自己想要的"。

然后，要问："如果你这样做，你认为我会有什么感受？"此时，你的孩子将能够承认你会喜欢她平静的声音。

最后，要问她："你对这样做有什么感受？"这个问题能帮助你的孩子认识到，当她能够控制自己的情绪时，她会觉得能更好地控制自己。

这并不是在暗示孩子应该认为如果他们不哼唧，他们就会自动得到他们想要的东西。如果他们想要的是他们真的不能拥有的东西，无论出于什么原因，他们可能会再次诉诸哼唧。重要的是，孩子们学会了解决问题的方法，以便得到他们可以拥有的，并学会了处理当他们无法得到想要的东西时的沮丧。

例如，4岁的拉斐尔想要一辆新玩具卡车。"我不想给你买新卡车，"他妈妈解释说，"因为你总是拆旧卡车的轮子。"但拉斐尔不停地哼唧："求你了，妈妈，我真的需要一辆新卡车。这次我不会弄坏它了。"起初，她无动于衷。但是，当她看到他变得多么沮丧时，她意识到她必须尝试一种新的方法。

"你能做什么让我知道你不会再把轮子拆下来？"她问道。

拉斐尔想了一会儿，然后平静地说："给我买一辆小的，我会让你看到我不会再拆轮子。"

妈妈同意了。她给儿子买了一辆便宜的小卡车，并且很注意观察拉斐尔是怎么玩的。当她看到他遵守诺言时，她恢复了对他的信任。然后，她给他买了他想要的卡车。

几年后，拉斐尔想买一台电脑放到自己房间里。当他的父母说"不"的时候，他开始哼唧。但是，他很快意识到这和上次卡车的情况不一样——他的父母没钱专门给他买一台新电脑。他不再哼唧，而是想出了让每个人都能用家里已有的电脑的办法。

记住这一点很有帮助：哼唧往往不是问题所在；通常，它是问题的结果。

帮助孩子培养适应能力

4 岁的罗伯特要求和麦克轮流玩他正在玩的那辆卡车。麦克说"不"。罗伯特打了麦克。他不知道还有什么其他办法去得到他想要的。

6 岁的莎拉问阿比她是否能抱抱阿比的洋娃娃。阿比说"不能"，所以莎拉就放弃并走开了。她也没有另一种办法来实现自己的愿望。

8 岁的唐尼无法拼出他拆开的拼图，开始将拼片在房间里到处乱扔。

你的孩子如何对待挫折？他会噘嘴吗？走开？发怒？过早放弃？还是会振作起来，并找到一种不同的、更有效的方法来处理自己的挫折？

当 4 岁的扎卡里问塞思他是否可以借塞思的玩具马车时，塞思拒绝了，解释说他需要用这辆马车拉一些石头。扎卡里接着说："我会马上还给你。"当塞思仍然拒绝的时候，扎卡里没有发怒，也没有放弃。尽管他可能想过打塞思或直接把马车抢走，但他没有——因为他也想过如果他这么做了，接下来会发生什么。他意识到塞思可能会把马车抢回去，他们就会打架，而他就会失去一个朋友。他还会失去玩这辆马车的机会。

所以，作为一个善于解决问题的孩子，他再次尝试。他找到了一个满足他自己和塞思的需要，以便两人的需要能配合而不是冲突的办法，他说："我来帮你装石头吧。"

这样，塞思仍然可以玩马车——同时扎卡里也能一起玩。这一次，塞思同意了，两个人一起愉快地玩起了马车。扎卡里这种想出另一种方法来解决问题的能力导致了成功，而不是生气或沮丧。

假如他们的老师要求塞思把马车给扎卡里，因为他已经玩了一段时间了，或者建议两个男孩一起玩或轮流玩，或者像有些老师和父母可能做的那样，把马车拿走，谁也别玩，扎卡里就被剥夺了像他做的那样重新振作起来的机会。

虽然扎卡里在当时就成功地玩到了马车，但我并不是说我相信孩子们应该总是"当时"就得到他们想要的东西。曼迪，4岁，在妈妈需要将午餐摆上餐桌前的几分钟想用手指在餐桌上画画。妈妈向曼迪解释了为什么这时候不能在上面画画，然后问道："你能想出在等待的时候做的**不同**的事情吗？"

曼迪想了一会儿（这本身就是重要的一步），然后高兴地喊道："我要看书。"假如妈妈只是简单地解释说她需要这张桌子吃午餐，然后建议曼迪看一本书，曼迪很可能会哼唧："可是我想用手指画画。"但是，像扎卡里一样，她也振作了起来。她学会了如何为自己想要的东西而等待。

罗伯特·布鲁克斯（Robert Brooks）和萨姆·戈德斯坦（Sam Goldstein）在他们所著的《培养孩子的适应能力》一书中，解释了为什么有些孩子比其他孩子的适应能力更强——也就是说，为什么他们能够克服障碍。在这两位作者看来，帮助孩子取得成功而不是放弃的一个方法，是要考虑他人的观点。[1] 换句话说，如果我们想让孩子理解我们的观点，我们必须先让他们看到我们理解他们的观点。例如，如果我们在孩子做作业遇到困难的时候对他们喊叫，并说"再努力一点"或"要用心做"，我们就是受到了我们自己的挫败感的驱使，我们并没有考虑孩子将如何理解这些话。毫不奇怪，大多数孩子不会把听到的这些话当作有帮助的提醒；他们听到的是评判和指责。他们很快就会对此充耳不闻——这能怪他们吗？

詹姆斯的父母越来越担心詹姆斯无法坚持完成他的家庭作业。他们站在他的角度考虑他喜欢听到什么样的话。他们先说他们理解家庭作业很难，很抱歉詹姆斯在这方面遇到了很多麻烦。当詹姆斯意识到他的父母并没有贬低他时，他就准备好思考如何

---

[1] Brooks, R., & Goldstein, S. (2002). *Raising resilient children*. New York: McGrawHill.——作者注

解决这个问题了。他热切地制订了自己的计划——在他到家后精力最充沛的时候，立即做最难的作业。因为是他自己制订的计划，所以他不需要别人告诉他要更努力或更用心。

为什么这很重要？安娜·鲍德里（Anna Baldry）和大卫·法林顿（David Farrington）报告说，适应能力是指在面对逆境时重新振作的能力，它能帮助一个人在压力很大的情形中生存，而且能通过父母的支持和个人的解决问题的技能培养起来。[1] 正如玛丽·厄沃利诺-拉米雷斯（Marie Earvolino-Ramirez）、斯蒂西·佐尔科斯基（Staci Zolkoski）和琳达·布洛克（Linda Bullock）的报告指出的那样，适应能力存在无数的保护性因素[2]。在众多可以抵抗逆境的因素中，积极解决问题的技能——加上对一个人能够成功地解决问题，取得积极结果而不是消极结果的信念——可以帮助孩子们处理诸如被欺凌之类的压力源（正如鲍德里和法林顿对十几岁的孩子所做的研究指出的那样）。[3][4]

为了补充说明孩子们是如何学会主动解决问题的技能的，鲍德里和法林顿所做的关于父母如何帮助孩子的综述，建议你可以这样做：

· 为你的孩子提供机会，让他们大胆说出自己对事情有什么想法和感受。

---

[1] Baldry, A.C., & Farrington, D.P. (2005). Protective factors as moderators of risk factors in adolescence bullying. *Social Psychology of Education*, 8, 263 - 284.——作者注

[2] 保护性因素（protective factors）是指使个体发生某种疾病或障碍的可能性减低的个体因素或环境因素。与之相对应的是危险因素（risk factors），是指导致某一类个体较一般人群易感某种障碍的个体因素或环境因素。——译者注

[3] Earvolino-Ramirez, M. (2007). Resilience: A concept analysis. *Nursing Forum*, 42, 73 - 82.——作者注

[4] Zolkoski, S.M., & Bullock, L.M. (2012). Resilience in children and youth: A review. *Children and Youth Services Review*, 34, 2295 - 2303.——作者注

· 让你的孩子知道你重视他们的看法。

· 帮助你的孩子用推理找到有效的解决方法。

让我们的孩子看到我们在乎他们，会有助于他们在乎他们自己。而且，当我们帮助他们想出不止一种方法来解决一个问题时——也就是说，帮助他们变成有适应能力的人——他们就会告诉自己要更加努力，而且也不太可能放弃。

"我的孩子想得到他们没有的东西"

我们都想得到自己没有的东西。有些人想变得更瘦；有些人则想拥有更浓密的头发。几乎每个人都想要更多的财富。当我们制订每年的新年计划时，我们会思考我们是谁，以及我们想成为什么样的人。

孩子们也有许多愿望。有些孩子希望在学校成绩更好，或者在运动或爱好方面表现得更出色，或者与一个兄弟姐妹相处得更好。他们想要长得更高、跑得更快或更受欢迎。当我们无法实现愿望时，我们会感到沮丧，孩子们甚至会变得更加气馁。向他们保证某些事情迟早会发生，往往于事无补，因为未来对他们来说似乎太遥远了。

这里有另外一种方法来思考我们在一生中想要得到什么，其灵感来自伊芙琳·麦克法兰（Evelyn McFarlane）和詹姆斯·塞维尔（James Saywell）合著的《如果……》一书。尽管这本书主要是为成年人写的，但它包含的问题旨在激发每一个人的想象力，去思考完美的家、完美的人生和完美的世界。孩子们也可以思考这些事情。①

我向 4 个男孩——12 岁的双胞胎艾伦和曼尼，11 岁的兰斯

---

① McFarlane, E., & J. Saywell, J. (1995). *If...(Questions for the game of life)*. New York: Villard.——作者注

和伯特——提出了这本书中几个适合他们年龄的问题。下面是他们的一些回答。

对于"**如果**可以满足你的一个愿望，你希望是什么？"，双胞胎兄弟——他们相互听不到对方的回答——都说："长生不老。"

兰斯希望"世界上的每个人都能幸福快乐地生活"。伯特则希望"世界和平"。

然后，我问："**如果**你将来会因为某件你现在没有做的事情出名，你希望它是什么？"

艾伦梦想能演电影。曼尼说他想成为篮球运动员。兰斯和伯特都希望成为著名的棒球运动员。当我问**如果**他们可以隐身，他们会做什么时，兰斯说他会"偷偷溜进一场棒球比赛，到球场里和棒球球员休息区，听听他们在说什么"。与自己的和平愿望一致，伯特希望"在白宫开会时溜进去，听他们说到战争时会说什么"。

接下来，我问了一个来源于现实世界的问题："**如果**他们能改变一种个性特征，那会是什么？"艾伦说他不会再拖延写作业。曼尼、伯特和兰斯都认可当有人让他们生气时，不要失去控制。然后，我问每个男孩可能会做什么来改变这些事情。艾伦说："这很难，因为我喜欢玩电脑，所以不知不觉就该上床睡觉了。"然后，他停顿了一下，微笑着，温柔地说："我想我应该先做作业。"

艾伦和曼尼承认，他们的妹妹"总是"烦他们："比如我有朋友过来的时候。"艾伦说。"还有我玩电子游戏的时候。"曼尼说。艾伦认为关上门不让妹妹进去，她就不会来捣乱了，而曼尼考虑在妹妹不在家的时候玩游戏。因为妈妈在晚饭后不让看电视而"发脾气"的兰斯在思考后也意识到："也许我应该先做作业。"

有趣的是，当被问到**如果**可以的话，他们还会对自己做些什么改变时，这四个男孩都希望自己能长得更高。为什么？艾伦说他可以"冲得更远"。曼尼说他可以"够到更高的东西，并且跳得更高"，兰斯则认为他就"能与其他孩子相处得更融洽"。

然后，我又问了男孩子们一个我自己想出来的问题："个子矮有什么好处？"

艾伦停顿了一下，然后说："你是独一无二的。"

曼尼想了想，说："我会更灵活，而且我能钻过很多东西。这会帮助我成为一名优秀的壁球选手；我可以更贴近地面。"

兰斯微笑着小声说："我能进到更小的地方。"

将消极因素转化为积极因素，就像兰斯做的那样，可以阻止我们纠结于那些自己不能拥有的东西或者对自己已经拥有的感到不满意。8 岁的约书亚希望自己能长得更高。他告诉我，他总是会看着比他高的朋友，希望自己能像他们一样。他不得不非常努力地思考个子矮有什么好处，但我鼓励了他，他最后说："当我被欺负，别人不肯把球还给我时，我可以从他的腿底下爬过去，把球抢回来。"他接着说："当我玩橄榄球的时候，所有的孩子都很高，他们不会擒抱我，因为他们的目光总是会越过我，看不见我。"说完这句话，他笑了，承认自己"只是在开玩笑"——但让我印象深刻的是，这可能是约书亚有生以来第一次因为自己太矮而笑。

当孩子们玩"如果"游戏时，他们不仅会产生有趣的幻想，而且最终会对自己无法改变的事情感觉好起来。这个游戏还可以让他们找出什么是自己可以改变的，并决心做出这些改变。有些事情可能不仅仅是一个愿望——如果我们努力使它们成真的话。

第3章

压力、担忧、恐惧和创伤

开始上学或转学

你的孩子将要第一次去上学了。如果你们搬家了，也许他要开始去一所新学校。或者他也许要从小学升到初中。好消息是，大多数孩子适应得相当快，并能从容对待这种转变。另一些孩子在做出这种转变时会遇到更多困难。如果你的孩子格外喜欢他以前的学校，或者喜欢他在家里的日常生活，他的转变可能会比你预期的要慢或者更困难。

重要的是要记住，适应转变并没有一个统一的时间表：我们能多么好地适应变化与我们的性情有关。此外，请记住，孩子们的视角没有成年人那么开阔：对他们来说，第一次上学或者转校意味着他们的整个世界都将改变。

但是，让孩子们在一所新学校里有一个良好的开端是再重要不过的。琳·霍夫曼（Lynn Huffman）和她的同事在儿童心理健康基金会和机构网络（Child Mental Health Foundations and Agencies Network）发布的一份报告中指出，那些进入幼儿园时不开心、害怕或生气的孩子，会过于关注与老师和同学建立良好的关系。

因而，他们无法完全参与到学习的过程中。[①]

下面是你如何帮助孩子将这种压力降到最低的方法：

- 如果可能，在开学第一天之前带孩子到学校去见见老师和工作人员。
- 给孩子讲你搬家或开始去一所新学校上学的故事。他们喜欢听我们在他们这个年龄时的事情。
- 一起去商店并让他挑选一些学校用品，比如笔记本和午餐盒。鼓励他也去找一些特别的东西——也许是一个别致的铅笔盒。这样，这些东西就"成为"他的了。
- 如果可能，安排第一天陪他走路去学校或去公交车站。
- 帮助他想出一些解决方法，来结交新朋友，并与老朋友保持联系。
- 因为你现在是你的孩子生活中唯一不变的，所以，倾听孩子的想法和感受非常重要。要鼓励他问问题，而且你也要问他一些问题。要从问积极的问题开始。

我认识的一位父亲带着 5 岁的女儿乔迪去商店买学校用品。在去那里的路上，他开始问她一些问题：

爸爸：乔迪，你马上就要上学前班了。告诉我你认为你会喜欢学校的什么。

乔迪：玩具。

爸爸：你认为你还会喜欢什么？

乔迪：我的老师。

---

① Huffman, L.C., Mehlinger, S.L., & Kerivan, A. S. (2000). *Risk factors for academic and behavioral problems at the beginning of school* (Report of the Child Mental Health Foundations and Agencies Network). Washington, DC: National Institute of Mental Health.——作者注

爸爸：好主意。你想到了你会喜欢学校的两件事情。你还能想到其他喜欢的事情吗？

乔迪：啊，我不知道。

爸爸：我敢打赌，如果你非常努力地想一想，你还能再想出一件事。

乔迪：是的……我可以画画，还可以和同学们在操场上玩。

倾听你的孩子的所有感受也很重要。无论他对开始去一所新学校可能感到多么兴奋，他依然会感到焦虑。通常，我们对事物会有复杂的情绪——我们会对某件事情充满期待，但它也会让我们感到紧张。我们认为一种情绪会抵消另一种，但事实上它们是共存的。

这些复杂的情绪是生活的一部分，但是很难说出来。下面是你能如何帮助一个5岁的孩子表达并处理那些好的和不那么好的情绪。

爸爸：你想到了一些去上学会喜欢的事情。有什么事情**可能**会让你**不开心**吗？

乔迪：我**可能**会没有朋友。

爸爸：你能想出怎么做才能交到一个新朋友吗？

乔迪：分享我的新洋娃娃。

爸爸：好主意。你是个解决问题的能手。

帮助孩子们承认这两类情绪，会帮助他们应对他们难以描述的那些感受。如果你提前和你的孩子谈谈他可能出现的全部感受，他就能为处理进入新学校的经历做好更充分的准备。

为新学年做准备

暑假的最后一周到了，一些孩子会很兴奋，并期待着新学年的到来。另一些孩子可能会忧心忡忡：未来会发生什么，有什么是值得期待的以及他们能否做好。但是，几乎所有的孩子都想享受这个暑假的最后一丝乐趣。他们想继续熬夜，和他们的朋友一起度过每一个闲暇时刻，享受他们的自由。

你能做些什么来帮助你的孩子从无忧无虑的暑假过渡到更严格的学校和学习生活中呢？你怎样才能帮助你的孩子在度过了一个快乐的夏天后，认真对待他的功课呢？这里有一些有用的建议，不管你的孩子是 5 岁、10 岁还是任何年龄，你可以在他开学前 2~3 周开始使用：

- 让你的孩子每天晚上都稍微早点上床睡觉——先提前 5 分钟，然后是 10 分钟。你的孩子可能会问，既然他明天可以睡到很晚，为什么现在就得上床睡觉。要这样解释：如果他现在开始稍微早点上床睡觉，过段时间更早一些上床睡觉就不会那么困难。
- 熄灯前在孩子的房间里给他读他最喜欢的故事，这有助于让孩子更愉快地早点回房间。
- 让你的孩子从他能够自己安排的日常惯例中选出一件来做出改变，比如在前一天晚上决定穿什么衣服上学。与他不得不一次做出所有调整相比，这将帮助他感到压力不那么大。
- 倾听孩子对重返学校的想法和感受。如果他对暑假的结束感到难过，要让他知道你理解他。让他想出他喜欢学校的三件事情和他可以期待的事情。

下面是一位妈妈如何帮助 10 岁的女儿卡丽思考并为新学年做准备的。

妈妈：你能想出一些今年和去年可能**不同**的事情吗？
卡丽：我认为功课会更难。我将不得不写更多的作文，写更多的报告。数学也会更难。我们要学习小数了。

　　妈妈：怎样才能帮助你对此不那么紧张？

　　卡丽：我可以通过练习写作和数学来努力做好准备。

　　妈妈：你如何做到这一点呢？

　　卡丽：我可以写一些故事，比如学校将要求我写的那些故事。

　　妈妈：好主意。

　　妈妈没有告诉卡丽要做什么，而是问了一系列的问题，让她自己想出解决办法。卡丽因为自己想出了一个解决办法感到很兴奋，她迫不及待地写出了那个夏天她多么喜欢学游泳。在写作的过程中，她不仅表达了自己的想法和感受，而且锻炼了她的写作技巧。

　　当卡丽写完她的故事后，她拿给妈妈看。妈妈又问了她另一个问题。

　　妈妈：既然你已经写了作文，你能想出一个方法练习数学吗？

　　卡丽：我可以用我的数学卡片。

　　你可以在那些更难表达的事情上使用这一技巧，比如你的孩子对于在学校与人交往方面的感受。

　　妈妈：除了功课更难之外，你认为学校今年还有什么**不同**之处吗？

　　卡丽：每个人看起来都会不一样。我更高了，也晒黑了，我的朋友们也会这样。

　　妈妈：你对此有什么感受？

　　卡丽：更成熟了！我都等不及想见到他们了。

　　最后，妈妈和爸爸们也不得不像孩子一样适应这个新的日程安排。在开学前的几周，要努力回到正常的晚餐时间。要安排好你自己的时间表，以便你能留出时间监督家庭作业和其他相关的活动。正如一位妈妈告诉我的那样："我不得不围绕孩子的活动来约束自己。一旦学校开学，我就不能这么无忧无虑了。"

要帮助你的孩子早点思考返回学校。这样，他们将享受暑假的每一刻——但是，当新学年第一天开始的时候，他们就做好了准备。而且，你也是。

考试压力：你能做什么

你的孩子害怕学校的考试吗？有些孩子害怕，甚至早在五六岁的时候就开始了。如果你的孩子确实会经历考试焦虑，他并不是唯一一个。路易斯·克鲁格（Louis Kruger）、卡罗琳·旺德尔（Caroline Wandle）和琼·斯特鲁齐埃罗（Joan Struzziero）的研究表明，数以百万计的学生都有考试焦虑。如果你发现一种害怕考试的模式开始出现，把它扼杀在萌芽状态是很重要的，因为正如克鲁格和他的团队注意到的那样，焦虑会导致学业成绩不佳，而且如果情况进一步恶化，会导致行为问题、抑郁，以及之后的辍学。[①]

克鲁格和他的团队解释了现在广泛使用的高风险考试[②]是如何加剧考试压力的。高风险考试是 2002 年美国颁布的"不让一个孩子落后"法案[③]所要求的，一些学校将其与学生能否顺利升

---

① Kruger, L.J., Wandle, C., & Struzziero, J. (2007). Coping with the stress of high stakes testing. In L.J. Kruger & D. Shriberg (Eds.), *High stakes testing: New challenges and opportunities for school psychologists*. Binghamton, NY: Haworth.——作者注

② 高风险考试（high-stakes testing），因其分数会给涉考者带来重大和直接的影响而得名，比如高考。一般认为，学生、老师和学校是主要的涉考者。——译者注

③ "不让一个孩子落后"法案，No Child Left Behind Act of 2001，又称"有

入高一年级挂钩。更糟糕的是，该法案可能会造成学校的管理人员和教师失业，甚至导致成绩不佳的学校被关闭，这加剧了他们的紧张状态，这种紧张肯定会传染给孩子们，从而加剧他们已有的焦虑。

　　如果你感觉到你的孩子正在经历考试焦虑，可以先问他为什么害怕。但是，你很可能会听到那句老生常谈的"我不知道"。

　　要保持平静。如果你对孩子的焦虑感到不安，他就会感觉到你的不安。但也不要通过说"你会做得很好"来无视他的恐惧。否则，你的孩子会明显感觉到你不在乎他的感受。同样重要的是，要避免对孩子糟糕的成绩表现出失望。不要告诉孩子你对他的考试分数有什么感受，要让你的孩子说出他对此有什么感受。

　　接下来，你要做的是确定他为什么害怕，以及问题到底出在哪里。考试焦虑会有几个不同的原因，而如果你和你的孩子一起检查这次考试，你通常可以找到问题的根源。

　　有些孩子考试成绩不好，并开始害怕考试。如果是这样的话，你可以试着教给孩子一些具体的应试策略，比如约瑟夫·卡斯巴罗（Joseph Casbarro）在他的《考试焦虑以及你能做些什么》一书中所描述的那些。这包括在开始做题前先浏览试卷，在多项选择题中剔除孩子能够确定不正确的选项，先回答简单的题目，并注意考试时间。[1] 另一种可能的原因是，你的孩子知道答案，但仍然没有通过考试。这会让他害怕再次尝试。要设法确定你的孩子是读题目太快，还是没能理解题目说明。许多孩子会由于粗心

教无类"法案，于 2002 年 1 月 8 日由时任美国总统布什签署。——译者注

　　[1] Casbarro, J. (2003). *Test anxiety and what you can do about it*. Port Chester, NY: National Professional Resources, Inc.——作者注

大意而误读题目和问题。如果你的孩子是这种情况，要让他练习慢慢地、仔细地读题。

有些孩子即使通过了考试，也害怕考试。这可能是因为你的孩子害怕犯错。如果是这样，要让他知道每个人都会犯错。另一种可能性是你的孩子可能担心让你失望。他可能会觉得你过于重视成绩，或者他只有在考得很好的时候才会受到表扬。我认识的一位母亲因为女儿在一次数学考试中得了98分而批评她。她关注的不是女儿的好分数，而是质疑她的孩子哪里做错了。这会让孩子觉得自己是个失败者。

但是，问题可能是更深层次的。你的孩子可能是因为日程排得太满，有太多事情要做而分心。如今的孩子除了按时完成家庭作业之外，都在过早、过快地努力做过多的事情——音乐课、舞蹈课、足球训练、女童子军等等。你的孩子能承受多少？你能承受多少？

古希腊人有一个非常重要的信念："凡事都要适度。"这也适用于孩子。在你的帮助下，7岁那么小的孩子就可以安排好自己的日程。你可以这样帮助他们：

- 列出你的孩子参加的所有活动——以及任何他表示感兴趣的新活动。
- 让你的孩子画掉任何他想终止或者可能会终止的活动。
- 在剩下的活动里，让他在自己必须参加的活动前面标注一颗星星。
- 让你的孩子安排自己的时间。包括做家庭作业的时间，以及和朋友们一起玩的重要时间。
- 问他是否认为还有时间参加他计划中的所有活动。

在经历了这个过程后，大多数孩子都会明白在生活中需要做出重要的选择，比如决定哪些活动是他们最感兴趣的。如果你的女儿认为每周做一次不同的活动，每次做一小时，就足以让她满意，那就让她试试吧。如果你的儿子宁愿花时间完善某一方面的技能，那也可以。重要的是孩子们自己做决定：孩子们将学会为他们必须做的事情安排好时间，同时还有时间做他们想做的事情。他们更有可能坚持自己制订的计划——在必要时修改计划，以便更好地满足自己的需求——而不是父母制订的计划。

平衡、适度以及你的孩子自己制订的计划，将帮助他更有掌控感，更好地为他的考试做好准备，并且压力不会那么大。而且，你的孩子承受的压力越小，你的压力也就越小。

克鲁格的团队强调，无论你选择使用什么策略来缓解你的孩子对考试的恐惧，积极的应对计划都是关键，因为如果错误地相信这种恐惧将会消失而逃避这一情形，只会导致更多的学业失败。你的支持加上你的孩子对如何解决这个问题的努力会更有力量。还要加上帮助你的孩子相信他能做到——这是好的解决方案的一个重要结果——帮助你的孩子相信他能做到是最有力量的。

正如罗格斯大学的莫里斯·埃利亚斯（Maurice Elias）告诉我们的那样："我们必须让孩子们为人生的考试而不是充满考试的人生做好准备。"而且，通过这样做，他们实际上可能会对那些必须参加的考试感到不那么焦虑了。[1]

压力越小，学习越好

托妮，11岁，在小学期间一直是个好学生。但到六年级时，她的成绩开始下降——尤其是数学成绩，这很奇怪，因为数学一直是她最擅长的科目，也是她最喜欢的科目。同样不同寻常的是，她开始抱怨自己晚上睡不着觉，抱怨饱受肚子隐隐作痛和头疼的困扰。她开始咬指甲——这是她以前从来没有过的。托妮正饱受

---

[1] Elias, M. (2001, September 26). Prepare children for the tests of life, not a life of tests. *Education Week*, p. 40.——作者注

压力的折磨。

广泛性情绪压力是怎样影响孩子们的学习的呢？美国的一个全国性的教育组织"监督与课程发展协会"（the Association for Supervision and Curriculum Development）的执行董事吉恩·卡特（Gene Carter）认为，许多孩子因为情绪原因而在学校遇到很多问题。他相信，当学生感到压力重重或无能为力时，他们就无法全身心地投入到学习中。[①] 我自己的研究也支持这一观点：那些能够在自己的生活中做出正确决定的孩子，更有可能在与他人的相处中取得成功。他们不会感到那么焦虑，所以能够把更多的注意力放在学习上。

那些无法解决与同学、兄弟姐妹、老师或父母之间出现的日常社会交往问题的孩子，可能会变得沮丧而愤怒。一次又一次的失败，可能会导致孩子们大发脾气或做出相反的事情——过早地放弃，甚至远离那些无法应对的人和无法解决的问题。另一方面，那些在学校里能够与他人轻松沟通的孩子能够更好地把他们的全部注意力放在学习的过程中。他们能够倾听、集中注意力，并坚持完成具有挑战性的任务。

你可以通过问你的孩子下面这些问题，来帮助他学会谈论自己的想法和感受：

"今天在学校里发生了哪些让你感到高兴的事情？"

"有没有让你感到难过的事情？"

"你做过什么事情或说过什么话，来让自己感觉好一些吗？"

任何可能妨碍孩子将精力集中在学业上的情绪压力，都会让他们对学校感到焦虑。例如，当我和托妮交谈时，我问她学校里发生了什么让她感到难过的事情，她向我解释说，其他孩子嘲笑

[①] Carter, G.R. (2002, January). *Back to basics: Social and emotional health.* Alexandria, VA: Association for Supervision and Curriculum Development.——作者注

她太瘦，而且脸上有一个难看的胎记。对她伤害最严重的那个孩子跟她一起上数学课。"当同学们让我感觉这么糟糕的时候，我无法集中精力学习。"她告诉我。

荣成康（Jung Sung Hong）和他的同事对一项研究的综述显示，那些承受着由被同龄人拒绝或排挤而造成的压力的孩子，面临学习成绩差的风险。[①] 托妮所遭受的嘲笑和骚扰导致她缺乏课堂参与，并且她的成绩也下降了。但是，孩子们能够学习一些技巧来解决那些困扰他们的情感问题。

当我问托妮她能做些什么来解决这个问题时，她认真地想了想。她决定，当轮到她给全班读自己的读书报告时，她会加一个被人们说太瘦和太丑的虚构女孩的故事。在她的故事中，她解释了这个虚构的女孩对自己的同学们的所作所为有什么感受。通过这种方式，她没有放弃，而是取得了对情形的掌控。那些以这种方式对待过她的孩子，把她的故事与他们的行为联系了起来，开始用一种新的眼光看待她。随着这个问题的解决，她甚至和一些嘲笑过她的孩子成了朋友。这个问题解决后，她感到自己可以自由地集中精力学习了。这个结果是非常积极的，印证了拉德（Ladd）和他的同事们的发现，他们注意到，一旦孩子们走出被拒绝的状态，他们就能改善与同龄人之间的关系，感觉到的压力更少，并且像托妮一样，可以自由地专注于以任务为导向的课堂的需要。[②] 重要的是，查尔斯·弗莱明（Charles Fleming）和他的同事们证实，在学业和解决与人交往问题技能方面付出的努力，与学习成

[①] Hong, J. S., Davis, J.P., Sterzing, P.R., Yoon, J., Choi, S., & Smith, D.C. (2014). A conceptual framework for understanding the association between school bullying, victimization, and substance misuse. *American Journal of Orthopsychiatry*, 84, 696–710.——作者注

[②] Ladd, G.W., Herald-Brown, S.L., & Reiser, M. (2008). Does chronic classroom peer rejection predict the developmenrt of children's classroom participation during the grade school years? *Child Development*, 79, 1001–1015.)——作者注

绩高度相关。[1] 而且约瑟夫·杜拉克（Joseph Durlak）和他的团队进行的一项荟萃分析 (meta-analysis) 表明，一些旨在提高社会问题解决技能的干预措施，可以显著改善那些导致学业困难的高风险行为——或许是因为减少了那些干扰注意力的压力。[2]

也许，解决"人"的问题和解决数学问题一样重要。那些害怕上学的孩子、被嘲笑的孩子，或者不能交到他们极度渴望交到的朋友的孩子，太心事重重，而无法思考手头的学习任务。那些数学不及格的孩子并不一定需要学习更多的数学知识。他们需要的是缓解那些妨碍他们集中精力学习数学的紧张情绪。正如丽莎·弗卢克（Lisa Flook）、瑞纳·雷佩托 (Rena Repetto) 和朱迪·厄尔曼 (Jodie Ullman) 认识到的那样，如果教育工作者关注孩子们的社会和情感发展，就能促进孩子们的学习。[3]

太害羞而不敢参与？

你的孩子是否选择不和别的孩子一起玩或者看上去害怕加入到一群孩子中，更喜欢看着别人而不是自己参与其中？他是不是害怕站在全班同学面前读自己的读书报告或举手回答老师问的问题？

许多孩子在一个新环境中，比如进入一所新学校后，可能会感到压力，并且会暂时不参与活动，不与同龄人接触，但是，一

---

① Fleming, C.B., Haggerty, K.P., Catalano, R.F., Harachi, T.W., Mazza, J.J., & Gruman, D.H. (2005). Do social and behavioral characteristics targeted by preventive interventions predict standardized test scores and grades? *The Journal of School Health*, 342–349.——作者注

② Durlak, J.A., Weissberg, R.P., Dymnicki, A.B., Taylor, R.D., & Schellinger, K.B. (2011). The impact of enhancing students' social and emotional learning: A meta-analysis of school-based universal interventions. *Child Development*, 82, 405–532.——作者注

③ Flook, L., Repetti, R.L., & Ullman, J. (2005). Classroom social experiences as predictors of academic performance. *Developmental Psychology*, 41, 319–327.

旦他们获得了自信，他们就会变得积极主动。但是，有些孩子非常害羞、胆小或害怕别人，以至于他们无法坚持或维护自己的权利，而且，如果他们的要求被拒绝，他们可能会闷闷不乐并且放弃——太快地放弃。尽管为我们想要的东西而等待是生活中的一项重要技能，但是，害羞和孤僻的孩子可能会等待太久——因为他们不能再次尝试或选择不再尝试。

肯·鲁宾（Ken Rubin）和罗伯特·科普兰（Robert Coplan）告诉我们，由于害羞的孩子不会扰乱课堂，并且很少引起同龄人的注意，他们可能不会被注意到并且完全被忽视。[1]他们绝不能被忽视。他们需要帮助来克服恐惧。为什么这很重要？鲁宾和科普兰与朱莉·鲍克（Julie Bowker）对大量关于害羞孩子的研究做了综述后，发现：[2]

· 很少与他人交往或主动交谈，这使他们无法学会看到别人的观点，并将它们与自己的观点相协调。
· 有孤独、被同伴排斥以及被看作是弱者的风险，并因而成为被欺凌的目标。
· 以后有抑郁的风险，会升级为绝望，不再渴望与他人交往。
· 有可能导致重要的人生转变出现延迟，包括社交生活不活跃，以及在婚姻和职场中不那么成功。

正如凯瑟琳·休斯（Kathleen Hughes）和罗伯特·科普兰指出的那样，一些老师会把害羞的孩子看作是不投入，并且无法理

---

[1] Rubin, K.H., & Coplan, R.J. (2004). Paying attention to and not neglecting social withdrawal and social isolation. *Merrill–Palmer Quarterly*, 50, 506 – 534.——作者注

[2] Rubin, K.H., Coplan, R.J., & Bowker, J.C. (2009). Social withdrawal in childhood. *Annual Review of Psychology*, 60, 141 – 171.——作者注

解学习材料，而真正的原因是他们太焦虑而无法参与。[1]

罗伯特·科普兰、默里·威克斯（Murray Weeks），以及鲁宾、科普兰和鲍克的研究报告显示，虽然害羞/孤僻的女孩以后存在适应不良的风险，但害羞/孤僻的男孩出现这种风险的可能性更大——或许是因为在社会上害羞对男孩来说是不可接受的，是与主流文化相悖的。我自己的研究小组发现，在学龄前儿童中，害羞男孩是最不受喜欢的群体，也证实了以前的研究——最受排斥的群体。

玛妮·雅各布（Marni Jacob）、辛西娅·苏维格（Cynthia Suveg）和莫妮卡·怀特黑德（Monica Whitehead）补充说，那些害羞的孩子不愿意表达消极的情绪，比如愤怒和悲伤——可能是因为害怕被批评——这导致他们在学习沟通和处理这些情绪方面缺乏练习和经验。此外，他们还发现，当情绪激动时，害羞的孩子可能会以一种适应不良的方式做出反应，从而导致孤立和孤独。[2] 而且，马尔科姆·沃森（Malcolm Watson）和他的同事们发现，令人惊讶的是，一些年龄在7~13岁之间的害羞/孤僻的孩子，6年半后会表现出显著的攻击性。[3] 正如伊娃里尔·凯瑞沃德（Evalill Karevold）及其同事们所证实的那样，害羞、孤僻、不自信行为的一个后果可能是受到同龄人的捉弄、取笑和羞辱，部分是因为这些孩子被认为是软弱的，无法或不愿维护自己的权利。[4] 由于

---

[1] Hughes, K., & Coplan, R.J. (2010). Exploring processes linking shyness and academic achievement in childhood. *School Psychology Quarterly*, 25, 213 - 222.——作者注

[2] Jacob, M.L., Suveg, C., & Whitehead, M.R. (2014). Relations between emotional and social functioning in children with anxiety disorders. *Child Psychiatry and Human Development*, 45, 519 - 532.——作者注

[3] Watson, M.W., Fischer, K.W., Andreas, J.B., & Smith, K.W. (2004). Pathways to aggression in children and adolescents. *Harvard Educational Review*, 74, 404 - 430.——作者注

[4] Karevold, E., Ystrom, E., Coplan, R., Sanson, A.V., & Mathiesen, K. S. (2012).

他们无法处理这种情形，并且缺乏人际问题的解决技能，一些羞怯的孩子会远离他们无法应对的人群和无法解决的问题，而另一些孩子，随着时间的推移，再也无法控制自己的情绪，并开始发泄出来。

害羞的行为通常不会自行消失。鲁宾、科普兰和鲍克还报告了另外的重要发现：害羞/孤僻的行为是相对稳定的。它可能会从学龄前一直持续到青春期早期进而延续到成年。它会在以后的生活中造成严重的后果。必须把它扼杀在萌芽状态。

让我们看一些表现出害羞/焦虑行为的孩子的例子，以及他们的父母如何帮助他们不再害羞。

里奇，10岁，他太害怕了，以至于在上课时不敢回答问题。他相信，如果他犯了一个错误，同学们会嘲笑他，或者老师会把他和那些知道答案的同学做比较。他的妈妈恳求他去试一试，并告诉他，甚至向他保证，同学们不会嘲笑他，老师也不会让他感觉不好，但这都没有改变他的信念。最后，她提出只要他能在课堂上大声发言，就给他买那只他乞求了很久的小狗。但是，一只新的小狗并不能解决真正的问题——为什么他在学校里如此焦虑。

如果你的孩子和里奇有同样的感觉，这里是你可以做的一些事情。你可以问他这样的问题：

"是因为你的老师做了什么事吗？"

"你是担心自己会犯错误吗？"

"点到你的名字让你觉得尴尬吗？"

"当你大声说话时，同学们会嘲笑你吗？"

一旦你的孩子确定了让他感到不安的原因，要问他在老师叫

A prospective longitudinal study of shyness from infancy to adolescence: Stability, age-related changes, and prediction of socio-emotional functioning. *Journal of Abnormal Child Psychology*, 40, 1167－1177.——作者注

到他名字时他有什么感受，并认可这些感受。然后：

- 如果其他同学在他回答问题时取笑或嘲笑他，要让他告诉你他能做什么或说什么来让大家停止这样做。
- 如果他害怕犯错误，要让他知道犯错误没关系。要告诉他你现在犯的一些错误，或者你在他这个年纪的时候犯过的一些错误。
- 问他是否能试着回答一个问题。让他选一个科目，并告诉他可以等到听到一个他有把握的问题时再回答。
- 如果他必须大声朗读，要让他在家里练习——在一个他认为安全的环境里，并且有你在那里支持他。

杰西，7岁，有另一种焦虑。他害怕和别人一起玩，因为过去他要求和他一起玩的孩子会说像"现在不行"或者"我们这里没有让你玩的地方了"之类的话。杰西已经放弃了，而且像许多害羞和焦虑的孩子一样，他感到悲伤。杰西的妈妈让杰西用了一种临床医生们发现很有帮助的技巧：角色扮演。妈妈假装是一个孩子，让杰西给她演示他是如何要求和别人一起玩的。"嗨，我能玩吗？"杰西回答道。妈妈注意到他低着头，而且说话声音轻到她几乎听不见。然后，妈妈说："很好。但是，这一次，要看着我，声音大一点，让我能听到。"在杰西练习了一会儿后，妈妈把他稍微大一点的姐姐带进来，让他和姐姐一起练习。

教给孩子们诸如眼神交流和大声说话之类的社交技巧，是帮助孩子的一种方法。如果一种方法不起作用，另一种方法是问一些能帮助孩子们想出具体方法的问题。4岁的坦尼娅想在学前班的玩偶角里玩；当孩子们没有邀请她进来时，她就在玩偶角周围转来转去，不知道如何表达她想加入其中。这并不罕见。正如南希·艾森伯格（Nancy Eisenberg）和她的同事们发现的那样，害羞的孩子很可能会保持被动，而且不做任何事情来满足自己的需要。① 正如罗伯特·科普兰、金伯利·阿博（Kimberly Arbeau）和曼丹·阿默（Mandan Armer）告诉我们的那样，这包括长时间地看着其他孩子玩，自己却不加入。② 正如克尔斯顿·威尔（Kirsten Weir）所描述的一样，许多像坦尼娅这样的孩子渴望互动，但他们缺乏解决问题的能力，进而导致他们焦虑，除了在一旁观望外无能为力。③ 出于好意，坦尼娅的老师说："坦尼娅愿意过来帮忙收拾行李箱。"但是，即使孩子们欢迎坦尼娅加入，她也没有做好准备。而且，是老师在替她思考。

坦尼娅的妈妈说："我有个问题要你解决。要努力想出三种方法让鳄鱼阿利（坦尼娅最喜欢的玩偶）和你一起去游泳。"为了让坦尼娅想出不止一种方法来解决这个问题，坦尼娅的妈妈没有对她的想法进行评价。坦尼娅喜欢想办法诱使阿利和她一起去游泳，尤其是她高兴地喊出的主意："告诉它，如果它溺水了，我会救它。"不久后的一天，坦尼娅站在学校里那个玩偶角的外面，并且告诉大家："如果你们需要一个消防员，我就是消防员。"就在那时，其中一个孩子碰巧假装发现了火灾。

坦尼娅非常兴奋，以至于她笑容满面地回到家，并自豪地大声宣布："妈妈，我今天解决了一个问题！"

随着技能的增加，坦尼娅变得能够更好地满足自己的需要了。结果，她被拒绝的次数减少了，以后生活中遇到困难的风险也降低了。

希瑟的妈妈很困惑，每当有客人来访，甚至是客人带着孩子

---

① Eisenerg, N., Shepard, S.A., Fabes, R.A., Murphy, B.C., & Guthrie, I.K. (1998). Shyness and children's emotionality, regulation, and coping: Contemporaneous, longitudinal, and across-context relations. *Child Development*, 3, 767–790.——作者注

② Coplan, R.J., Arabeau, K.A., & Armer, M. (2008). Don't fret, be supportive! Maternal characteristics linking child shyness to psychosocial and school adjustment in kindergarten. *Journal of Abnormal Child Psychology*, 36, 359–371.——作者注

③ Weir, K. (2014). Born bashful. *Monitor on Psychology*, 45, 51–54.——作者注

来找 7 岁的希瑟玩的时候，她总是躲进自己的房间里。妈妈试图通过告诉她有那么多人想见她、解释说会有礼物给她以及恳求她，来引诱她出来玩。这都没有让希瑟改变主意。她太害羞了，以至于不敢和客人打招呼。

去年圣诞节，希瑟的妈妈尝试了一个独特的办法。她对希瑟说："我正在为圣诞节做一个姜饼人，我需要你的帮助。"到了塑造脸部的时候，妈妈说："你可以把眼睛、鼻子和嘴巴放在你想放的任何地方。做些傻事。玩得开心点。"希瑟用糖做好了嘴巴，把它放在了姜饼人的额头上。她把糖果球放在了它的嘴巴下面。她把用甘草做好的鼻子放在了它的右眼下面。希瑟笑得那么大声，几乎停不下来。她是如此兴奋地炫耀着她的新作品，以至于她都等不及客人来了。当客人到达时，希瑟没有跑回自己的房间，而是每当有客人进来时，她都跑向他们，并把他们领到自己的艺术品跟前。到下一次聚会时，希瑟已经决定去设计饼干，并为每位客人写诗了。她的妈妈不必承诺给她礼物来引诱她，也不必解释人们有多想见她，也不需要再恳求她了。

以下是我自己的研究和本章提到的其他研究人员提出的更多建议：

· 尽量不要过度保护或压制孩子，而要鼓励你的孩子思考并尝试他自己的想法，来解决冲突或满足他的需要。
· 引导你的儿子和女儿表达他们的感受，包括愤怒和悲伤的感受，并在他们失控之前引导他们处理这些感受。
· 即使你觉得你的孩子会在某件事上失败，也要避免干预——如果你为孩子解决了问题，他们就无法学习处理和解决问题的技能。

在接受克尔斯顿·威尔的采访时，滑铁卢大学的发展心理学家希瑟·亨德森（Heather Henderson）做了很好的总结，她说："父母的诀窍是退后一点，支持孩子，但要让孩子一小步一小步地自己做事情。"

如果你的孩子太害羞而不敢参与，要帮助你的孩子感到放松和平静。如果他能够对自己的读书报告感到自豪、对加入他人的游戏的新方法充满信心，或对自己为客人所创作的东西感到兴奋，他就能在很大程度上摆脱恐惧和不安，并且放心地参与其中，而不是退缩。

帮助孩子们应对不确定的世界

当全国性的悲剧发生时，例如 1999 年科伦拜校园枪击案①，2001 年 9 月 11 日发生在美国东海岸包括纽约世贸中心在内的四个地点的恐怖袭击，以及最近，2015 年发生在巴黎、科罗拉多斯普林斯和圣贝纳迪诺的大规模枪击案，孩子们都经历了不同程度的焦虑、悲伤和恐惧。你怎么才能帮助他们？

许多父母担心，如果他们过多地谈论世界大事，会增加孩子们的恐惧。但是，如果你忽视这个主题，孩子们就会独自担心，而且他们的恐惧可能会被放大。这里有一些有帮助的方法，可以处理孩子们的恐惧，而不是不予理会或者极度轻视：

· 要坚强，并安慰你的孩子。如果他们感觉到了你的悲痛或恐惧，他们就没有了任何依靠，并且会感到更加不安。

· 问你的孩子们对已经发生或正在发生的事情知道和理解多少，并让他们对自己的感受畅所欲言。压抑他们的恐惧会造成更多的压力。此外，最好由你告诉你的孩子这些信息，

---

① 科伦拜校园枪击案。1999 年 4 月 20 日，在美国科罗拉多州杰弗逊郡科伦拜中学发生校园枪击事件。两名青少年学生——埃里克·哈里斯和迪伦·克莱伯德配备枪械和爆炸物进入校园，枪杀 15 人，并造成 24 人受伤，两人随后自杀身亡。这起事件是美国历史上最血腥的校园枪击案之一。——译者注

而不是让他从朋友或者其他可能并不了解所有事实的人那里获得这些信息。

· 只回答你的孩子们问的问题，并且在回答完他们的问题后就停下来。有时候，我们都喜欢继续说下去。要诚实，但要小心你说的。太多的细节会给孩子造成更多的恐惧，甚至会让他们做噩梦。

· 和你的孩子们谈谈他们如何才能帮助处于不幸中的人。

· 把他们的感受用画画、写诗或写故事的方式表达出来，有助于孩子培养对他人的共情。大一点的孩子可以在日记中记录他们的感受。得克萨斯大学心理学家詹姆斯·W. 佩内贝克博士（Dr.James W. Pennebaker）领导的一项研究表明，用写的方式表达想法有助于释放紧张，使我们更能意识到困扰自己的是什么，并帮助我们更有效地应对压力。[①]这也能帮助孩子们减少无助感——一个重要的应对策略。当我们对自己的生活有一种掌控感，相信我们能使事情发生，而不是认为事情总是发生在自己身上的时候，恐惧感往往会得到缓解。尽管战争和恐怖事件事实上不受我们控制，但将其写下来会让我们感觉更主动。

· 要和孩子们谈谈你有什么感受，但不要探究你的所有恐惧。谈论自己的悲伤和愤怒就很好，这会帮助孩子们将这些感受看作是正常的。

· 如果你是在电视上看到的新闻，一定要和孩子一起看，以便你能跟孩子谈论你们看到和听到的。少看电视可能会更好。

· 阅读一些图书可能会有帮助。在凯文·汉克斯（Kevin Henkes）所著的《勇敢的希拉·瑞伊》一书中，希拉·瑞伊，一只老鼠，她什么都不怕——不怕黑暗，也不怕街区尽头的那条大黑狗。但是，当她迷路时，她很害怕，直到姐姐帮她

---

① Pennebaker, J.W. (1997). *The healing power of expressing emotions*. New York: Guilford.——作者注

找到回家的路。[①] 这个故事以及类似的故事，可能会为年幼的孩子提供一个安全的跳板，来和他们的父母讨论他们害怕什么，以及他们可以做些什么来让自己感觉好起来。另一本好书是卡里琳·李（Karilynn Lee）编纂的《孩子们为美国祈祷：不同信仰的年轻人分享对我们国家的希望》一书，它收录了美国5~15岁儿童对9·11恐怖袭击的回应，包括祈祷、想法和图画。通过一起阅读这本书，孩子们会看到别人有什么感受，进而能更好地讨论他们自己的感受。

· 要主动和孩子谈谈作为一个美国人以及有家人可以求助是多么令人感激。要花时间感激。我们总是把所拥有的当作是理所当然的。

· 尽快恢复正常的日常惯例，但是，如果你的孩子难以集中精力在学习或其他正常活动上，你要理解并准备好提供帮助。

· 要保持亲近。拥抱你的孩子。在危机最严重的时候，多花些时间陪孩子。这会让他们知道你有多么在乎他们，并且会帮助他们感觉到被爱和安全感。

· 如果你也对危机感到不安，要和其他成年人谈谈，以便给自己安慰。可以向你的教堂或任何支持团体求助；如果需要，要寻求专业帮助。这对你的孩子和你自己来说都是值得的。

那些在学龄前和小学阶段学会处理恐惧和压力的孩子，在进入青春期之前和进入青春期之后，其应对能力会更强。虽然开始永远不嫌晚，但也永远不嫌早。

---

① Henkes, K. (1996). *Shelia Rae, the brave*. New York: Greenwillow.——作者注

第4章

对待失去

重新思考离婚：它不一定会伤害孩子

与婚姻不幸福的父母一起生活的孩子，会比与离异父母一起生活的孩子过得更好吗？多年来，我们得到的忠告一直是，父母离异的孩子，尤其是男孩，会对他们的朋友失去兴趣，在学校表现很差，长大后可能会有严重的情感创伤。

现在，父母们可以放心了。

E.梅维斯·赫瑟林顿（E.Mavis Hetherington）对1400个家庭的2500名孩子进行了近30年的研究，以了解他们是如何适应父母离婚的。[①] 她发现，其中75%~80%的离异家庭的孩子已经建立了自己的事业，正在享受有意义的人际关系，并且在生活中取得了成功——不管他们的父母是否再婚。虽然有10%的非离异家庭的孩子在成年后经历了困境，但其中的大多数都来自冲突频繁的家庭。然而，那些来自离异家庭和高冲突非离异家庭的人的离婚率（前者是36%，后者是29%），比来自低冲突非离异

---

① 她的研究结果发表在与约翰·凯利（John Kelly）合著的《无论好坏》（*For Better or for Worse*）一书中。——作者注

家庭的人的离婚率（18%）更高。然而，赫瑟林顿确实指出，对于来自离异家庭的孩子来说，如果他们的伴侣来自低冲突的非离异家庭，他们自己的婚姻更可能成功，因为这样的伴侣比那些经历过父母离婚的伴侣更能支持他们的情感需求。

赫瑟林顿承认，起初，离婚对几乎所有家庭来说都是非常痛苦的，即便是一方或双方在离婚后感到压力减轻的情况下。尽管会有新的情绪紧张和财务压力，但她相信，孩子最终会如何，取决于父母能在多大程度上掌控自己的生活，以及他们对孩子的需求有多么敏感和支持。吉尔是双胞胎伊森和鲍勃的妈妈，在他们3岁的时候，她就与他们的爸爸离婚了。她非常认真地考虑了孩子们和自己的需要。她从一开始就尊重孩子们的感受。

例如，当伊森问："为什么爸爸不住在这里了？"吉尔简单而诚实地回答："因为我们合不来。"

当这对双胞胎10岁时，他们的父亲失业了，他再也负担不起两个男孩参加曲棍球联赛的费用。吉尔知道曲棍球对他们有多重要，所以她额外找了一份工作来支付这些费用。她没有指责他们的父亲，而是找到了一种尊重儿子们的需要的方法。

在两个男孩性格形成的那几年里，他们的父亲和吉尔都遵循了赫瑟林顿和其他专家提出的一致原则：

· 要诚实。
· 让你的孩子们知道你爱他们，并且会照料他们。
· 向他们保证，发生的一切都不是他们的错。
· 避免指责或批评另一方父母。
· 让无监护权的父母看望孩子，并且以一致的方式参与孩子的生活。
· 让孩子们表达自己的想法和感受——并且当他们表达的时候要倾听。向他们保证你理解了。
· 尊重孩子们的需要。

- 与你的前任进行沟通——以便你们能在规则和管教上保持一致，以便你们不会在孩子生日和节假日的时候买同样的礼物。
- 尊重你的前任；不要试图"胜过"他或她。
- 要注意你的孩子试图站在一方父母的角度去反对另一方的那些时刻。如果你认为发生了这样的事情，要和你的孩子谈谈。让他考虑一下你有什么感受。也让他想想他的真正感受。

无论你将离婚处理得多么好，一年中的某些时候都会让你觉得特别有挑战性，比如在假期和生日的时候。这是充满期待的时候，而且每个人都记得一些一起度过的时光。对于离异父母来说，在时间上、照料孩子和准备礼物上进行合作尤为重要。

今天，伊森和鲍勃已经是大学三年级的学生了。他们都认真负责地工作以帮助支付学费，他们有好朋友，而且和父亲母亲都相处得很好。当他们的妈妈再婚时，他们很开心，也很支持。

或许，这两个男孩学会了关心别人，因为别人关心他们。

新的问题就变成了"伊森和鲍勃将如何对待他们自己的孩子呢？"妮可·马勒（Nicole Mahrer）和她的团队报告了表明伊森和鲍勃将会做得很好的大量研究。[1] 那些在严厉管教下长大的孩子往往会做出攻击、发怒和沮丧的行为，并且会以同样的方式对待他们自己的孩子。另一方面，像伊森和鲍勃这样在温暖和良好的亲子关系中长大的孩子——包括父母对他们的感受的关心——很可能会以一种相似的方式养育自己的孩子。在温暖中长大的孩子是否只是简单地模仿了他们的父母的行为，还是这些父母对待

① Mahrer, N.E., Winslow, E., Wolchik. S.A., Tein, J.Y., & Sandler, I.N. (2014). Effects of a preventive parenting intervention for divorced families on the intergenerational transmission of parenting attitudes in young adult offspring. *Child Development*, 85, 2091–2105.——作者注

孩子的方式培养了孩子的社交和学业能力、温暖而不是严厉管教的品质，并不总是能分辨出来。不管什么原因，伊森和鲍勃觉得他们被照料得很好，在温暖的环境中长大，他们很可能也会这样养育自己的孩子。

当一个最好的朋友搬走时

朋友是我们与其一起做事、相互关心和信任的人。我们会把自己遇到的麻烦告诉我们的朋友，而他们会让我们感觉好起来。当我们需要他们的时候，他们就在那里，而我们也会随时支持他们。当我们知道有朋友不得不搬走，并且我们将要分开的时候会发生什么？

当格拉德威尔一家得知他们的朋友莫兰一家不得不搬家时，他们震惊不已。不仅他们两家的女儿同岁，而且两家的妈妈也已经成了最好的朋友。"我知道他们只是搬到离这里一个小时车程的地方，"玛莎·格拉德威尔解释说，"但就是不一样了。现在我们想起什么事情立刻就能做，比如去看电影或者做爆米花。等他们搬家后，每件事情都不得不事先计划好。我为自己感到失落，也为孩子们感到失落。直到我得知他们要离开时，我才意识到我们两家的生活已经多么紧密地交织在一起了。"

玛莎还有其他更难以表达的感受：她的朋友们在生活中继续前行，而她却落在了后面。然后，她补充道："但我必须坚强。我不想让我的孩子们看到我哭。"

当玛莎问她的孩子们，当她们的朋友搬走后，她们会最想念什么时，12岁的克丽丝哀叹道："我们一起坐校车去学校。"还有："走过去就能打个招呼。"11岁的米奇说她会想念她的朋友"就在那里"。玛莎和她的女儿们谈了接纳这些感受的重要性。她特意不说"过段时间你们就不会这么难过了"之类的话。正如玛莎解释的那样："这不是真的，我不知道她们过段时间会有什么感受。

这样的话语肯定无法帮助她们熬过目前所面临的痛苦。"

玛莎计划做的一件事是定期为两家人安排聚会，既有在正式场合的，比如节假日和生日的时候，也有非正式的小聚，比如在购物中心见面。如果朋友之间的距离没有远到无法见面，这是你能做的最有帮助的事情之一。

帮助孩子们在失去友谊之后整理其感受的另一种方法，是阅读关于这个话题的书籍。在《安珀·布朗去上四年级》（*Amber Brown Goes Fourth*）这本书中，作者宝拉·丹齐格（Paula Danziger）讲述了一个四年级学生安珀·布朗的故事，她最好的朋友贾斯汀搬走了。这本书幽默而又富有洞察力，描述了安珀最初有多么沉浸在对贾斯汀的思念里，以至于她甚至没有注意到另一个同学布兰迪和她一样需要一个新朋友，并且一直都很有兴趣和她成为朋友。慢慢地，安珀对这段新友谊敞开了心扉，同时学到了重要的一课：尽管布兰迪不是贾斯汀，但安珀和布兰迪仍然可以成为新的好朋友。

8岁的基拉喜欢这个故事，她的朋友搬到了另一个社区。尽管她的朋友仍然在附近，但她还是感受到了痛苦。"她跟我不在一个学校了，"她解释说，"我们不能在课间一起玩了。"基拉的妈妈玛格丽特帮助基拉思考处理她的生活中这一重要变化的主意。首先，她问基拉，如果朋友们相互之间住得很远，他们可以怎样保持联系。

"他们可以打电话、发电子邮件、发短信，或者到什么地方一起过一个特别的假日。"基拉的一个朋友这时正好在，她有一个想法："可以互相发送照片，这样他们就能在长大的过程中看到彼此长什么样子。"然后，玛格丽特问女儿怎样才能和她自己的朋友保持联系。在思考了一会儿之后，基拉想出了一些主意："约好一起玩"以及"一起去一些地方"。

虽然随着距离的增加，友谊可能会变得没有那么深厚，而且在很多情况下会随着时间的推移而完全消失，但至少在一开始保持联系可能会减轻这种打击。这还有助于记住一些事情，这是玛莎在莫兰一家搬走几周后意识到的："适应这种失去是很难的，但这也许是让我的女儿为更永久的失去——比如当她们的祖父母去世时——做好准备的一种好方式。也许这样的经历会帮助我的女儿学会珍惜我们现在拥有的一切。我知道这对我有这样的影响。"

这对我们所有人来说都是一个重要的信息。当生活以我们没有预料到的情形让我们大吃一惊时，我们可以把这些经历当作通往未来的跳板，当作成长和适应的机会。我们永远无法确定接下来会发生什么，但我们可以对自己解决问题的能力充满信心。

帮助你的孩子面对亲人的离世

死亡是生命中自然而然的一部分。尽管我们可能想保护我们的孩子免于经历失去，但我们不能这么做。如果我们这么做，我们就是在给他们帮倒忙。理解失去所爱的人意味着什么，是人性的一部分。事实上，回避这个话题可能会增加孩子的好奇心。正如卡尔·罗森格伦（Karl Rosengren）、伊莎贝尔·古铁雷斯（Isabel Gutierrez）和史蒂维·沙因（Stevie Schein）所指出的那样，孩子们可能会无意中从广播、电视或其他孩子那里听到这样的信息。[①]我想在此补充一点，他们可能会获得不正确的信息。

同时，我们不得不承认，孩子对死亡和失去的概念可能与我们的有很大不同，而且它会随着孩子的成长而演变。

"当死亡发生的时候，在困惑和痛苦中，成年照料者可能对如何最好地给自己的孩子提供他们需要的照料和支持感到不知所

---

① Rosengren, K. S., Gutierrez, I.T., & Schein, S. S. (2014). Cognitive dimensions of death in context. In K. S. Rosengren, P.J. Miller, I.T. Gutierrez, P.I. Chow, S. S. Schein, & K.N. Anderson (Eds.), Children's understanding of death: Toward a conceptualized and integrated account, *Monographs of the Society for Research in Child Development*, 79 (Serial No. 312, pp. 62-82).——作者注

措。"费城悲伤儿童、青少年和家庭中心[1]前联席主任詹尼斯·凯瑟（Janis Keyser）说。在我们的谈话中，她补充说，虽然非常小的孩子可能不理解"死"和"死亡"这两个词，但重要的是要使用这两个词，而不要为了避免说出真相或者缓冲悲伤而用其他词来代替。正如她解释的那样："孩子们往往是按照字面的意思理解。如果你委婉地告诉你的学龄前孩子'我们失去（lose）了爷爷'，你很可能会发现你的孩子去壁橱里找他。"[2]

同样没有帮助的说法还有"上帝带走了爸爸"或"爸爸去上帝那里睡觉了"。很小的孩子可能会为此害怕上帝或者害怕睡觉。凯瑟建议，其他要避免的说法还有"爸爸生病了"，因为下次孩子感冒时，他可能也会害怕死去。如果爸爸死于一种疾病，更好的解释是"爸爸病得非常非常重，医生也无能为力"。

这里是一位妈妈如何让 8 岁的女儿琳赛为身患晚期癌症的奶奶的去世做好准备的。"我有一个好消息和一个坏消息。"她告诉琳赛，"好消息是，奶奶再也不用动手术了，因为手术帮不了她——而且你知道她以前动手术后有多痛苦。坏消息是，细菌可能正变得越来越强。医生们打算尝试一种新药，但我们不知道这是否有效。"

当琳赛问奶奶是否能来看她的足球比赛时，妈妈解释说，奶奶不能再像以前那样做很多事情了——"奶奶病得非常非常重，而且她非常非常累。"当琳赛改变话题时，妈妈也不再说这件事。"一般来说，我只会在琳赛感兴趣的时候谈论她的奶奶。"她妈妈解释说，"当我们谈论这件事的时候，我不会直接告诉她奶奶

---

[1] 费城悲伤儿童、青少年和家庭中心，Center for Grieving Children,Teens,and Families in Philadelphia，该中心现在被称为"悲伤儿童中心"（Center for Grieving Children），为所有年龄段孩子所在的悲伤家庭提供支持小组，也为那些为这类家庭提供支持的专业人士举办研讨会。要想了解更多信息，你可以登录 www. ingchildren.org，向悲伤儿童中心发送电子邮件，邮箱为 grievingchildren@aol. com，或致电 267-437-3123。——作者注

[2] Lose，既有"失去"的意思，也有"丢失"的意思。——译者注

就要死了——但如果她问起来，我也不会撒谎。我会告诉她，奶奶可能会死，但没人知道是什么时候。"

罗森格伦、古铁雷斯和沙因发现，早在 4 岁时，一些孩子就能明白死亡是不可逆的，而且身体机能（如进食、说话、呼吸、听觉和视觉）在死亡后就不复存在了。到 6 岁时，大多数孩子还会明白所有活的东西一定会死，而到 7 岁时，他们会理解可能会发生各种各样导致任何生物（包括植物和动物）死亡的事件。就像佩吉·米勒（Peggy Miller）和卡尔·罗森格伦说的那样，父母可以以孩子能理解的水平——"在孩子们可以问问题和表达他们的担忧的一个安全环境里"——和他们进行交谈。罗森格伦和他的同事古铁雷斯、沙因给我们提供了一种方法，通过问诸如"爷爷能重新活过来吗？""他会永远死去吗？""所有的人、植物和动物都得死吗？""既然爷爷已经死了，他还能吃东西、能呼吸、能喝水吗？""爷爷还会思考（做梦）吗？""爷爷为什么会死？"之类的问题，来搞清楚孩子们理解了什么。重要的是，只在孩子感兴趣的时候跟他们谈论，并且在他们感到不安之前停下来。[1]

还有很多方法，可以帮助你的孩子意识到所爱之人会活在记忆中，以减轻死亡带来的痛苦。以下是詹尼斯·凯瑟和她所在机构的联合主管罗布·希斯利（Rob Sheesley）提供的另外一些建议：

· 了解你的孩子最贴切地描述自己感受的方式是什么。有些孩子可能更喜欢画画或写诗，而有些孩子可能想要将他所记得的与这位亲人一起度过的欢乐时刻表演出来。

· 与你的孩子分享你自己的感受。如果他们问诸如这样的问

---

[1] Miller, P.J., & Rosengren, K. S. (2014). Final thoughts. In K. S. Rosengren, P.J. Miller, I.T. Gutierrez, P.I. Chow, S. S. Schein, & K.N. Anderson (Eds.), *Children's understanding of death: Toward a conceptualized and integrated account*, *Monographs of the Society for Research in Child Development*, 79 (Serial No. 312, pp. 113 - 124).——作者注

题:"爸爸为什么不回家？"你可以这样说:"我也想爸爸。"

· 回答孩子们问的问题，而不是他们没有问的问题。回答要简短，但要诚实。

· 谈论仪式。追忆你们作为一个家庭在亡者生日或节假日所做的事情，会帮助所爱之人活在你们心中。

· 在日常交谈中提及这个人。当我和一个朋友一起去一个地方，因为到得很早而不得不等一会儿时，我会说："就像我爸爸常说的那样，'早30分钟总比晚1分钟好'。"这样，我的爸爸在我的生活中就仍然是一个重要的存在。

· 阅读关于死亡如何是生命的一部分的书籍。例如，以不造成焦虑的方式为4~8岁孩子解释死亡的书，包括布莱恩·梅罗尼（Bryan Mellonie）和罗伯特·英潘（Robert Ingpen）所著的《一生：向孩子解释死亡的美丽方式》（*Lifetime:The Beautiful Way to Explain Death to Children*），以及劳里·克拉斯尼（Laurie Krasny）和马克·布朗（Marc Brown）合著的《当恐龙死去时》（*When Dinosaurs Die*）。[1]

除了这些建议，要努力为整个家庭寻求支持。尽管你的首要任务可能是帮助你的孩子度过这个悲伤的过程，但是，你自己也同时在经历悲伤和失去。加入一个支持小组是找到你自己的内在力量的一种方式。凯瑟说，这些小组"可以帮助那些正在经历丧

① K.S. 罗森格伦（K.S.Rosengren）、P.J. 米勒（P.J.Miller）、L.T. 古铁雷斯（L.T.Gutierrez）、P.I. 周（P.I.Chow）、S.S. 沙因（S.S.Schein）和K.N. 安德森（K.N.Anderson）于2014年在学术期刊《儿童发展学会专著》（*Monograhps of the Society for Research in Child Development*）上发表了一篇名为《儿童对死亡的理解：走向语境化、整体性的叙述》（*Monographps of the Society for Research in Child Development*）的文章，里面列举了另外109本以死亡为主题的绘本。要想了解更多信息，你可以给K. D.Rosengren发邮件或写信，邮箱地址为 k-rosengren@northwestern.edu，信件地址为 Department of Psychology, Northwestern University, 2029 Sheridan Road, Evanston, IL 60208。——作者注

亲之痛的家庭产生安全感并恢复正常状态"。

庆祝父亲节和母亲节：当爸爸或妈妈离世的时候

对于那些有一位父母已经去世的孩子来说，母亲节和父亲节可能是很艰难的节日。尤其是去世后的第一个这类节日，会格外艰难。

这种情况不容忽视：这两个节日在我们的社会中占据着重要的地位，逃避它们真的不是一个选择。相反，最佳安排是帮助你的孩子学会一些在他们的心中为去世的父母庆祝的方法。

"经历一位父母的去世对孩子们来说是非常艰难的，"美国丧亲儿童抚慰区夏令营（Comfort Zone Camp）[①]前创始人兼执行董事琳·休斯 (Lynne Hughes) 说，"如果我们能找到一种方法来帮助他们和亲人保持关联，母亲节和父亲节对他们来说就会容易一些。"休斯在 12 岁之前就失去了双亲，她知道帮助孩子应对困难的重要性以及与亲人保持关联的价值。下面是她向我分享的一些想法：

· 找到纪念妈妈或爸爸的一些方法，讲述一些美好的经历，并回忆一起度过的美好时光。
· 鼓励你的孩子们谈论他们的感受，并且也要分享你的感受。让他们用各种颜色把他们的感受用图画描绘出来，比如黄色代表快乐，蓝色代表悲伤，红色代表愤怒。
· 创造一些家庭传统，比如去爸爸最喜欢的餐厅或者妈妈最喜欢的野餐地点等一些已故父母存在感格外强烈的地方。
· 制作一个"应对盒"，并进行装饰——比如，你的孩子可

① 美国弗吉尼亚州罗克维尔抚慰区夏令营是专为 7~17 岁悲伤儿童设置的，营地是免费的，并提供旅行津贴。想了解更多信息，可以拨打免费电话 866-488-5679，发送电子邮件至 comfortz-onecamp@aol.com 或登录网站 www.comfortzonecamp.org。——作者注

以使用一个旧鞋盒。建议孩子们写下他们在特别思念父母的时候可以做的事情（给一位朋友发邮件、写一本纪念册、吃冰激凌蛋筒），并且将这些建议放进盒子里供以后参考。

· 在可能的情况下，让继父或继母、祖父母、阿姨或叔叔或这个家庭的亲密朋友介入，并参与一些指定由"父亲/母亲和孩子"一起参与的活动，以及你的孩子记忆中曾经和已故父母一起参与过的活动。

参加抚慰区夏令营的家庭找到了另外一些创造性的方法来帮助他们的孩子们应对。一位妈妈在父亲节那天带着她的孩子去了动物园，因为这是他们一起度过最后一个父亲节的地方。一位爸爸在母亲节那天让孩子们为妈妈制作了一个时光胶囊：他们收集了一些照片和纪念品，把它们放在了一个特殊的盒子里，然后把它埋在妈妈最喜欢的树旁。在其他家庭中，孩子们把给去世的父母的话写在氦气球上，然后将它们放飞到空中。

"做什么其实并不重要，"休斯说，"真正重要的是你要做些事情。你不能把这个节日掩盖起来，然后希望它会自己过去，它不会过去的。"

积极主动也很重要。许多老师，尤其是低年级的老师，会在节日到来前利用上课时间来为妈妈或爸爸做礼物。如果你的配偶去世了，你可以提醒老师你的孩子的情况，并鼓励老师让孩子知道，他们可以做一件礼物来纪念自己的爸爸或妈妈。你还可以和你的孩子谈谈当他听到其他孩子谈论他们的爸爸或妈妈时，自己会有什么感受，以及他能说哪些与他的爸爸或妈妈有关的事情。

吉米，10岁，在母亲节那天表现反常，因为他的妈妈在两年前去世了。他从学校回到家时，显得安静而沉默。当他的继母问他怎么回事时，吉米不想谈这件事。"没什么。"他说。但是，他的继母仍然很担心；她感觉到他的失落感可能因为母亲节的到来而加剧了，所以，她又平静地问了一次。这一次，吉米承认说：

"我想念我的妈妈。"

一些女性可能会做出怨恨或嫉妒的反应。但是，吉米的继母把自己的感情放在一边，试图帮助他理解这个节日的真正含义。"你妈妈对你有什么特别之处？"她问道。

吉米想了一会儿，说："是她生下了我。而且她爱我，倾听我，并且和我一起做事情。"

"把你生下来是很重要，"吉米的继母继续说，"但真正重要的是现在的你。尽管不是我把你带到这个世界上的，但是，你认为我在乎你，想倾听你，想和你一起做事吗？"吉米以前从来没有想过这一点——他的继母会对他有这种感受，对庆祝母亲节有这种感受。他开始意识到也许他和继母能找到一种方式来一起享受母亲节。

当家里的宠物死去的时候

它们在我们的床上睡觉，在我们的桌子上吃东西，在我们的沙发上休息，依偎在我们的膝上。无论你的家里有一只狗、猫、鸟或沙鼠，宠物通常是那么让人喜爱，以至于我们无法想象没有它们的家庭生活会是什么样子。养宠物会教给孩子许多重要的人生课，其中最重要的可能是学会面对疾病、年老和死亡等问题。

许多父母发现，养一只宠物，可以给他们一个完美的机会去讨论生活中一些最重要和最困难的话题：所有活的东西有一天都会死，死亡是生命的一部分，我们必须互相关心和照顾——包括我们的宠物——在它们活着的时候。

大一点的孩子能理解宠物没有我们活得久。事实上，一只宠物来到你家里的第一天可能就是一个好机会——和大一点的孩子谈论自然寿命，不同的动物预期寿命有多么不同，以及这只宠物预期可以活多久。

但是，年龄小的孩子呢？他们能理解什么？

当4岁的卡尔的小狗洛基被一辆汽车轧死时，妈妈向他解释说，这是一起意外。她说："我们很爱洛基。它死了，我们感到很伤心。我们可以马上再养一只小狗。"

妈妈是在努力安慰儿子，相信让儿子不再想那只死去的宠物的最好办法就是用另一只宠物来代替它。但是，卡尔像很多他这个年龄的孩子一样，可能会以一种完全不同的方式理解妈妈说的这些话。

研究人员安玛丽·鲁普（Annemarie Roeper）和伊夫·西格尔（Irv Sigel）报告说，一些学龄前儿童无法区分家里哪些生物是家庭的一员，哪些不是。[1] 如果卡尔认为洛基是他们家庭中的一员，他可能会想："如果我被车轧了，妈妈会有一个新男孩并把我忘掉吗？"

为了确定你的孩子对一只宠物死去的理解到底有多少，要和你的孩子谈谈。你可以这么问他：

"你认为洛基被车轧过后发生了什么？"
"你对这件事有什么感受？"

一个4岁的孩子在被问到他认为他的狗发生了什么事时，他简单地说："它去天堂了。"对这个孩子来说，天堂是"在天上"，是人们和宠物死后都会去的地方。他知道狗不再痛苦了。

当被问到有什么感受时，他说："非常非常难过。"妈妈告诉他，她理解他的感受，她也感到难过，每个人都需要难过一段时间。要谈谈死去的宠物，如果你的孩子想谈的话——但是，如果你的孩子改变了话题，不要勉强或延长这种交谈。

---

[1] Roeper, A., & Sigel, I.E. (1967). Finding the clue to children's thought processes. In W.W. Hartup & N.L. Smothergill (Eds.), *The Young Child: Review of Research* (pp. 77–95). Washington, DC: National Association for the Education of Young Children.——作者注

　　像这样的问题和交谈将帮助你了解你的孩子对死亡的恒久性的理解、他是否理解你对他的感受的关心，以及再养一只宠物是否会有所帮助。

　　你如何才能看出你的孩子是否已经为养一只新宠物做好了准备呢？建议你们一起去一间动物收容所，然后仔细观察他有什么反应。如果他立即被一只长着一对大耳朵的小狗吸引，那么他可能已经准备好养一只新宠物了。如果他只是站在笼子旁边哭，那他可能还没有准备好。

　　等一个月左右，然后再去试一次。最终，大多数孩子都会准备好收养一个新的动物朋友。如果等到他真的准备好了，那么新宠物就不是一个替代品，而是一个全新的家庭成员，是独一无二的。当养一只新宠物是你的孩子的主意时，他就不太会相信你会轻易忘记之前的那只。

第5章

关心和共情

我们在向男孩和女孩传递不同的信息吗?

我们将自己的儿子和女儿送去学校，希望他们都能找到一个令人兴奋的学习环境，但是，在美国各地的教室里真正发生的事情往往让人惊讶和不安。这里是一些研究发现，包括我最近发现的埃斯特·格里夫（Esther Grief）所做的研究[1]：

· 到 2 岁时，当女孩说话比男孩多的时候，她们就会被打断。
· 在幼儿园里，男孩比女孩得到更多关注。
· 早在一年级的时候，老师们提问男生的次数就比提问女生的次数多，并且让他们有更多机会在课堂上发言。
· 小学老师会赞扬女孩的穿着和发型，而男孩则会因为他们如何解决问题并完成任务而得到指导和赞扬。
· 男生会被问到更多激发思考的问题，表明老师们相信男生抽象思维的能力比女生强。

---

[1] Grief, E.B. (1980). Sex differences in parent-child conversations. *Women's Studies International Quarterly*, 3, 253 - 258.——作者注

·从学前班到高中，男生会得到老师更多的关注，有更多发言的机会。

在对这些和其他关于学校和性别的研究进行总结之后，研究人员詹妮斯·科赫（Janice Koch）、伊莱·纽伯格（Eli Newberger）、黛安·卢布（Diane Ruble）和卡罗尔·琳·马丁（Carol Lynn Martin）认为，父母和老师——甚至都没有意识到——可能在向男孩和女孩传递着不同的信息。[①]

无论多么不经意，老师们正在传递男孩比女孩有更重要的事情要说这个微妙的信息吗？

这种不平等不仅出现在学校里，也出现在家里。相比女孩，无论母亲还是父亲都更鼓励男孩参与大肌肉运动的活动，并给予男孩更多不受成年人监管的自由。女孩们得到更多的鼓励来表现出依赖和柔情。早在 3~6 个月大的时候，母亲们给女儿的微笑就比给儿子的多，在幼儿园里，日托工作人员给女孩的微笑也比给男孩的多。

父亲们通过说诸如"把那本书给我拿来"之类的话，给儿子更多的命令和要求。对于女孩，爸爸们更可能说："能请你把那本书拿给我吗？"父母们不仅在与女儿说话时更礼貌，而且到孩子 18 个月的时候，与和儿子的对话相比，父母和女儿的对话里还会包含更多表达情感的词语——既有积极的情感词语，比如**快乐**和**骄傲**，也包括消极的情感词语，主要是**伤心**和**害怕**。

当父母确实和他们的儿子谈论感受时，也主要谈的是愤怒。而且，当指导孩子解决冲突时，母亲们更喜欢让女儿和谐相处，但接受儿子把反击作为一种解决办法。此外，父亲和母亲对孩子的惩罚也不一样：男孩更有可能因为打兄弟姐妹或抢玩具而受到

---

① Koch, J. (2003). Gender issues in the classroom. In W.M. Reynolds & G.E. Miller (Eds.), *Handbook of psychology* (Vol. 5, pp. 259－281). Hoboken, NJ: Wiley.——作者注

惩罚，但父母们更有可能跟女孩解释为什么她们不应该做这样的事情。

这看上去好像我们把注意力集中在女儿的情感上、儿子的行动上。但是，这对任何人都不公平。女孩对做事情也很感兴趣，尽管她们可能不这么说。

同样，我们鼓励女儿体验她们的情感，而期望儿子控制他们的情感。威廉·波拉克（William Pollack）在他的《真正的男孩》（*Real Boys*）一书中解释说，当我们对儿子强调愤怒之情时，他们可能会学会隐藏自己的其他感受。正如一位父亲告诉我的："如果我儿子告诉他的朋友他有什么感受，他们会认为他是一个娘娘腔。"如果男孩没有机会谈论他们的悲伤和害怕，他们就无法学会处理他们的感受，而会学着忽视、逃避甚至隐藏这些感受。他们就不太可能伸出援手，帮助其他陷入困境中的人。

尽管总的来说，男孩不太会像女孩一样告诉你他们有什么感受，但他们确实有感受——而且他们会在平静、平和的时候谈论感受。根据我的经验，所有年龄段的男孩都喜欢谈论什么事情让他们自豪、悲伤、沮丧和害怕——和女孩们一样喜欢。

为了帮助避免向男孩和女孩传递不同的信息并让我们的孩子陷入与性别相关的刻板印象，费城坦普尔大学的发展心理学家诺拉·纽科姆（Nora Newcombe）对纽伯格和波拉克提出的建议做了如下补充：[1]

· 鼓励你的儿子和女儿谈论其他人的感受以及他们自己的感受。
· 问男孩和女孩一些关于故事书、电视和电影中的角色有什么感受的问题。当你给你的女儿和儿子读故事的时候，要向他们强调感受词语——比如**快乐**、**悲伤**和**愤怒**，并且要使用恰当的面部表情和语调，即使他们是婴儿。即使你的

---

[1] Newcombe, N. (1998, March 19). *Gender differences* (Interview, "Talking About Kids," WHYY-FM, Philadelphia).——作者注

儿子似乎对此没有反应，或者完全不理会，你也要这样做。这对于帮助你的孩子培养对那些处于痛苦中的人的共情，并理解他们需要帮助，是很重要的。

· 要与你的儿子和女儿谈论所有的感受，而不仅仅是好的感受。说出你自己的感受，会让孩子们自由地说出他们的。

· 要帮助你的孩子认识到，他对事物可能会有复杂的感受——然后要专注于积极的一面来帮助他减轻压力。当你解释这种矛盾的情绪有多么常见时，大多数孩子都能理解。当10岁的本摔断腿时，他感到悲伤和担心，并且对不能踢足球感到失望——但是，他也为自己得到的所有关注感到高兴。

· 无论你是一位母亲还是父亲，对你的儿子和女儿都要使用支持、鼓励的话语。

· 要向你的儿子和女儿解释为什么打别人和抢玩具是不可接受的。因为男孩的攻击行为就简单地惩罚他们，可能只会让他们更具攻击性。

尽管我们想让男孩知道他们的感受很重要，但我们也想让女孩知道我们重视她们的思考。要赞扬你女儿的成就和想法，而不仅仅是她的外表怎么样。

而且，当你的女儿说话时，尽量不要打断她。

父母也有感受

你4岁的孩子穿着鞋子一直在沙发上跳。你喜欢看他快乐的脸庞，你喜欢他的精力旺盛。但是，你也想让他知道你也有感受，而且现在，你担心他会毁了沙发垫。你想大喊："从沙发上下来，你会把它弄脏的！"但是，你也知道，大喊大叫没有用：你的孩子会置之不理。

你6岁的孩子正坐在客厅的地毯上画手指画。你喜欢看到她能自娱自乐，而且想通过艺术来表达自己。但是，你还一次又一次地跟她说不能在地毯上画画，而且无论她在哪里画画，都必须铺上报纸。你也是有感受的。所以，你坐到她旁边，向她解释为什么你不想让她在地毯上画画。然而，你并不想压制她的创造力。你说了，她点点头。但是，你想知道你说的话她是否听进去了一个字。

你还能做些什么呢？首先，要假设你的孩子不是故意藐视你。他们不想弄脏沙发垫，也不想用手指画在地毯上留下污渍。他们只是根本没有考虑过你。这才是问题所在。

下面是你如何才能让你的孩子参与对话，让他在达到他的目的的同时理解你的观点：

当一个孩子在沙发上跳时，问他："**如果你在沙发上跳，可能会发生什么？**"

有些孩子可能会说"我不知道"，或者更轻蔑地说"我不在乎"。

尽量不要发脾气，要平静地说："我知道，**如果你努力想一想，你就能想到可能会发生的事情**。"

如果你的孩子说："你会让我回我的房间。"你可以通过问问题而不是告诉他来引导他："**如果你不看自己正在往哪里跳，可能会发生什么事？**"这么问的目的是让孩子们认识到为什么在室内跳或跑不是一个好主意，而不是让他们对被父母吼叫或送回自己的房间这样的外在威胁做出反应。

这时，如果你的孩子说"我可能会受伤"或者"我可能会弄脏什么东西"，你可以问："那样你可能会有什么感受？"大部分孩子会说："难过。"你要接着说："**如果发生**

那种事情，**那么你认为我会有什么感受？**"大多数孩子会说"**伤心**"或"**生气**"。最后，问孩子："你能想出一个**不同的**地方去跳（或画画）吗，以便不发生那样的事情，而且我们两个都不感到伤心或生气？"

当我认识的一位爸爸问他 4 岁的女儿这些问题时，她想到了自己的解决办法：外面是跳的好地方——然后，她微笑着出去了。她爸爸也笑了。他认可了女儿的需要，而女儿认识到了爸爸也有感受。

这里是另外一个场景。你 10 岁和 7 岁的孩子正在餐厅里拼命地跑来跑去玩捉人游戏。当他们狂奔而过时，桌上的那只花瓶晃了晃，掉在地上，摔得粉碎。你非常生气。你打了他们的屁股，并让他们回自己的房间去。但是，这并没什么用。现在，两个孩子在因为他们都惹上的麻烦而生对方的气。他们都生你的气，因为你不理解他们不是故意打碎花瓶的。你也对他们两个这么不小心和疏忽而暴怒。

如果你的孩子们真的打碎了什么东西，你可以问这样的问题：

"餐厅是一个奔跑的好地方吗？"
"当你奔跑的时候发生了什么？"
"你对发生的事情有什么感受？"
"你认为我对此有什么感受？"
"哪里是玩耍的好地方？"
"下次再想在屋里玩捉人游戏时，你会想到什么？"

这样，孩子们就会习惯于把你的需要纳入他们的方程式中考虑。但是，问题不会完全消失。许多十一二岁的孩子除了自己的需要外，对别人的需要仍然不在意。下面是另一位爸爸如何帮助他十一二岁的女儿看到不同的人对同一件事情会有不同感受的——通过问她们："怎么会这样？"

  爸爸：让我们编一个和你们同样年龄的两个女孩的故事。爱丽丝喜欢很大声地放音乐，这让她感觉很好。她的妹妹玛丽听到同样的音乐，感到很生气。怎么会这样？

  艾米莉：也许爱丽丝想起了上周学校舞会上的音乐有多响。她喜欢随着很响的音乐跳舞。

  蒂娜：但是，**如果**玛丽正在努力做作业，**那么**这种音乐可能会打扰到她。

  爸爸：想得好。现在你们编一个类似的故事。

  艾米莉：伊芙过生日的时候得到了一个足球，她感到非常高兴。卡萝尔也得到了一个，但她感到害怕。伊芙喜欢足球，卡萝尔总是害怕被球打在头上。

  蒂娜：杰基感到很自豪，因为她在学校的戏剧中担任主角。辛迪甚至不想试演这个角色，因为她害怕忘记台词。

  现在，两个女孩都理解了不同的人对同一件事会有不同的感受。当家里出现分歧时，这位爸爸只需要提醒他的两个女儿想想这些故事，并问："怎么会这样？"通常就不需要再多说什么了。

  你也可以玩"人们对事情有什么感受？"的游戏。方法如下：从一个表达良好感受的字词开始，比如**开心**，问你的孩子："什么事情会让你开心？"然后问："还有什么？试着想出五件事情。"

  在你的孩子回答后，要说："现在告诉我什么事情会让你的朋友汤姆感到开心？什么会让奶奶感到开心？什么会让彼得斯医生感到开心？"

  当你的孩子回答完，就说："现在我们要让这个游戏变得更难一点。什么事情会让你的朋友、奶奶和彼得斯医生都感到开心？"她可能会这样说："一个冰激凌蛋筒。"

  然后问："什么事情可能会让汤姆感到开心，但是不会让奶奶感到开心？"你的孩子可能会说："玩电子游戏。"

"什么事情会让奶奶感到开心，但是不会让汤姆感到开心？"你接下来可以这样问。

你的孩子可能会说："参观博物馆。"

接下来，你可以用其他感受词语来玩这个游戏，比如**伤心**、**生气**、**失望**和**担心**。

这样的对话会鼓励孩子们培养将他们自己的需要和别人的需要都纳入考虑之中的能力，以及想出一个让双方都认可的解决方法的能力。这是我们帮助孩子们为他们一生中所要发展的所有关系做好准备的最佳方式之一。

"善良"是什么意思？

我有时候会想，教给孩子们什么是公平比什么是善良更容易。以 10 岁的博比和他 9 岁的妹妹艾丽为例。两个孩子都知道，当他们玩游戏时，他们都有责任把玩具收拾好。双方都不期望对方为自己做这些事情。

但是，作为学会了这一点的结果，他们开始把"公平"这个概念过于按照字面意思理解，彼此监视对方的一举一动。例如，当轮到艾丽整理自己的房间时，她会把每件东西都放好，除了她哥哥从她的书架上拿下来的那本书，她会坚定地声称："是他把它放在床上的，所以他应该把它放回去！"

同样很坚定的博比会把黄油从冰箱里拿出来，但坚持要艾丽把它放回去，因为"她是最后一个用黄油的人！"。

他们的爸爸很困惑。他同意两个孩子都有道理，但他想知道他们怎么会有这么多精力来盯着这一切。他们似乎把"公平"的概念发挥到了极致。为此大发脾气值得吗？毕竟，公平是为了不伤害人们的感情。但是，对博比和艾丽来说，"公平"恰恰产生了相反的效果。

　　我对孩子们对公平、慷慨和自私的概念进行的研究表明，到4岁时，大多数孩子都能明白，当一个孩子玩一个玩具而另一个没有玩时，玩玩具的孩子把这个玩具收起来是公平的。但是，直到9岁或10岁左右，孩子们才能理解善良是如何超越公平规则的。[①] 也就是说，博比和艾丽都可以做出以下区分：虽然艾丽坚持让哥哥把书收起来并不是不公平，但是，她在整理房间的时候把书收起来则是她的善良。同样，博比能认识到，虽然他妹妹也用过黄油，但是他把黄油收起来则是他的善良。

　　公平和善良之间存在着一条微妙的界限。虽然我们不想鼓励小气，但我们也不想纵容不负责任。着眼于大局——合作——而不是死抠字眼，可能会帮助孩子们看到，有时候床上的一本书并不是一个值得争吵的大问题，而只是一本很容易就能收起来的书。而且，通常，善良要比公平更明智。

　　但是，什么是善良呢？它对孩子和对成人意味着同样的事情吗？曾任职康奈尔大学的克拉拉·鲍德温（Clare Baldwin）和阿尔·鲍德温（AI Baldwin）研究了从幼儿园到八年级的孩子们如何思考"善良"的含义，并且发现有时这个问题的答案意味着不同的事情。[②]

　　到8岁时，大多数孩子都和成年人的看法一致——一个孩子特意为朋友捡回了丢失的球，要比他无意间踢了那个球一脚，而它最终滚到这个孩子面前，表现得更友好。但是，许多幼儿园的孩子相信，这个孩子两次表现都很好，因为另一个孩子得到了那个球。这是因为他们关注的不是那个孩子如何得到了丢失的球，而是他得到了球。

　　在另一个情形中，大多数8岁左右的孩子都和成年人的看法

---

① Shure, M.B. (1968). Fairness, generosity, and selfishness: The naïve psychology of children and adults. *Child Development*, 39, 875 - 886.——作者注

② Baldwin, C.P., & Baldwin, A.L. (1970). Children's judgments of kindness. *Child Development*, 41, 29 - 47.——作者注

一致——一个自愿把玩具给弟弟的孩子要比一个在妈妈的要求下把玩具给弟弟的孩子表现得更好。但是，很多幼儿园的孩子再一次认为这个孩子两次都表现得很好，因为他把玩具给了弟弟。通常，年龄小的孩子不理解，界定善良的是意图，而不是结果。

受鲍德温夫妇研究的启发，我问了一些孩子一些特定的问题，以了解他们如何定义善良。莎莉和玛姬都是 5 岁，当涉及意图和选择时，她们对善良的看法和成年人的一致。但是，当我们谈到自我牺牲时，莎莉和玛姬像许多她们这个年龄的孩子一样，有不同的想法。例如，许多成年人相信，一个孩子把自己正在玩的一个玩具给另一个孩子要比把自己不玩的一个玩具给别人玩表现得善良。但是，莎莉和玛姬相信将自己不玩的玩具给别人更善良。

莎莉的爸爸接着对他的女儿说："假设你的朋友上舞蹈课忘了带舞鞋。把你自己的鞋子给你的朋友，或者将你碰巧带来的备用舞鞋给你的朋友，哪个更善良？"莎莉认为，如果她将自己备用的那双给朋友而不是献出自己仅有的那双更善良——"因为那样，两个人就都能跳舞了"。再一次，莎莉关注的是最终的结果，而不是行为的原因——在这个例子里，是自我牺牲。

弗雷迪，11 岁，与成年人的看法一致——帮助别人而不求回报要比期望别人做出回报更善良。但是，弗雷迪补充了一个有趣的转折："如果她一直给孩子们东西，却什么回报也得不到，人们会认为她是个呆子，并且会占她的便宜。"

显然，孩子们对什么是善良可能并不总是和我们的想法一致。当我们因为认为孩子不关心别人而生气，或者，正如我们所看到的，当他们为了公平而牺牲善良时，我们要想一想，当我们要求孩子"要善良"时，对他们到底意味着什么。

是真心道歉吗？

你 4 岁的女儿从她姐姐那里抢了一个玩具，你 5 岁的孩子骂了来访的一个朋友，你 6 岁的孩子打了弟弟。有很多办法可以改变孩子们的这类行为。常见的一种方法是对孩子说："这不好。现在，说你对不起。"

你的孩子可能很快就服从，说对不起——而你可能认为事情就到此为止了。但真的是这样吗?

另外一些孩子会不假思索地说"对不起"。他们打或嘲笑别人，然后通过道歉来避免被呵斥。孩子们很快就能学会，这往往是他们逃避惩罚的捷径。

哈佛大学的心理学家克雷格·史密斯(Craig Smith)、保罗·哈里斯(Paul Harris)和卢智英(Jee Young Noh)发现，3~10 岁孩子的父母很可能会在自己的孩子对他人做出人身伤害(例如打人)或情感伤害(例如伤害别人的感情)的行为后，督促孩子道歉，无论这种行为是故意的还是无意的。[1] 督促道歉的常见理由包括"我的孩子需要理解他人的感受——道歉对这一点有帮助""我的孩子需要承认他做错了""我想让我的孩子知道，打别人或惹恼别人是不对的"以及"我的孩子需要对他所做的事承担责任"。

尽管甚至连小孩子都明白道歉可以缓解当时的紧张，但我的问题是，父母的督促是会导致孩子真心地感到对不起，还是只是为了安抚他人而去说对不起。

我已经为父母们找到了其他方法，来达到教育孩子的目的。解决问题型父母不会把注意力放在道歉上，而是会放在帮助孩子思考造成他们需要道歉的行为上。

问问你自己:你的孩子感到真正共情了吗?他内心是否真的因为自己可能伤害了别人或者让别人感到难过而伤心?这才是你的目标，而不是让孩子重复你的话。在被要求的时候说"对不起"，是来自于外在的压力。那些考虑自己和他人感受的孩子，不会想

---

① Smith, C.E., Harris, P.L., & Noh, J. (2011, May). *"Say you're sorry": A study of parents' apology prompting behavior.* Poster presentation at the annual meetings of the Association for Psychological Science, Washington, DC.——作者注

伤害自己或他人。这来自内心。

为了帮助孩子真正学会共情，要问你的孩子，当他抓、打或取笑他的朋友或兄弟姐妹时，他们会有什么感受。一个4岁的孩子的回答让我很惊讶，他说："当我打我弟弟的时候，我感到很难过。"如果你的孩子说了这样的话，你可以接着问："你能做什么来使自己不感到难过吗？"

同样的办法也适用于像偷东西之类的情形。有时候，孩子们会养成偷东西的习惯——他们从姐姐的房间里拿一条项链，或者从你的书桌里拿一些钱。谢莉，11岁，经常未经同学的允许就从他们那里拿走钢笔和其他小物件。每次被抓住，她都会被送到校长办公室，而且放学后被留校。有一天，她告诉老师她再也不偷东西了，因为她不想被抓住。老师很激动。校长也是如此。但我没有。

我相信老师和校长都把注意力错放在了这半句话上——谢莉说她再也不偷东西了。尽管这是一个开始，但这表明谢莉仍然只是在考虑她自己，以及将会发生在自己身上的事情。她没有考虑她的受害者，也没有想到那个人会有什么感受。我不得不怀疑，如果谢莉能想出一个偷东西不被抓住的方法，她是否会开心地再次偷窃。

谢莉如何才能学会与她的受害者共情，而不是只考虑她自己呢？我们可以问她这些问题：

"如果你没有经过同意就拿走别人的东西，会发生什么？"
"他们对此会有什么感受？"
"如果这样的事情发生在你身上，你会有什么感受？"

以及，如果适合：

"如果你的同学没有了她做作业需要的书（或其他被偷走的

东西），会发生什么？"

正如克雷格·史密斯、陈迪宇（Diyu Chen）和保罗·哈里斯指出的，4 岁那么小的孩子就能够理解拿走他人的东西会对此人造成伤害。[1] 当我问他们："如果一个孩子在妈妈没看见的时候拿了她的伞，可能会发生什么？"有些孩子只是说"她会生气""我会挨揍"或者"她会说'偷东西不好'"。

另一些孩子则能够理解"如果下雨，妈妈就会淋湿"。那些考虑到受害者的孩子不是更不可能伤害别人吗，即使他们永远也不会被抓住？

这些孩子已经理解了共情的真正含义。你的孩子学会这一点的一个方法是，让他看到你可能会误解他的行为，并且让他知道当这种情况发生时你的真实感受是什么。9 岁的杰森的妈妈正好有一个机会这样做。杰森和妈妈一起去了她的办公室。不出所料，他在上午 10 点左右变得坐立不安，并且开始想办法得到她的关注。妈妈努力解释她很忙，并建议他到隔壁房间去看他带来的书。杰森说了声"对不起"，然后安分地退了出去。

妈妈认为她的儿子明白了他的纠缠使她无法工作，而且为他那么安分地离开她感到非常高兴。但是，杰森对此的理解完全不同。他认为她"赶走"他意味着："她的工作比我更重要。"

杰森想出了一个独特的方法来解决这个问题。他没有看书，而是给妈妈写了一封信，告诉她他并不想阻止她工作，只是想和她聊一会儿。当杰森把他的想法写在纸上的时候，他开始意识到他的妈妈确实有工作要做——所以她才会来办公室——而他需要一种方法来同时满足自己和妈妈的需要。他把所有这些想法都写进了这封信里。

---

[1]Smith, C.E., Chen, D., & Harris, P.L. (2010). When the happy victimizer says sorry: Children's understanding of apology and emotion. *British Journal of Developmental Psychology*, 28, 727‑746.——作者注

当妈妈读这封信时，她很感动，开始用一种新的方式看待杰森的行为。"也许我没有给予我儿子足够的关注。"她心里想。她建议他们在午餐时进行一次特别的谈话。那时，妈妈让杰森知道了她为似乎忽视了他而感到由衷的抱歉。杰森也为打扰妈妈而真诚地道歉。在这次谈话中，杰森开始理解妈妈的需要，正如妈妈也开始理解他的需要一样。

那些**感到抱歉**的孩子能够考虑他人的感受和观点。那些只是说"对不起"的孩子是在考虑他们自己，并且是为了摆脱我们这些唠叨、苛责的成年人而顺从的。这是我们真正想要的吗？

帮助孩子们成为施助者，在接受的同时学会给予

你的孩子理解金钱的价值吗？他是否会过快地花完零用钱，然后想要更多？金钱方面的麻烦成为你和孩子之间冲突的一个主要来源吗？

有些家庭发现谈论金钱很难。但是，你的孩子越早开始理解金钱的价值和意义越好。

杰米，8岁，正在学习如何用传统的方法来理解金钱的价值。他自己挣钱。他的父母对此颇有创意。

每年生日，父母都会要求他选择不再玩的三个玩具，并把它们放在门口。他们会等三天，并告诉杰米可以对其中的任何一个或所有三个玩具改变主意。

然后，他的父母说："你生日的时候会得到新玩具。你认为其他孩子会喜欢玩你不再玩的那些玩具吗？"

当杰米同意后，他们会一起把玩具送到一个寄售商店。

如果这些玩具卖了，他们会回到这家商店，拿走支票，去银行把钱存入杰米的账户。他的父母已经解释过要为他想要的东西存钱，不管是现在还是以后。

他们从杰米6岁起就这么做了。我特别喜欢这个计划的地方

是，这不仅教给了杰米存钱和为未来做规划，还帮助他学会了给予。

还有很多其他的方法帮助你的孩子思考挣钱、存钱和帮助他人。通常，假期是一年中鼓励孩子思考这类事情的大好时机。如果你的孩子像杰米一样，习惯了回收旧玩具的想法，接下来可以再迈出一小步，建议他拿出那些他已经穿不下的衣服，并把它们捐赠给一个为需要的人提供衣服的组织，或者他可以建议他的同学们每人带一个罐头，并捐赠给当地的食品分发处。

教给孩子们帮助他人，可以早在幼儿园的时候就开始。尽管凯伦·马赫鲁夫（Karen Machluf）和大卫·比约克隆德 (David Bjorklund) 发现，许多 4 岁和 5 岁的孩子做不到自发地捐赠，尤其是给那些他们不认识的人[1][或者，正如安妮·法斯特（Anne Fast）和她的同事发现的，从来没有出现过这种情况[2]]，但和孩子谈论捐赠玩具和衣服之类的东西，可能会给孩子提供一个机会，来培养对那些需要帮助的人的关心和慷慨。为了更进一步，解决问题型父母可以通过指出另一个孩子由于这次捐赠可能体验到的快乐，来促进孩子真正的共情。父母可以这么问："你认为那些没有很多玩具的孩子会像你以前那样喜欢玩这些玩具吗？"或者："你认为一个没有很多衣服的孩子会像你以前一样喜欢穿它们吗？"

无论你的孩子决定怎么做，都要和他谈谈他将会帮助的人。你可能想讨论为什么有些人需要来自他们不认识的人的衣服或玩具作为礼物。你甚至可以谈谈为什么有些人可能无家可归或坐在轮椅上。

---

① Machluf, K., & Bjorklund, D.F. (2015, March). *Children's anonymous giving across recipient*. Poster presentation at the annual meetings of the Society for Research in Child Development, Philadelphia.——作者注

② Fast, A., Morelli, S.A., Zaki, J., Cook, M., & Olson, K.R. (2015, March). To see or be seen? Motivations underlying generosity. In J. Engelmann (Chair), *Strategic considerations or genuine concern? Investigating the motivation underlying prosocial behavior in preschoolers*. Symposium conducted at the meetings of the Society for Research in Child Development, Philadelphia.——作者注

要和你的孩子谈谈一些需要帮助的人以及为什么他们需要帮助。这种谈话会鼓励共情——真诚地关心那些不如自己幸运的人的能力。而且，不要觉得孩子太小。即使一个 4 岁的孩子也能画一幅特别的画送给住院的亲戚。你可以跟你的孩子谈谈那些人有什么爱好、他们做什么工作，或者他们是否喜欢一种特别的食物。然后，你的孩子可以考虑为他们画什么或写什么，即使只是一张涂鸦。

在一个假期，我表哥 7 岁的女儿送给我一件礼物。因为她知道我喜欢网球，所以她给我写了这样一个故事："默娜的秘密梦想是成为一个网球，可是，她害怕被打到时会受伤。所以，她做了一个可以将自己塞进去的大网球，这样当她被打到的时候就不会感觉到疼了。后来，她遇到一个穿网球拍套装的男士，而且他们永远在一起玩了。"

这个故事对我来说意义重大，因为我知道她在想着我。

当孩子们因为给别人带来快乐而感觉良好时，他们也会对自己感觉良好。你也会为他们感到骄傲。

第*6*章

自尊和掌控感

表扬还是不表扬

你6岁的孩子画了一只小狗。当他拿给你看的时候，你说："真漂亮。你真是一个艺术家。"

你10岁的孩子数学考得很好。你说："你真聪明。"

你12岁的女儿在第一场足球比赛中就为她的球队进了一个球。你说："干得好! 我真为你骄傲。"

这些反应都是很自然的。当我们看到自己的孩子为他们的成就感到骄傲时，我们也会感到骄傲。我们想要强化他们的行为。这会给他们再次尝试和坚持下去的动力。

但是，这种表扬真的能让你的孩子感觉很好吗? 答案比你想象的要复杂一些。

一方面，确实可以。我们都喜欢听到表扬，孩子们需要对自己的成就感到满意。

但是，太多的表扬会适得其反，非但不能让孩子对自己感觉良好，最终反而会让他们更焦虑。假设贾马尔数学考试得了100分，他的父母说类似这样的话："你真聪明。我真为你骄傲。"

这个期许就太高了。他可能会开始担心父母对他的期待是什么。"如果我下次只得 90 分或者 80 分呢？"他可能会想，"我父母还会认为我很聪明吗？"

"当我还是个孩子的时候，"一位妈妈告诉我，"我的父母总是告诉我，我是多么聪明、漂亮和有创造力。到我 10 岁的时候，我害怕尝试任何新的东西。我坚持做我知道自己能够做到的事情。这样风险更小。我太害怕自己会失败，从而对自己感觉不好——并让父母感到失望。"

而且，孩子们对他们所认为的虚假的话真的很敏感。当你对孩子说"你真是个艺术家"时，你是真诚的，尽管可能有点夸张。但是，孩子们可能会按照字面意思理解。你的孩子心里可能会想："她在说什么？我知道什么是艺术家——他们是给书画画的人。我没有那么好！"然后，你的孩子就会开始不信任你说的话。

为了帮助孩子们对自己感觉良好，一些父母会慷慨地表扬他们，说他们是特别的而且是独一无二的，并给予他们特殊对待。艾迪·布鲁梅尔曼（Eddie Brummelman）和他的同事们发现，在荷兰 7~11 岁的孩子中，这种过高评价导致的另一种预料之外的后果是孩子会形成自恋——相信自己比别人优越，幻想自己的成功，并想当然地认为自己应该得到别人的特殊对待。[1] 然而，这种对自己的重要性的夸大看法非但不能让他们对自己感觉良好，反而让他们表现得自以为是，并因而变得不受欢迎。布鲁梅尔曼引用的一项研究表明，那些感觉受到同龄人羞辱而不是尊重的自恋的孩子，会猛烈攻击别人，而且日后可能会有药物成瘾、抑郁和焦虑的风险——这与父母不断告诉他们的孩子有多优秀时的初衷恰恰相反。

---

① Brummelman, E., Thomaes, S., Nelemans, S.A., Orobio de Castro, B., Overbeek, G., & Bushman, B.J. (2015). Origins of narcissism in children. In *Proceedings of the National Academy of the Sciences of the United States of America*, 112, 3659–3662.——作者注

但是，也许过多表扬导致的最有害的问题是，孩子们开始为了取悦你而不是他们自己来表现自己。他们的激励来自外部因素——你的表扬——而不是他们内心要把事情做好的渴望、对所做事情的喜爱或者通过自己解决问题而产生的掌控感。

这里是你可以和孩子谈论他的成就，以便他感觉自己得到了回报并感到自豪的一些不同的方式。

"你真的很努力。你对自己的努力有什么感受？"

"跟我多说说你的画（或者考试，或者比赛）吧。"

"当你画这只狗（或者参加考试，或者进球）的时候，你在想什么？"

"我看到罗伯特打了你，你很生气。你能做些什么或说些什么，让他不会再打你？"

通过说类似这样的话以及问类似这样的问题，你是在努力把孩子的注意力集中在他的感受和想法，而不是他的成就上。通过强调过程而不是结果，你会帮助你的孩子开始认识到，重要的是努力。你的孩子会感到自己得到了重视和认可，而不是对他的优秀的夸张看法。

脱口而出表扬孩子，可能是一个很难改掉的习惯。但是，下一次，当你不假思索地想说"太棒了！"时——要阻止你自己。相反，要让你的孩子告诉你他做了什么、他有什么感受，以及他如何解决了一个对他来说很重要的问题。

每个孩子都有适合自己的兴趣

你有一个擅长音乐，能随手演奏任何乐器的孩子吗？他有学术天赋吗？她是明星运动员吗？

或许，你还有另一个并不出色的孩子，他很少得到赞扬，似乎永远也不会成为某一方面的明星。如果是这样，你可能担心你的这个孩子会嫉妒其他更有天分的兄弟姐妹。

最近，我遇到了一个 10 岁的女孩贝丝，她是一名优等生，在垒球队担任投球手，还会弹钢琴。然而，她并不快乐，主要是因为她非常嫉妒她的弟弟——一个小提琴手，他非常有天赋，正在师从一位大师级的老师。

贝丝的父母知道她很特别，但不知道如何帮助她意识到这一点。这里有一些建议可以帮助每个孩子明白这一点。

不要让你的孩子追随其出色的兄弟姐妹的脚步，而要鼓励他找到一个不同的爱好、乐器、艺术或学业方面感兴趣的领域。有时候，帮助你的孩子完成一个特殊的项目，比如参加学校科学展览的项目，可以点燃他对这个学科的兴趣。当你考虑选择什么时，要有创新精神。如果你的孩子对常见的棒球和橄榄球不感兴趣，那就给他介绍其他精彩的运动，比如网球、保龄球、高尔夫球或击剑。

要让你的孩子知道他不必做到完美。你想要的是让他找到一种能让他对自己感觉良好的活动。为让他"做好"、去赢或者无论发生什么都要去练习而给他太大压力，会产生相反的效果——他会开始对这项活动和自己感觉很不好并且失去兴趣。

贝丝的父母的做法，是在一个星期六的上午带她去了当地的基督教青年会，这样她就可以参观所有正在上课的各种课程班。她觉得自己被陶艺工作室吸引住了，所以她的父母给她报了一个班。现在，陶艺工作室是贝丝最喜欢去的地方：每次要去的时候，她都很高兴。她不担心准备工作，也不担心能否成为最优秀的；她只是喜欢创作。更重要的是，多亏了陶艺，她新认识了一群孩子，并且结交了一些新朋友。

贝丝找到了适合自己的活动。现在，当她听到弟弟练习小提琴时，她不再感到被嫉妒吞噬了。她想的是下一次做什么样的罐子。她的创意的源泉在涌动。

"有人关心我吗？"

我们都希望自己的孩子成为关心别人、乐于分享、不想伤害别人的人。但是，把过多的注意力放在教给孩子分享以及关注别人有什么感受上，可能会产生与你的期望相反的效果——这会让他们疑惑是否有人关心他们。

当4岁的埃文打了弟弟时，妈妈说："埃文，你不能打罗伊。罗伊不喜欢被打。现在说对不起。"埃文顺从地道了歉。

另一位妈妈走进6岁儿子的房间时，儿子正从他的朋友那里抢他的一个玩具。这位妈妈说："你应该分享你的玩具。"这时，儿子很生气。他认为自己一直在分享玩具——问题是他的朋友不肯把玩具还给他。

这两位妈妈都认为自己在教孩子关注别人的感受。但是，在每种情况下，两个男孩自己的感受都很糟糕。

在将你的孩子的注意力转向另一个孩子有什么感受之前，要先关注他的感受。要想知道他在想什么，可以问几个问题：

"在你打弟弟**之前**（或抢玩具之前）发生了什么？"
"接下来发生了什么？"
"当你们开始争吵的时候，你有什么感受？"

问一个孩子有什么感受是一个动态的问题。如果我们想要我们的孩子们关心别人，他们首先必须关心自己。那些需要得到满足并且在爸爸和妈妈的支持下能够缓解自己的紧张情绪的孩子，不会全神贯注于那些未被满足的需要，并且能够关注他人的情绪。他们能够给予并且为别人做事情，因为他们感觉到了关心和安全感。正如《充满爱心的孩子》（*The Caring Child*）一书的作者南希·艾森伯格告诉我们的那样，这些孩子的共情能力更强、更受欢迎而且自尊心更强。

这里有一些方法可以让你的孩子看到你真的关心他：

· 不要使用那些会吓到或激怒孩子的管教方法。大喊大叫、威胁以及其他压制的方法会让孩子难以注意到你的想法和感受。另外，由于他处于巨大的压力之下，他无法将注意力集中在你想让他做什么的要求上。

· 分享你自己对事物的想法和感受，包括现在的以及你自己的童年的。你会让孩子看到，考虑你自己的感受很重要，而且他考虑他自己的感受也很重要。

· 尊重孩子的需要。正如《社交敏感性的发展》（*The Development of Social Sensitivity*）一书的作者保罗·莱特（Paul Light）所描述的那样，一个孩子解释说，自己不能在某个特定的时刻遵从妈妈的要求，因为他正在做一件事情，然后听到妈妈说"现在就去做"，他很容易相信妈妈不在乎他，并将她的需要置于他的需要之上。如果你认为你的孩子真的在忙，并且没有以此作为拖延的借口，要让他知道，他可以在做完现在正在做的事情之后，再去做你要求他做的事情。你不喜欢在自己忙碌的时候被打扰。你的孩子也不喜欢。

然而，也有可能你的孩子只是不顾及别人。一个 6 岁的孩子正沉浸在她的电子游戏中，对妈妈说的晚饭已经准备好了的话置之不理。她看上去并不在意全家人都在等她。如果是这样，你可以问："**如果你现在不过来吃饭，可能会发生什么？**"

如果她回答"我会没有晚饭吃"——她以前可能已经听到过这样的话——就接着问："还会发生什么？"要尽量引导孩子得到一个更共情的结论。为了帮助她，你可以问："如果我们等太长时间才吃，这些食物会怎么样？"你可以补充说："我们喜欢全家人坐在一起吃饭。我们喜欢你也加入我们。如果我们不得不等太长时间才能吃饭，除你之外的其他人会有什么感受？"然后，再加一句："**如果**发生这种情况，你**可能**会有什么感受？"

那些觉得"没人关心自己"的孩子也会觉得自己"不重要"，并且产生低自尊。为了得到关注，他们可能会攻击和伤害别人，更关心自己而不是被他们伤害的人。或者，他们可能会退缩并变得内向，害怕接近那些"不关心"自己的人。还有一种可能是，他们会继续不顾及别人，并且继续不关心那些不在乎他们的人。

为了帮助你的孩子轻松地接纳对自己的感受——这会为他关心别人铺平道路——要问他对一些事情的感受，即使他是那个冲别人大喊大叫或者继续不关心别人的人。你会向他传递一个非常重要的信息："我在乎你有什么感受，而且我希望你也在乎。"

"我能做到！"

你相信好事情发生在你身上是因为你努力使它们发生的，还是因为你运气好？

如果有人无视你，你会设法找出原因还是想当然地认为自己无论做什么都无法改变？

那些把成功归因于运气，或者归因于自己无法控制的条件而不是自己的努力的人，不太可能为了自己在生活中想要的东西而奋斗。同样，那些把自己的失败归咎于他人或形势而不是采取行动的人，很可能会过早地放弃，相信所发生的事情超出了自己的控制。

我们的孩子也是如此。让我们看看四名六年级的学生，他们必须准备一个科学项目。其中两名得了高分，两名得了低分，但每个人对分数的归因都不一样。

约翰的科学项目得了 A，他对此感觉很好。他知道这是因为他非常努力，所以得了这个分数。

本尼也得了 A，但他想当然地认为他得这个分数是因为这个项目很容易。本尼没有像约翰那样的自豪感，因为他不相信自己与这个成功有什么关系。

苏珊的项目得了 F，但她感到这个分数很公平：她认识到自己没有花足够的时间来准备这个项目。

科迪也得了个 F，但她相信自己之所以失败是因为这个作业太难了，而且因为老师——她相信老师从来都不喜欢她——评分不公平。总之，科迪认为形势对她不利——她怎么做都得不到更好的分数。

虽然约翰和苏珊得到的分数迥然不同，但他们有同样的认识：无论结果如何，他们都知道自己可以采取行动让事情发生。另一方面，本尼和科迪都相信事情就那么发生在了自己身上。

生活中有些事情确实是我们无法控制的。但是，即使是这些不可抗力，我们也能用不同的方式处理。例如，当理查德的足球赛因为一场大暴风雪而取消时，他很失望，但是，他对自己在家里度过这一天做了计划，这样他就能完成很多事情，并且在这天结束的时候感到很满意。他的队友比尔闷闷不乐地抱怨了一整天，因为，正如他说的那样："事情就没有正常的时候。"

斯蒂芬·诺维奇（Stephen Nowicki）和马歇尔·杜克（Marshall Duke）的研究显示，那些在生活中扮演主动角色的孩子自我感觉更好，会更努力地去实现他们的目标，更不容易沮丧，并且有更多的朋友，他们在学校也表现得更好。[1]温迪·罗德尔（Wendy Roedell）、罗恩·斯拉比（Ron Slaby）和哈尔伯特·罗宾逊（Halbert Robinson）解释说，那些有控制感的孩子会花更多的时间做家庭作业，并且当一项任务很难的时候，他们不会轻易放弃。[2]但是，不轻易放弃超越了自己能够做到的信念——例如，为取得好成绩

---

[1] Nowicki, S., & Duke, M.P. (1982). The association of children's nonverbal decoding abilities with their popularity, locus of control, and academic achievement. *Journal of Genetic Psychology*, 153, 385 - 393.——作者注

[2] Roedell, W.C., Slaby, R.G., & Robinson, H.B. (1977). *Social development in young children. Monterey*, CA: Brooks/Cole.——作者注

而努力学习。这需要一个人相信自己具备做到某件事的技能——例如，如何努力去获得高分数。

我和同事乔治·斯皮瓦克（George Spivack）和杰里·普拉特（Jerry Platt）共同进行的一项研究表明，那些能够想出办法解决与同龄人以及权威人士之间出现的问题的孩子，更有可能成功，并感到更能掌控自己的生活。另一方面，那些觉得自己无能为力并且无法使事情发生的孩子，或许还会放弃帮助别人，因为他们相信自己缺乏必要的技能。也许这些孩子能够想到的解决方法很有限；当这些方法失败时，他们就会感到无能为力，因为他们没有更多的选择。[1]

凯伦·雷维奇（Karen Reivich）和美国学校心理学家协会（National Association of School Psychologists）都引用了能够补充我们自己的"我能解决问题"法的研究，以帮助孩子们相信他们能够做到，并且拥有这样做的技能和／或天赋。[2]

· 当孩子做得很好的时候，要让他们知道，但不要给他们大量的赞扬，以至于他们开始担心会让你失望，或者只是为了取悦你而做事。如果他们自己解决了一个问题，你可以说："你是一个解决问题的能手。"这种赞扬会帮助孩子内化这种信念，使他们下次能更努力地去自己解决问题。你的赞扬要实事求是，如果他们刚开始学钢琴，要避免说他们已经精通一首古典钢琴曲。

· 要赞扬孩子为达到一个目标而做出的努力（例如，"你做得很好，因为你非常努力而且没有放弃"），而不是孩子无法掌控的一个原因（例如，"你做得很好，因为你很聪

---

[1] Spivack, G., Platt, J.J., & Shure, M.B. (1976). *The problem solving approach to adjustment.* San Francisco: Jossey-Bass.——作者注

[2] National Association of School Psychologists. (2010, November). Self-efficacy: Helping children believe they can succeed (Handout). *Communique*, 39.——作者注

明""你真的很擅长做这个"或"你是个明星")。这种赞扬可以帮助孩子对自己感觉良好，但不能增强他们的掌控感。

· 帮助孩子设定一些可以通向成功并且在成功时能够准确识别的现实目标。你可以从创建一些场景开始，让孩子通过自己的努力取得成功，创造一种希望成功的信念。

· 只要有可能，就要让孩子自己做决定，这样他们就会认识到自己在发生的事情中的作用，并且会更努力地做出好的选择。

· 如果孩子最初的想法失败了，要帮助他尽力想出更多的方法来实现他们的目标。

· 帮助孩子理解他的努力是如何产生结果的，以及当他没有达到期望的结果时，还能做些什么。这将帮助他们相信，他们能够让事情发生——而不是相信事情总是发生在他们身上。

第2部分

处理并预防问题

那些现在能够解决对自己来说很重要的问题的孩子，以后也能解决对他们很重要的问题。

你让女儿帮你洗餐具，但她说"不"，当你又一次要求她时，她的顶嘴让你心烦意乱。你的儿子在事情不顺心时会很沮丧，并且无法为他想要的东西而等待，然而，你想让他做的事情，他能一直拖下去。

听起来熟悉吗？在一定程度上，这些行为和其他类似的行为是很正常的。大多数孩子会花很多时间精神抖擞地试探你的界限。

但是，这些行为让人很烦恼。更令人担忧的是，如果任其发展，它们有时会发展成一种导致孩子社交孤立的更严重的攻击行为。而且，那些好斗、缺乏耐心和冲动的孩子，长大后可能会面临尝试毒品、沉溺于不安全的性行为和做出暴力行为的风险。

当然，并不是所有做出这些行为的孩子最终都会出现更严重的问题。不过，把这些行为扼杀在萌芽状态是很重要的。这不仅会让孩子有一个更快乐的童年，还可以在你和孩子之间建立一种牢固的新型亲情心理联结，这会让他为进入青春期做好准备——那时他要开始面对更复杂的问题。

在第1部分，我谈了帮助孩子们学会识别、表达和处理他们的感受——以及他们如何才能运用那些感受来帮助他们掌控自己的生活，这为第 2 部分打下了基础。在这一部分中，我会让你看到孩子们如何才能学会在日常生活中使用这些技能。一旦他们学会了，他们不仅不太可能做出恼人的行为，而且他们长大后出现更严重问题的风险也会更小。

我将考虑经常爆发冲突的不同场合。与就寝时间、何时开始写一周后要交的读书报告，以及选择合适的时机寻求帮助有关的争论，这些都与时间的选择有关。孩子们陷入争论的另一个熟悉的话题与占有欲有关：如何分享玩具、时间和生活空间。为了让孩子们理解为什么他们不应该互相打小报告或说谎，他们需要探究诚实和助人的概念。然后，就是反叛，它似乎会随着孩子的成长而增多。如果你发现自己说"别对我无礼"的次数太多了，你将会对本部分格外感兴趣。为了解决所有这些问题，孩子们需要学会从他人的角度考虑情形。

如果你的孩子抗拒你的要求和期望，或者冲你无礼地大喊大叫，你并不孤单。莱昂·库琴斯基（Leon Kuczynski）和他的同事们访谈了一些 9~13 岁孩子的母亲，发现其中超过 80% 的孩子有时会对父母的话没有反应、直接抗拒、不合作以及用无礼的话回应，同时，有 76% 的孩子会采取一些非语言的方法，比如摔门、生闷气、跺脚和翻白眼。[①] 尽管父母们发现这些行为让人很恼火，但 82% 的父母理解抗拒是自主性发展过程中的一个正常的组成部分。尽管这种理解本身就可能有帮助，但是，"我能解决问题"法还会在你开始理解你的孩子的观点的同时，帮助他们理解你的观点——并且有助于将这类行为扼杀在萌芽状态。

本部分还有一章是关于人身攻击的——如何处理一个孩子打另一个孩子、推另一个孩子、抢玩具，或者以其他方式伤害或意

---

① Kuczynski, L., Robson, J., Burke, T., & Song, P. (2015, March). *Assertive, testing the boundaries, normal part of growing up, lippy: How parents perceive resistance and noncompliance in middle childhood*. Poster presentation at the annual meetings of the Society for Research in Child Development, Philadelphia.——作者注

图伤害他人身体的情形——以及当一个孩子嘲笑、侮辱或辱骂另一个孩子时的口角情形。

最近，另一种形式的攻击行为引起了我们的注意——一种会破坏人与人之间关系的行为。它发生在人们在背后议论别人、散布谣言或者在聚会或午餐时排挤其他孩子的情况下。这种对同伴关系的有目的的操纵或损害，被心理学家尼基·克里克（Nicki Crick）以及她在明尼苏达大学的同事称作"关系攻击"（relational aggression），它在孩子八九岁的时候开始出现（尽管其前兆早在幼儿园的时候就会出现），更常见于女孩（因为女孩更倾向于亲近、亲密和排他性的关系），而且没有身体或语言攻击那么明显。[①]例如，卡莱·马修斯（Kaleigh Matthews）、凡妮莎·洛布（Vanessa LoBue）和詹妮弗·欧文（Jennifer Irving）发现，早在 3 岁时，学龄前儿童就能排斥同龄人和撒谎，比如骗其他孩子说"老师说你不能在这里玩"。[②] 我们观察到一些学龄前孩子在一个没有被邀请的孩子面前谈论生日聚会，或者告诉一个想进入玩偶角的孩子说里面已经没有空间了——在它明显还有空间的情况下。老师和父母们并不总是能觉察到这种"地下"行为。然而，这种情感上的攻击和被踢中小腿一样疼——如果不是更疼的话。这种痛苦持续的时间更长，因为这是一种内在的伤害。当孩子们内心感觉很糟糕的时候，他们可能会开始不喜欢自己，并且最终会不想去上学。

为什么有些孩子会受到驱使去压制或折磨那些不会或不能自卫的弱者呢？有些孩子是在试图通过他们知道的唯一方式——恐

① Crick, N.R., Casas, J.F., & Mosher, M. (1997). Relational and overt aggression in preschool. *Developmental Psychology*, 33, 579‑588.——作者注

② Matthews, K., LoBue, V., & Irving, J. (2015, March). *Little mean girls (and boys): An observational strudy of aggressive behavior in preschoolers.* Poster presentation at the annual meetings of the Society for Research in Child Development, Philadelphia.——作者注

吓——来赢得尊重。有些孩子可能是需要重新获得被夺走的控制权。这通常发生在那些管教很严苛而且极端的家庭，以至于这些孩子通过将自己的沮丧感发泄在学校里那些更安全、不那么强大的同龄人身上来予以缓解。有些孩子可能是自己一直被欺负，并将攻击行为作为一种报复方式。

那么，那些遭受攻击的受害者——那些在身体上、语言上或情感上受到攻击的孩子——会怎么样呢？他们不仅在上学的这些年里遭受痛苦，以后也可能在痛苦中煎熬——也许是一生的时间，教育工作者约翰·胡佛（John Hoover）报告说。[1]事实上，彼得·史密斯（Peter Smith）和他的同事发现，那些在学校里受到威胁、羞辱、轻视或捉弄的孩子——尤其是那些以前没有而且现在也没有处理办法的孩子——多年后步入职场时可能仍然会是受害者。[2]

无论是欺负人的孩子还是他们的受害者都必须得到关注。克里克和包括帕特丽夏·布伦南（Patricia Brennan）及其同事在内的其他人发现，欺凌及其产生的影响不会自行消失，施暴者和受害者在未来往往都会饱受一些心理障碍的折磨，如焦虑或抑郁，或者将自己的愤怒付诸行动并成为少年犯。[3]菲利普·罗金（Philip Rodkin）、多萝西·艾斯皮拉奇（Dorothy Espelage）和劳拉·哈尼什（Laura Hanish）所援引的研究指出，这种情况很可能会出现在那些对自己有负面看法、被同龄人孤立和排斥、学习成绩不佳而且解决与人交往中出现的问题能力差的欺凌者身上。[4]

---

[1] Hoover, J.H. (1997, May 28). Bullies beware. *Education Week*.——作者注

[2] Smith, P., Singer, M., Hoel, H., & Cooper, C.L. (2003). Victimization in the school and the workplace: Are there any links?" *British Journal of Psychology*, 94, 175－188.——作者注

[3] Brennan, P., Hall, J., Bor, W., Najman, J.M., & Williams, G. (2003). Integrating biological and social processes in relation to early-onset persistent aggression in boys and girls. *Developmental Psychology*, 39, 309－323.——作者注

[4] Rodkin, P.C., Espelage, D.L., & Hanish, L.D. (2015). A relational framework

帕特里夏·麦克杜格尔（Patricia McDougall）和特雷西·瓦兰蔻 (Tracy Vaillancourt) 详细说明了那些受害者后来出现的更严重的情感和行为方面的后果。在整个青年时期以及以后进入中年，那些在几年中反复受到伤害的孩子出现品行问题的风险极大，而且他们自己可能会成为欺凌者。然而，麦克杜格尔和瓦兰蔻进一步的研究表明，并非所有被欺负过的儿童和青春期孩子后来都会遭受这些后果。那些拥有一个能提供支持的好朋友的孩子——以及那些感受到来自父母和（或）老师的情感支持的孩子——出现问题的风险较小。[1]

根据托妮亚·南塞尔（Tonja Nansel）和她的同事的研究，平均每 7 个美国学生中就有 1 个——也就是几乎 500 万儿童——是欺凌者，或者是受害者，或者两者皆是。[2] 难怪我在写《如何培养孩子的社会能力（II）》一书时面访的那些孩子都提到被欺凌是他们最担心的事情。他们的父母也很担心——不是担心他们的孩子会成为欺凌者，而是担心他们的孩子会成为欺凌的受害者。而且，很多时候，受害者会感到恐惧，并且保持沉默，或许，正如雪莉·海默尔（Shelly Hymel）和苏珊·斯威勒（Susan Swearer）所说的那样，是由于害怕被报复，尤其是在欺凌者受到惩罚的情况下。[3] 那些运用"我能解决问题"法的父母或老师，能够增加孩子报告这种行为的可能性，从而使欺凌者能够学会抑

for understanding bullying. *American Psychologist*, 70, 311 - 321.——作者注

[1] McDougall, P., & Vaillancourt, T. (2015). Long-term adult outcomes of peer victimization in childhood and adolescence. *American Psychologist, 70*, 300 - 310.——作者注

[2] Nansel, T., Overpeck, M., Pilla, R. S., Ruan, J., Simons-Morton, B., & Scheidt, P. (2001). Bullying behaviors among U. S. youth: Prevalence and association with psychosocial adjustment. *Journal of the American Medical Association*, 285, 2094 - 2100.——作者注

[3] Hymel, S., & Swearer, S.M. (2015). Four decades of research on school bullying: An introduction. American Psychologist, 70, 293 - 299.——作者注

制敌意行为，并且开始形成与受害者共情的能力，而不是对报告者发怒吗？

父母对孩子们的反应能够在遏制攻击和暴力倾向方面发挥关键作用吗？哈坎·斯塔丁（Hakan Stattin）和玛格丽特·科尔（Margaret Kerr）指出了父母能够用来监督自己孩子的三种方式：[①]

- 父母可以对孩子及其活动和人际交往关系设定一些规则和限制。但这种方法可能会导致孩子对自己所做的事情保密。
- 父母可以向孩子或孩子的朋友询问消息。但孩子们通常会认为这些问题侵犯了他们的隐私，这是斯凯勒·霍克（Skyler Hawk）及其同事最近证实的一个发现。[②]
- 孩子们可以不用任何提示，主动告诉父母自己的想法，这一行为被称为"儿童披露"（child disclosure）。

结果很明显：一个孩子越主动并自发地披露信息，父母对自己孩子的行为了解得就越多。而且，那些披露信息的孩子从事冒险和反社会活动的风险也越小。正如斯塔丁和科尔得出的结论那样，良好的亲子关系应该是一个双向的过程，是互惠与合作的过程，在这个过程中，孩子会形成"对父母的信任"并且"感觉他们的父母愿意倾听他们，能积极做出回应，而且，如果向父母披露实情，也不会受到嘲笑或惩罚"。

乔治·蒙罗伊（Jorge Monroy）和他的研究小组揭示了儿童披露的另一个益处。和父母谈论学校里发生的事情，会让七年级和八年级的孩子相信他们可以做一些让自己更受同龄人喜欢的事

[①] Stattin, H., & Kerr, M. (2000). Parental monitoring: A reinterpretation. *Child Development*, 71, 1072 - 1085.——作者注

[②] Hawk, S.T., Keijsers, L., Frijns, T., Hale, W.H., III, Branje, S., & Meeus, W. (2013). "I still haven't found what I'm looking for": Parental privacy invasion predicts reduced parental knowledge. *Developmental Psychology*, 49, 1286 - 1298.——作者注

情，这反过来又会促进学习成绩的提高，尤其是那些在学校里受过伤害的孩子。[1] 重要的是，塞西莉亚·张（Cecilia Cheung）、伊娃·波美兰兹（Eva Pomerantz）和董伟（Wei Dong）发现，在美国和中国的七年级和八年级学生中，那些向父母披露信息更多的孩子可能解释了蒙罗伊所做研究中的那些孩子学习成绩提高的原因。[2] 这些孩子做家庭作业更有可能是出于诸如"对我来说，这样做很重要"或"如果不做，我会为自己感到羞愧"之类的内在原因，而不是诸如"如果不做，我会惹上麻烦"之类的外在原因。第一组孩子，也就是那些受内在因素驱动的年轻人，已经把父母的教育价值内化了，并且觉得可以放心地向父母披露信息。

在阅读这些研究的过程中，我想知道为什么没有人关注年龄更小的孩子是如何以及是否会自愿披露有关他们所做的事情以及他们如何看待事物的信息。现在，有人这么做了。吴丽云（Liyun Wu）和她的同事们发现，那些谈论自己心中的想法、透露自己的秘密，并且谈论他们不想让别人知道的事情的9~12岁孩子，都有倾听并鼓励他们将诸如愤怒、悲伤和恐惧等不舒服的感受表达出来的父母。[3] 这种积极的情感社会化会鼓励孩子披露个人的信息。女孩们尤其可能披露这些信息，也许是因为，正如由罗伊斯·凯杰斯（Loes Keijsers）领导的荷兰心理学家所报告的那样，

---

[1] Monroy, J., Cheung, C., Wang, C., & Couch, L. (2015, March). *Disclosure of everyday activities to parents underlies the role of implicit theories of peer relationships in children's school adjustment*. Poster presentation at the annual meetings of the Society for Research in Child Development, Philadelphia.——译者注

[2] Cheung, C., Pomerantz, E.M., & Dong, W. (2013). Does adolescents' disclosure to their parents matter for their academic adjustment? *Child Development*, 84, 693－710.——作者注

[3] Wu, L., Zhang, X., Zhang, J., Zhou N., & Shi, J. (2015, March). *Maternal emotion socialization and children's empathy: A moderated mediation model of gender and children's disclosure*. Poster presentation at the annual meetings of the Society for Research in Child Development, Philadelphia.——作者注

相比男孩，女孩与父母之间有更多的情感连接、更亲密，而且女孩需要更多来自父母的情感支持。[1]然而，吴丽云和她的同事们确实发现，那些向父母披露个人信息的男孩更有可能与那些处于痛苦中的人共情，并且表现出更多的亲社会行为，提供滋养和安慰，从而帮助别人感觉好起来。

加拿大研究人员朱莉娅·维尼克（Julia Vinik）、阿里萨·阿尔马斯（Alissa Almas）和琼·格鲁塞科（Joan Grusec）也对9~12岁的孩子进行了研究，他们可能发现了披露信息会让男孩和女孩都产生共情和亲社会行为的一种解释。那些通过倾听孩子的披露而意识到孩子有什么痛苦的父母，能够为孩子提供一个可以效仿的以共情的方式提供支持和安慰的榜样。[2]

或许，正是共情和亲社会行为成了从披露信息到预防后来的危险行为（斯塔丁和科尔将其描述为反社会行为）、酒精和药物滥用、不安全性行为以及其他的严重后果的媒介。

为什么不鼓励孩子更早向父母披露信息呢？通过让学龄前孩子也能放心地让你知道他们在做什么、在想什么，我们可以减少和预防哪些高风险行为呢？

在这几章中，你会看到为什么有些孩子可以很自如地和父母交谈，而另一些却不能。我希望你们也能像我一样得出这个结论：那些尝试酒精、烟草和毒品的孩子，或者那些有攻击性和暴力行为的孩子，和那些即使在可怕的环境中长大依然没有受到影响的孩子之间的区别，在于他们的思维方式。如果孩子们知道伤害自己和他人意味着什么，他们就不太可能制造伤害。我想教给孩子

[1] Keijsers, L., Branje, S.J.T., Frijns, T., & Finkenauer, C. (2010). Gender differences in keeping secrets from parents in adolescents. *Developmental Psychology*, 46, 293–298.——作者注

[2] Vinik, J., Almas, A., & Grusec, J. (2011). Mothers' knowledge of what distresses and what comforts their children predicts children's coping, empathy, and prosocial behavior. *Parenting: Science and Practice*, 11, 56–71.——作者注

们的就是这种觉察。

我还将让你看到，如何采用"我能解决问题"法与你的孩子谈论那些恼人的早期高风险行为。在这些交谈之后，沉默之墙往往会开始倒塌。当父母鼓励信任时，孩子们会以向父母吐露秘密作为回应，分享他们正在做的事情、将要去哪里以及和谁一起去。

那些现在能够解决对自己来说很重要的问题的孩子，在以后——在初中、高中和以后的阶段——就能够防止问题恶化到超出自己的控制。

第7章

时间与时机
就寝时间、拖延、打扰、没耐心

选择合适的时间并学会等待

就在你收拾好你的 5 岁儿子的东西准备去公园时，他拿出了他的手指画。

就在你刚坐下来付每月账单的时候，你 8 岁的女儿想让你和她一起涂色。当你让她等一会儿的时候，她抱怨道："你从来都不帮我。"

就在你把烤肉从烤箱里拿出来准备吃晚饭的时候，你 11 岁的女儿开始给她的朋友打电话。

你能怎么做？你会怎么说？你想支持自己的孩子，但你也希望他能更体谅你的需要。而且，你希望他能更关注身边正在发生什么，这样他就不会只考虑他自己了。

为了解决这些重要的问题，我设计了一个名为"合适的时间 / 不合适的时间"的游戏，孩子们很喜欢。你们可以在一天里的任何时候——只要不是在刚发生过上面描述的那种情形后——玩这个游戏，而且可以使用虚构人物。如果你的孩子们熟悉这个游戏，他们将能够把从中学到的东西运用到现实生活中。

下面是一位妈妈与她 9 岁和 11 岁的女儿玩的这个游戏。

妈妈：我们来玩**"合适的时间 / 不合适的时间"**这个游戏吧。认真听。琼尼让朋友帕特丽夏和她以及她的朋友们一起去踢足球——但帕特丽夏刚刚摔断了腿。这是让帕特丽夏踢足球的**合适的时间**还是**不合适的时间**？

丽萨： 太傻了。这不是一个**合适的时间**。

妈妈：是的，让我们也来犯一次傻。你们来编一个**"不合适的时间"**的故事。

丽萨：罗斯让她的妈妈帮助她做作业——在凌晨三点的时候。

妈妈：很好，丽萨。现在到你了，柏妮丝。

柏妮丝： 迪迪在朋友刚刚被她妈妈吼过**之后**，问是否可以借她的毛衣。

妈妈：好，孩子们。丽萨，什么时候**是**让妈妈帮助你做家庭作业的**合适的时间**？

丽萨：放学后或晚饭后。

妈妈：那么，柏妮丝，什么时候是找朋友帮忙的**合适的时间**？

柏妮丝：当她心情好的时候。

要让你的孩子编一些类似这样的更傻或不那么傻的场景。然后，当他们在你忙或者其他一些不合适的时间想要什么东西的时候，你可以提醒他们想想这个**"合适的时间 / 不合适的时间"**的游戏。

即使在孩子们确实思考了合适的时间和不合适的时间这个问题之后，他们可能也很难等到合适的时间的到来。通常，孩子们想要的东西都想立刻得到。尽管这很正常，但经常会把父母们逼疯。

试图向孩子们解释他们应该学会耐心并没有多大效果——他们太没耐心，听不进我们的解释。而且，当我们告诉孩子，他们

"**稍后**"就能得到他们想要的东西或做他们想做的事情时，这个"**稍后**"对他们来说就好像是永远——因为他们没有考虑在等待的时候能做什么。

"当你等待的时候能做什么？"会帮助孩子们学会不要那么没耐心。同样，要从用虚拟人物开始玩这个游戏。

"强尼想让他哥哥和他一起下跳棋，但是，他哥哥正在做数学作业，"亚瑟的妈妈对她 10 岁的儿子说，"你能想出强尼在等待的时候可以做的五件事吗？"

亚瑟轻松地列出了下面这份清单。他回答说强尼可以：

· 做家庭作业。
· 玩电子游戏。
· 吃点零食。
· 画画。
· 练习长笛。

因为这很容易，亚瑟又主动提出了更多：

· 他可以给一个朋友打电话。
· 他可以上网。
· 他可以整理自己的集邮册。

亚瑟下一次在妈妈不方便的时候想要得到她的关注时，妈妈就可以对他说："我现在不能跟你说话，因为我在帮你妹妹做作业。在你等待的时候能做什么？"

亚瑟想了一会儿，笑了——他想起了这个游戏。"我想我也可以去做作业。"他说。

你可以和 4 岁那么小的孩子玩这个游戏。简妮刚刚 4 岁，刚吃完早饭，她就想去运动场，但她的妈妈得把要洗的衣服分类。"在你等待的时候能做什么？"她妈妈问。

"我要玩我的新娃娃。"简妮说着，蹦蹦跳跳地去她的房间拿娃娃了。最后，她给娃娃穿上了去运动场的衣服，并且在妈妈准备好的时候把它也带去了运动场。

"爸爸，我现在能打开吗？"

对所有的孩子来说，等待在有些时候是很难的。

对有些孩子来说，等待在所有的时候都是很难的。

但是，对大多数孩子来说，等待在一些特别时刻——节假日和生日——肯定是很难的。

当有人拿着用彩纸包装的礼物走进你的家时，孩子们满怀期待地大喊"我现在能打开吗？"是再自然不过的。你能从他们的声音中听出恳求。你想说"打开吧"，但你也希望你的孩子学会有耐心。而且，你希望他们学会自己调整，以便他们能融入稍后的聚会中，并且当别人打开礼物的时候，他们还有礼物可以打开。

这是卡森一家圣诞节的早晨,所有的礼物都摆放在圣诞树下。这家人总是等到午饭后才会打开礼物，以便所有的亲戚都能到齐，但5岁的彼得却有点等不及了。下面是他爸爸是如何帮助他的对话。

爸爸：如果你现在打开你的礼物，当我们**稍后**一起打开我们的礼物时，你会有什么感受？

彼得：哦，求你了，求你了，**我现在**就想打开礼物！

爸爸：我知道等待很难。你**现在**可以打开一个小礼物，把其他的留到大家都到齐之后再打开。

（过了一会儿）

彼得：**我现在**可以打开这个吗（指着一个更大的盒子）？

爸爸：我们都要坐下来吃午饭了。这是打开更多礼物的**合适的时间**还是**不合适的时间**？

彼得：**不合适的时间**。

（在吃午饭的时候）

彼得：我吃完了。我**现在**能打开我的礼物吗？

爸爸：但我们其他人还在吃饭。你在等待的时候能做什么？

彼得：喝点水。

爸爸：好主意。那么，**如果**我们还是没有吃完午饭，你还能做什么？

彼得：看电视。

爸爸：你是一个解决问题的能手。这都是你自己想出来的。

彼得真的去厨房里喝了点水，然后在电视机前坐了下来。如果是爸爸建议他做这些事情，彼得可能会继续唠叨。因为是他自己想出的解决办法，所以他就能够等到全家人一起坐下来时再打开礼物。

就打开礼物而言，孩子们为什么应该学会耐心等待还有一个原因。有时候，送礼物的人想要亲眼看到孩子对礼物的反应。我曾经遇到过这种情况。因为我给侄女买的礼物分量很重，所以我提前寄给了她。当我去参加她的生日聚会时，我才知道她已经把它打开了。我感到失望，因为我没有在现场看到她的表情并分享她的喜悦。第二年，当我寄给她另一件礼物时，她的父母用不同的方式处理了这种情形。

妈妈：莫妮卡，你姑姑默娜真的很想在你打开她送给你的礼物时能够在这儿。

莫妮卡：为什么？

妈妈：因为她想和你分享这个时刻。如果你喜欢这个礼物，她想看到你的笑容。

莫妮卡：但是，我**现在**就想打开。

妈妈：如果默娜来了，而你已经把礼物打开了，她会有什么感受？

莫妮卡：**伤心**。

妈妈：这是打开礼物的**合适的时间**还是**不合适的时间**？

莫妮卡：**不合适的时间**。

妈妈：什么时候是**合适的时间**？

莫妮卡：当默娜来的时候。

妈妈：默娜很快就来了。你在等待的时候能做什么？

莫妮卡：玩玩具。

妈妈：好主意。默娜会很高兴你能等待。

那些能学会等待的孩子，也学会了尊重他人的感受。而且，通过这样做，别人也会尊重他们的感受。

结束睡前战争

有些孩子会毫无怨言地上床睡觉——他们似乎喜欢黑暗、喜欢他们的床以及睡前要做的那些事情。另一些孩子则非常依恋白天的时光，会在上床和睡觉的时候激烈地抗争。"再等5分钟。"他们恳求道——但是，这会不可避免地变成20分钟，然后是30分钟，甚至更长时间。

你会给孩子再多读一本书，让他玩完最后一个电子游戏，或者再同意他的一个愿望，不管那个愿望可能是什么吗？如果你这样做了，你可能每天晚上都会变得越来越生气，并希望能有一种新的办法。或者，你会发现自己在大喊："现在就去睡觉！"或威胁："如果你现在不去睡觉，明天就不能看电视了！"或者"如果你明天在学校睡着了，你的考试就会不及格"。这是你最不想做的事情。在漫长的一天结束时，孩子们需要的是你的温暖，而不是愤怒和威胁。你变得越激动，孩子就越无法感到放松，也就越难以入睡。

这里有一些建议。

首先，要尽量搞清楚真正困扰孩子的是什么。他在熄灯前有足够的自由时间吗？对于3岁或4岁的孩子，你可能想让他比以前更早开始洗澡、刷牙和换睡衣这一整套常规惯例。如果你发现自己给孩子读完睡前最后一本书或关掉电视的时间有些匆忙，要早点开始这些活动——在节目结束前关掉电视要比根本不打开电视让孩子沮丧得多。要让大一点的孩子计划他们需要多少时间来完成每天晚上的惯例，以便他们能按照你们协商一致的时间开始做这些事情——包括完成家庭作业。如果你的孩子因为想和你一起待的时间长一点而抗拒睡觉，那就要试试和孩子一起安排你们每天晚上以什么方式以及在什么时候在一起——这个活动本身可能就会给予孩子在一天结束时所寻求的关注。

如果孩子在过了睡觉时间之后仍然不想睡觉，这里有一些如何跟他谈这件事的新主意。

早上，问他有什么感觉。如果他说"累"，就问他："为了早上不觉得累，你今晚可以做些什么？"

他可能会说："早点睡觉。"但是，要做好准备：到了晚上，他可能会忘记这次交谈，并且恳求你再给他多读半个小时的书。这时，你就可以问："你还记得我们今天早上的谈话吗？当时你说你早上感到不那么累的方法是比昨天晚上早点睡。"

如果你的孩子犹豫不决，你可以问："如果你现在不去睡觉，明天早上你会有什么感觉？"你可能要连续几个早晨和晚上重复这个对话，直到孩子能建立这种联系。最终，大多数孩子都能明白。

一旦孩子理解了这种联系，你就可以问一些**合适的时间 / 不合适的时间**的问题：

"这是上床睡觉的**合适的时间**还是**不合适的时间**？"
"按时上床睡觉是个**好主意**还是**不好的主意**？"
"**如果**你很累，明天在学校**可能**会发生什么事？"
"你想要那样的事情发生吗？"
"什么时候是读书的**合适的时间**？"

当8岁的珍被问到这些问题时，她说："**如果**我明天很累，我**可能**考不好拼写测试。"

"你想要那样的事发生吗？"妈妈问道。

这一次，珍只是笑了笑。"我今天晚上最好能按时睡觉。"她说。

那些坚持说"我不累"的孩子怎么办？要考虑到他说的可能是真的——在这种情况下，他可能做好了晚些睡觉的准备。

然而，大多数孩子只是拒绝承认自己累了。你越努力向他们解释如果他们现在不睡觉明天就会觉得累，他们就会变得越反叛。如果孩子真的累了，要让他自己想一想。强行灌输不会改变他的行为。

有时候，家里有个哥哥或姐姐会给"睡前战争"增加一个新的维度，我个人就能证明这一点。在我6岁的时候，我突然注意到我12岁的哥哥比我睡得晚。有一段时间，我真的相信父母想让我藏起来，这样他们就可以和哥哥享受没有我在场的相互陪伴了。我的父母试着解释说，他比我大，不像我那样需要那么多的睡眠，等我长大了，我也可以晚睡。但是，这都没能让我满意。最后，爸爸说："好吧，默娜，当你哥哥上床睡觉的时候，你再去睡觉。看看你会有什么感觉。"

"我会感觉很好。"我说，听上去很自信。而且，我确实感觉很好——直到第二天早上不得不起床的时候。

"你今天早上起床的时候感觉怎么样？"爸爸在晚餐时问我。

我甚至不需要回答。他看到他再也不必提醒我按时睡觉了。

治愈拖延症

拖延似乎是许多孩子的天性。不管你让他们做什么——打扫他们自己的房间、做家务，还是做作业——总是一样的："我晚点再做。"我们大多数人有时候都会对此感到内疚。但是，它什么时候会成为一个问题，而我们能做些什么呢？

12岁的莉齐想成为足球队的守门员，但她要做完全身体检后才能参加选拔。每当妈妈想和医生预约时，莉齐就会说："今天不行。"体检的截止日期过去了，莉齐不能参加足球队了。

10岁的兰迪直到截止日期的前一天晚上才开始进行她的一个重要的社会研究项目，尽管这个作业早在两周前就布置了。她爸爸每天晚上都提醒她要开始做，但她充耳不闻。她得了F。

4岁的萨德答应在电子游戏结束后马上收拾自己的房间，但是，之后他还是继续玩。他妈妈威胁说如果他的房间在晚餐前没有打扫干净，她就拿走他的电子游戏机。但是，到了六点钟，他一个玩具都没有收拾。

如果你的孩子这样做，你可能会感到绝望。你甚至可能会忍不住自己去做——但是，要抵制这一诱惑。如果你最终做了，你的孩子会相信他的拖延得到了回报。另一方面，如果你试图忽视他在拖延的事实，他可能会开始相信忽视自己必须做的事情会让事情本身自动消失。

拖延通常不是一个严重的问题。但也可能是。虽然格雷戈里·施劳（Gregory Schraw）、特蕾丝·瓦德金斯（Therese Wadkins）、洛丽·奥拉夫森（Lori Olafson）发现，大学生们报告说，当他们在截止日期临近才开始自己的研究时，往往会发挥得更好。[①] 但亚历山大·罗森塔尔（Alexander Rozental）和他的团队与皮尔斯·斯蒂尔（Piers Steel）的研究表明，把事情推迟到永远无法完成的地步，可能是个人苦恼和整体压力增加的一个迹象——而且会妨碍日常生活。[②]

把拖延症扼杀在萌芽状态是很重要的，因为它有时候会造成严重的负面后果。例如，如果去看医生与一种严重的健康问题有关，推迟体检（就像莉齐所做的那样）可能会造成真正的问题。

这里有一些对付拖延症的建议。

首先，和孩子谈谈他的拖延症会造成什么后果。在莉齐的例子中，她的拖延给她造成了痛苦的失望，和妈妈谈谈如何赶上重要的截止期限就是莉齐下决心改变自己的行为所需要的全部。

兰迪需要学会如何完成长期作业。在父母的帮助下，她开始计划她的家庭作业时间，这样她就能有时间准备长期作业，而不只是第二天要交的作业。如果你的孩子抱怨作业很无聊，你可以问："你能做什么让作业更有趣？"想出自己的主意（例如，和朋友一起学习）会增加他们执行这些主意的机会。有效地处理拖延很重要，因为正如皮尔斯·斯蒂尔回顾的一项研究揭示的，拖延症可能会导致学业成绩不佳，从而降低对自己能够成功的信念（称为"自我效能感"[③]），这会导致更严重的拖延。[④] 第20章

① Schraw, G., Wadkins, T., & Olafson, L. (2007). Doing the things we do: A grounded theory of academic procrastination. *Journal of Educational Psychology*, 99, 12–25.

② Rozental, A., Forsell, E., Svensson, A., Andersson, G., & Carlbring, P. (2015). Internet-based cognitive-behavior therapy for procrastination: A randomized control trial. *Journal of Consulting and Clinical Psychology*, 83, 808–824.——作者注

③ 自我效能感（self-efficacy）由美国著名心理学家班杜拉于20世纪70年代在其著作《思想和行动的社会基础》中提出，指的是"人们对自身能否利用所拥有的技能去完成某项工作行为的自信程度"。——译者注

④ Steel, P. (2007). The nature of procrastination: A meta-analytic and

有更多关于安排家庭作业时间的内容。在我的《如何培养孩子的社会能力（II）》一书中，第164~171页也有一些有用的建议。帮助拖延症患者相信他们能够成功的另一种方法，是把任务分解成小步骤。例如，与其建议"你为什么不先把你床边的玩具收起来"（这是替你的孩子思考的一个例子），你可以问："这件事你想先从哪里开始？然后呢？"即便是学龄前的孩子都能自己决定先做什么或什么时候做。大一点的孩子可以做记号、做记录或者画掉日历上的日期，以便跟踪他们的任务需要什么时候完成。

正如斯蒂尔注意到的那样，有些人之所以拖延，可能是因为任务确实让他们不愉快，甚至反感。如果你的孩子从来不倒垃圾，可能是因为他讨厌垃圾桶的气味。在这种情况下，你们可以商定另一种他能够做的家务。与你的要求或建议相比，如果是你的孩子选择的一项家务，他更有可能去完成，而且，更有可能实现真正的目标——教给孩子责任感，而不是专注于一项具体的家务本身。

你的孩子也有可能把拖延当作了一种主张自己权利的方式，一种向你显示谁才是真正的掌控者的方式。（他可能完全没有意识到自己的动机，但这并不意味着事实并非如此。）最终，你无法强迫他做他该做的家务或完成作业。当他不按照你的要求做的时候，你可能需要思考一下你是如何和他说话的。如果他感觉自己受到了太多控制，他可能会觉得需要重新获得某种程度的控制权。

如果你的孩子继续拖延，要问他对自己正在放弃的任务有什么感受。有些长期拖延症患者害怕失败。在这种情况下，正如斯蒂尔所指出的，解决这个问题的一种方法是提高成功的预期。正如前面提到的，如果一项任务太难，要每次迈出一小步。要让你的孩子选择他认为自己能掌握的步骤。然后，他可能会喜欢听到你说："你不必做到完美。"

你可以告诉你的孩子，你尝试新事物并失败或者没有做到像

---

theoretical review of quintessential self-regulatory failure. *Psychological Bulletin*, 133, 65‐94.——作者注

你希望的那么好的情形。你还可以说："尝试新事物是好事，即使结果不太好。你总是可以再试一次。或者再尝试一些新事物。"有了这样的保证，你的孩子会感到压力小很多，你也一样。

"你没看见我在打电话吗！"

你正在打电话——给你的上司，你最好的朋友，你最喜欢的伯祖母，你的股票经纪人，或者你正在开每月的支票，或者正要去倒垃圾或洗头发，而你听到你的女儿说："妈妈，我需要你。"

你的心一沉。你能够从她的语气中听出来这不是紧急情况——而事实上，她只想知道剪刀在哪里。你已经告诉她一千次不要在你打电话的时候打扰你。她似乎从来都记不住。你已经试过通过做手势让她去看电视来转移她的注意力，但她不想去。你为自己找过借口让电话另一端的人等一下，并试着向女儿解释为什么不该打扰你，却只听到电话另一端的人对你的离开越来越不耐烦。总之，你什么都试过了。

至少你认为你都试过了。现在，试试"**同时做两件事**"这个游戏，来看看是否管用。你们可以在吃晚餐的时候、在车上或者排队的时候玩这个游戏。孩子们都很喜欢。

如果你的孩子是一个学龄前儿童，要从练习**相同**和**不同**这两个词开始。比如，任意做一个身体动作并说："我在拍我的头。现在，我在跺脚。我刚才做的是**相同**的事还是**不同**的事？"

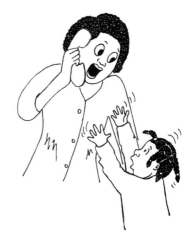

然后，加上"**没有（不）**"这个词——也就是说，你要说："我确实拍了我的头。我没有_____。"让孩子填空，比如"拍你的手"。只要你的孩子表现出兴趣，你就可以加上类似这样的内容："我看到一棵树。你看到了**相同**的东西还是**不同**的东西？你**没有**看到什么？"在餐桌上，你可以说："这是一个盐瓶。这是一把勺子。这些是**相同**的东西还是**不同**的东西？"我发现，年龄小的孩子喜欢玩这个字词游戏，并把它发音成"不——不——不——同"。

这时，你可以说："我们要玩'同时做两件事'的游戏。我可以拍我的头，**同时**跺脚。你能**同时**做什么？"孩子们喜欢想出类似"我可以走路，同时嚼口香糖"或者"我可以唱歌，同时跳起来"这样的例子。

现在，加一句："我**不能**同时站起来和坐下。你**不能**同时做什么呢？"

4岁的菲利普捏着鼻子说："我**不能**同时捏着鼻子和呼吸。"

他8岁的姐姐说："我**不能**同时做作业和睡觉。"并补充说，"我**不能**同时唱歌和喝水。"这些孩子对列出他们**不能**同时做的事情是如此着迷，以至于他们让爸爸和妈妈也来一起玩。

下一次，当菲尔打扰妈妈打电话的时候，她只问了一句："我能**同时**跟你说话和打电话吗？"想起了那个游戏，菲尔笑了。妈妈接着补充道："你能想出在等待的时候做的**不同**的事情吗？"

"我可以去看电视。"菲尔说。

当然，如果妈妈建议他那样做，他很可能会拒绝。但是，现在他不必抗拒这个建议，因为这是他自己想出来的；如果说有什么不同的话，那就是他为自己能够想出在等待的时候做的事情感到自豪。

第8章

占有欲

当孩子们为玩具争吵时

"给我那辆卡车，我先拿到的！"

"不，我先拿到的。是我的。"

"不，这是我的！"

"你从来都不让我玩！"

每位父母都听到过孩子们陷入这样的争吵。他们互相抢玩具，拒绝分享，或者争论一个玩具需要分享的时间。有时候，他们对自己最喜欢的一个玩具有如此之强的独占欲，以至于完全拒绝和别人分享。

通常，我们的冲动是通过做到"公平"来解决这种争端——也就是说，我们试图查明谁先玩的这辆卡车，玩了多长时间，以及最好什么时候分享。但是，就像大多数父母很快就会发现的那样，追求公平往往是徒劳的。你越问你的孩子是谁先玩的这辆卡车，或者已经玩了多长时间，他就越认真，并且会变得越生气。

至于是谁先玩的，你可能永远不会知道。

有时候，你会忍不住想把卡车拿走，大喊："如果你们两个不能分享这个玩具，那就谁也不要玩了！"

花点时间想想这个办法会达到什么结果。把玩具拿走并不能保证孩子们能解决这个问题。但有一件事确实能保证：即使你的孩子在当时确实服从了，并且暂时分享了那辆卡车，但是，他们内心有什么感受以及下次遇到像这样的情况时会有什么感受，都不会发生任何改变。

你还能怎么做呢？如果你是那个抢卡车的男孩的妈妈，你可以问一个简单的问题："你抢到玩具**以后**发生了什么？"

"他打了我。"你儿子可能会说。

"如果你们两个想**同时**玩同一个玩具，你们能做些什么来解决这个问题？"

当被问到这个问题时，4岁的布雷特对他哥哥说："我来推卡车，你把人放进去。"他们两人都笑了；这是一个令人满意的解决方法。

这时，你可以说"想得好"或者"你是一个解决问题的能手"。通过避免诸如"这是个好主意"之类的评价，你赞扬的就不是他想出了什么，而是他思考了。如果你赞扬的是你的孩子想出的一个具体的解决方法，他可能会因为你喜欢他想出的这个主意而高兴地走开，并且不再进一步思考。一个星期后，当一个类似的问题再次出现时，他可能会提出同样的解决方法——结果另一个孩子却不同意。然后怎么办呢？

通过想出一个新的解决方法，你的儿子不仅能避免与你之间的权力之争以及与他的哥哥的争吵，而且他更有可能玩到卡车。

不分享也没关系吗？尽管我们都希望我们的孩子慷慨大方，但是，如果一个孩子的玩具对他来说很珍贵，尤其是一个容易弄坏的玩具，或者一个他想自己先玩一阵的很新的玩具，他的这种欲望也需要得到尊重。为了向你的孩子表明你理解他的这种感受，你可以问："你不想让弟弟玩你的马车是有什么原因吗？"4岁的鲁迪说："他可能会把轮子扯下来。"凯伦·尼里（Karen

玩具战争

你听过这种常见的抱怨吗？
"这是我的。" "不！这是我的！这真是我的！"

当这不管用时，孩子们就会大喊，直到他们爆发：
"我先拿到的！" "不！我先拿到的。"

你可以把玩具拿走，这样他们就不会再打了——
但是，这只会让孩子们大发脾气。

你可以告诉他们，分享玩具就不会有人哭了，
但是，他们对此会充耳不闻。

这时，你可以向他们解释为什么不应该打架：
"弄不好就会有人受伤。"

但是，他们以前已经听过一千遍了。
第一千零一遍，他们不会再听了。

他们的争吵和尖叫快把你逼疯了——
直到你听到自己大喊："不要说如果、而且和但是！"

当孩子们想要打架而不是玩耍的时候，
就让他们想出一种不同的方法。

Neary）和洛丽·弗里德曼（Ori Freidman）的研究报告说，像2岁那么小的孩子就能理解玩具是属于谁的——在这种情况下，是父母给兄弟姐妹的一个玩具——而且知道玩具的主人有权利控制它的使用。[①] 虽然大多数孩子到3岁或4岁的时候都愿意分享他们的玩具，但马库斯·保卢斯（Marcus Paulus）和克里斯·摩尔（Chris Moore）发现，分享的意愿取决于涉及的代价，而且，他们的研究表明，不让兄弟姐妹玩一个可能会被打碎或者以其他方式被损坏的玩具是完全正常的。[②] 当鲁迪担心她的马车的安全时，妈妈回答说："好的。有什么不会被弄坏的东西可以和弟弟分享吗？"这样的问题能够向孩子表明我们尊重他的感受，而且这件事以权力之争或者弄哭孩子而告终的可能性也要小得多。

未经许可借用：父母出手相救?

11岁的辛迪回到家，看到9岁的妹妹伊芙穿着她的毛衣——又一次——在辛迪已经告诉过伊芙不要借自己的衣服穿之后。接下来发生了什么？辛迪喊道："我告诉过你不要打开我的衣橱！不要碰我的东西！马上把它脱下来！它是我的！"但是，伊芙脸上出现了"别逼我"的表情。这激怒了辛迪，她毫不留情地说："你穿这件衣服很可笑。我穿上好看多了！"

"但我有一条裙子可以搭配，"伊芙说，丝毫没有被姐姐的愤怒吓倒，"而你没有。"

争吵还在继续，一句比一句恶毒。

[①] Neary, K.R., & Friedman, O. (2014). Young children give priority to ownership when judging who should use an object. *Child Development*, 85, 326 - 337.——作者注

[②] Paulus, M., & Moore, C. (2014). The development of recipient-dependent sharing behavior and sharing expectations in preschool children. *Developmental Psychology*, 50, 914 - 921.——作者注

最后，辛迪向妈妈求助，妈妈告诉她不要那么自私。"可是，妈妈，"辛迪说，"我用自己的钱买的这件毛衣，而且……"

"够了，"妈妈说，她以前听过这些话，并且厌倦了处理这个问题，"你自己想办法解决。"

辛迪跑回妹妹身边，尖叫道："我真希望你没有出生！"这时，伊芙扯下毛衣，往辛迪身上一扔，说："你的衣服根本不适合我。太丑了。而且你太胖了。"

辛迪抓起毛衣，跑回了自己的房间。但是，她哭了，伊芙也哭了。

像这两个女孩这么大的孩子会因为任何一件事争吵：鞋子、洗发水、首饰、CD、录像带。有些父母，像辛迪和伊芙的母亲，可能只是不想处理这种情况。另外一些父母则会承诺为他们的孩子们解决这种问题。当黛娜抱怨妹妹总是"借用"她的首饰时，她妈妈向她保证会马上处理这件事。一位爸爸向儿子保证，自己会和他的哥哥谈谈未经他允许就用他的自行车的事。还有一位父亲保证把女儿的 CD 给她拿回来。爸爸和妈妈出手相救？不幸的是，这是一种短视的解决方法。父母不会总是在孩子们身边帮忙解决同胞之间的争端。

当你的孩子们因为东西争吵时，有更好的方法来帮助他们：

· 把孩子们叫到一起。让他们告诉你出了什么问题，以及他们能做什么来解决这个问题。
· 让他们思考他们的解决方案是好还是不好，以及为什么。如果他们确定自己想出的解决方案不好，就让他们想出一个能让双方都开心的方案。

当妈妈仔细考虑了两个女儿为那件毛衣的争吵之后，她去找了辛迪，问她为什么那么生气。

"我讨厌她总拿我的东西，"辛迪说，"如果她先问问我，我不介意让她借我的衣服。我不喜欢被人占便宜的感觉。我只是需要她为我考虑一下。我愿意为她这么做。"

妈妈问辛迪，她能不能想出一个办法，让伊芙知道当伊芙未经允许拿走她的东西时她有什么感受。辛迪敲了敲妹妹的门，当伊芙打开门时，辛迪说："你需要做的就是先问问我。"然后，她为自己的勃然大怒向妹妹道了歉。

结果，两个女孩做了一次长谈，并且最后发现她们两人到了辛迪的房间里，辛迪挑出了三件伊芙可以不经允许就能借走的毛衣。但是，如果她想要其他的，就必须先问辛迪。伊芙对这个解决办法感到很高兴。看着妹妹快乐的脸，辛迪意识到她说过的话并不是真心的——她很高兴伊芙出生了。她暗自发笑，心想，如果没有妹妹，她能和谁交换衣服呢？

正如辛迪和伊芙的妈妈所学到的，简单地告诉孩子们"去想办法解决"并不能帮助他们解决问题。但是，从日常生活的混乱中解救孩子，而不让他们参与解决问题，就像黛娜的妈妈在"处理"黛娜的妹妹借用戴娜的首饰的问题时所做的那样，也教不会孩子任何东西。只会让孩子们不再去思考给他们造成麻烦的是什么以及为什么。

当十一二岁的孩子主张自己应有的权利："该我了！"

马修和霍莉的父母刚买了一台新电脑，并将其放在起居室里供大家使用。他们这样做不仅是因为他们负担不起为每个孩子都买一台电脑，还因为他们想监控孩子们上网多长时间以及网上认识的人。如果孩子们躲在自己的房间里，就不可能做到了。

但是，正如他们的爸爸告诉我的那样，新买的这个好东西带来的问题比它解决的还要多。两个孩子一放学回家，就会奔向电脑：谁先到就归谁。结果，总是12岁的马修抢到电脑。他比妹妹大三岁。一旦他占住了电脑，就会用整个下午，尽管霍莉请求他让自己用一会儿。

一天，在坐校车回家的路上，霍莉想出了一个新的主意。"我今天先用电脑，"她对马修说，"行吗？"

马修说："我们和妈妈商量一下。"

"但是，我先说的！"霍莉说道。

马修感到有些不安，说："妈妈说了算。我们需要问问她。"

当他们到家后，霍莉跑到电脑前，稳稳地坐在那里，就像在宣示她的主权一样。马修知道他没办法在不伤害霍莉或做出可能让自己后悔的其他事情的前提下让霍莉让开。所以，他做了一件退而求其次的事情：去找妈妈。"霍莉在今天回家的校车上说她要用电脑，"他说，"这不公平。这不是我们决定的谁先用的方式。"

"该我用了，"霍莉在起居室里喊道，"他可以在我用完之后用。"

妈妈被夹在中间，试图通过协商来达成一个协议，以便让他们有相同的使用时间。妈妈告诉霍莉，她可以用到五点钟，到时候就该轮到马修了。霍莉不高兴地同意了。然而，快到五点时，她意识到她把所有的时间都用在了玩电脑游戏上，她还需要用电脑来做家庭作业。她很不安，要求妈妈再给她一些时间。自然，马修认为这不公平。于是，妈妈又提出了一个新的折中方案：霍莉可以使用电脑到晚餐前，晚上剩下的时间都归马修使用。

"那不公平！"霍莉抱怨道，"他使用的时间更多。而且，他只是用电脑来玩游戏。我是用它来做作业。"

"马修和你一样需要用电脑做作业。"妈妈提高了嗓音说道。她厌倦了扮演警察的角色。霍莉同意了，但她依然很生气。

就在这时，爸爸回到了家里。他听了每个人的观点，然后说："我们这里有个问题。你们能想出一个解决方法吗？"

在他们都平静下来后，马修建议："也许我们可以轮流。今天我先用，明天你先用。"霍莉一点也不喜欢这个主意。虽然爸爸很想自己说个主意让他们去执行，但他还是深吸了一口气，说道："我知道你们俩能够想出办法。好好想一想，然后告诉我你们的决定。"

一两个小时后，两个孩子带着一个全新的想法神气活现地走进起居室。作为发言人，马修说："我们先用电脑做完作业，然后掷硬币决定谁先使用电脑。"

然后，霍莉插嘴说："也许在我们都完成家庭作业后，我们可以一起玩电脑游戏。"

这些天来，马修和霍莉都享受到了电脑带来的乐趣——不管是一起使用的时候，还是单独使用的时候。

如果你遇到了这个问题，你可以通过给每个孩子买一台电脑来解决。但是，如果你能帮助孩子们学会占有欲不要那么强，你可能就不需要买一些你实际上并不需要的东西。而且，想想学会容忍家里只有一台电脑的好处——你的孩子们可以一起玩，而不是各自回到自己的房间里，只在晚餐餐桌或校车上看到他们的兄弟姐妹。

"离开我的房间！"

斯科特，9 岁，正在和一个朋友玩，这时，他的妹妹蒂娜走进了他们共用的卧室。他觉得自己的空间和隐私受到了侵犯，便对妹妹发起脾气来。"每次我和朋友们玩的时候，你都要打扰我们，"他暴跳如雷地说，"从这里出去！"

"但这也是我的房间。"蒂娜解释说。

"是的，可是我们先进来的。"斯科特回答道。

冲突仍在继续。"我只是想自己玩，"蒂娜说道，"我不会打扰你们。"

斯科特不为所动，说："你会把一切都弄得乱七八糟。走开。"

这样的对话和彼此之间的漠不关心听起来熟悉吗？如果他们是你的孩子，你可能会说："斯科特，你妹妹想玩。她不会弄得乱七八糟。这也是她的房间。"但是，斯科特会怎么想呢？或许他不在乎妹妹想要什么。而且，他甚至可能会得出你更关心他妹妹的利益的结论。

这里有另一种方法，可以帮助你的孩子们解决这类问题。问每个孩子下面这样的问题，让另一个孩子也能听到：

"你对你正在面对的这个问题有什么感受？"

"你们两个能想出一个方法来解决这个问题，以便你们两个人都感到满意吗？"

当蒂娜被问到这些问题时，她说："如果现在我能进来，当我的朋友米娅来的时候，你也可以进来。"

"好，"斯科特回答道，"但前提是你不能打扰我们。"

孩子们决定用哪个具体的解决方案并不重要——不管是共用房间还是规定使用房间的时间。重要的是一个孩子想出了另一个孩子能够接受的解决方法。

有时候，即使孩子们有各自的卧室，一个孩子最终仍然会觉得自己受到了侵犯。比如，11岁的马克斯有自己单独的房间，而且他宝贵的微型汽车收藏骄傲地陈列在梳妆台上。他7岁的弟弟埃文经常想进入马克斯的房间玩那些汽车。"你会弄坏它们的！"马克斯喊道，"没有我的允许，不许进来！"

埃文离开了——几分钟后，当马克斯去吃点心时，埃文又回来了。当马克斯回来时，他发现埃文正坐在他的床上，玩从自己的房间带来的玩具。"你在这里干什么！"马克斯喊道，"这是我的房间！从我的房间离开！"埃文非常沮丧地离开了。

妈妈和爸爸听到了尖叫声，并且不想看到埃文这么难过。他们知道，向马克斯解释他这样做会让埃文有什么感受，并不会改变马克斯在生气时对弟弟说话的方式。他们也知道，建议埃文在自己的房间里玩自己的玩具不会让他感觉好起来，也不能解决主要问题——埃文真的想在他哥哥的房间里玩。

以下是爸爸跟两个儿子谈论这个情形时的对话。

爸爸：马克斯，发生什么事了？

马克斯：埃文总是到我的房间里来。他把一切都弄得乱七八糟，而且会弄坏我的车。我讨厌走进房间时看到他在那里。

埃文：可是，他从来都不跟我玩。

爸爸：埃文，问题是他从来都不跟你玩，还是你想在他的房间里玩？

埃文：我想让他和我玩。我没有动他的车。

爸爸：马克斯，当你不在的时候，埃文进入你的房间，你有什么感受？

马克斯：**生气**。

爸爸：当你像刚才那样冲着埃文吼叫时，你认为他有什么感受？

马克斯：**伤心**。

爸爸：马克斯，你是从来都不想让他进你的房间，还是不想让他在没经过你允许的情况下进你的房间？

马克斯：我讨厌他在我不在时进我的房间，或者在我做作业的时候闯进来。

爸爸：好。你可以对埃文说些什么，让他知道你真正想要的是什么？

马克斯：要先问我，然后我可以决定是否让你进我的房间。

爸爸：埃文，你能想出一种**不同的方法**让马克斯和你一起玩，

并且不会让他那么生气吗？

埃文：马克斯，我们今晚能玩跳棋吗？就玩一会儿？

马克斯：好，但是，就玩一会儿。我今晚有很多作业要做。

他们在哪里玩并不重要——不管是在马克斯的房间里还是在餐桌上。真正重要的是，埃文学会了尊重哥哥对自己空间和隐私的需要。过了一段时间，埃文认识到了哥哥愿意和他一起玩——有时甚至会邀请他到自己的房间里去。

第9章

抗拒、告状以及撒谎

"为什么我的孩子这么抗拒？"

你的孩子抗拒你的要求、建议，甚至关于为他好的解释吗？你会怎么做？你会说什么？他的抗拒会变得失去控制，以至于你只能放弃吗？

3岁的伊丽莎白正处于事事都试探父母的阶段。当她妈妈说"该睡午觉了"，伊丽莎白会抗拒地尖叫："不！我不累！"

"如果你现在不午睡，"妈妈警告道，这在过去的一个月里每天都在上演，"今天晚上就不能看电视。"

"我不在乎！"伊丽莎白回答。

妈妈深吸了一口气，尝试了一种更积极的方法。

"你每次让我做什么事时，我说不了吗？当你要牛奶和饼干的时候，我说过不吗？当你想去动物园的时候，我说过不吗？"她停了一下，注意到伊丽莎白似乎根本就没听她在说什么。她又勇敢地试了一次："我让你午睡是为了你好。如果你不午睡，当爸爸回家时，你就会太累，就不能和他玩了。"

伊丽莎白只是耸了耸肩。她拒绝午睡，而且，正如妈妈预料的那样，在爸爸回家前五分钟，伊丽莎白在沙发上睡着了。就在晚饭要吃完的时候，她醒了，脾气暴躁。

那天晚上，在给伊丽莎白洗澡的时候，妈妈有了一个主意。"爸爸今晚回家时发生了什么事？"

伊丽莎白在一整天里第一次显得很伤心。她总是喜欢在爸爸回家的时候迎接他，而且一整天都在期待着和他一起玩。

"我没看见爸爸。"伊丽莎白说。

"明天你可以怎么做，才能不错过爸爸回家？"妈妈问。

"我可以睡个午觉。"伊丽莎白说。第二天午饭后，妈妈提醒了她这次对话。伊丽莎白想起来了，并且抱着她最喜欢的毛绒玩具熊爬上了床，睡了一个小时。那天晚上，当爸爸回家时，她很清醒。

伊丽莎白的妈妈帮助女儿思考了后果。但是，还有其他方式来运用"我能解决问题"法。马克，10岁，拒绝洗澡。他妈妈尝试过要求他每天晚上都洗澡。当这不管用时，她尝试了一个她认为积极的解决方法。"你知道，"她在一个平静的时候说，"**如果**你不洗澡，你很**可能**会因为皮肤上的细菌而生病。而且，当你不洗澡的时候，你的身体会开始发臭。你不会有很多朋友。没有人愿意和你在一起。"

但是，妈妈解释得越多，马克越抗拒。而且，当他抗拒的时候，妈妈变得更加恼怒和困惑。什么样的孩子会不听道理呢？

当我听到要求和解释不起作用时，我并不感到惊讶。这两种方法很少奏效。妈妈需要做的就是停止说话，不做解释，并让马克说话。一天下午，在从图书馆开车回家的路上，妈妈刻意用不带感情的口吻问："洗澡有什么让你烦恼的？"

然后，有趣的事情发生了。她了解到了一些她不知道的情况。"我不喜欢洗澡，"马克说，"因为洗澡不好玩。"

"嗯，我每天都不得不去上班，这也不好玩。"他妈妈开始说。但是，这时，她让自己停了下来。她决定用"解决问题法"。"你能做些什么让洗澡变得有趣吗？"她问道。

马克想了一会儿，说："嗯，我想我可以假装自己正站在夏威夷的一个瀑布下面。"

那天晚上，马克在上床前洗了澡。他似乎对这件事出奇地热心。但是，这也许并不奇怪。马克之所以兴奋，是因为他想出了自己洗澡的理由。如果是他的妈妈建议他想想夏威夷的瀑布，他可能会耸耸肩，不予理睬。

我们不必总是告诉我们的孩子要做什么，甚至为什么做。很多时候，他们知道。有时候，我们所要做的就是鼓励他们思考。而且，如果我们问他们，他们就会告诉我们。

"不要这么无礼地说话！"

你们全家人刚愉快地吃完晚餐。"安妮，请把盘子拿到水槽里去。"你说。安妮9岁了，过去两年她一直在帮忙洗盘子。这是她最喜欢的一件家务活——至少到最近为止。最近，当你让她做这件事或提出任何其他简单的要求时，她总是拖延，甚至说："不！"或者"现在不行！"或者翻白眼，摆出一副"你无法强迫我"的表情。今晚，她直接无视你的要求，并且开始上楼。当爸爸叫她回来完成家务时，她嘲弄地低声说："不，谢谢。"

爸爸很懊恼，他转过身来问你："你能和你的女儿谈谈吗？"

"冷静，"你平静地说，"把盘子留在桌子上。我会确保她在几分钟内来收拾。"

但是，这并不能让爸爸满意。"安妮！"他大声喊道，"马上下来把你的家务做完！否则，你将被禁足！"

这种"权力管教"——要求、命令和威胁——会让安妮变得不那么抗拒吗？

乔安娜，8岁，开始吹哨子，不停地吹。声音越来越大，直到妈妈无法忍受。"请停下来！"妈妈喊道。

乔安娜没有停下来。"我的耳朵都疼了。"妈妈解释说。

乔安娜继续吹。"乔安娜，"妈妈又说，"我已经跟你解释了为什么我想让你停下来。现在请把哨子放下来。"

乔安娜把手叉在腰上，直直地盯着妈妈的眼睛，说道："你打算怎么办？"

"不要用那种口气和我说话，小姐！我从来没有像这样跟我妈妈说过话！等你爸爸回来再说！"乔安娜丝毫不理会这些。妈妈愤怒了，抱怨道："我是在对着一堵墙说话吗？"

凯茜·汉密尔顿（Cathy Hamilton）在她的《妈妈主义：她说的话和她真正的意思》一书中幽默地提醒我们，除了这些之外，我们的父母是如何利用这些和那些智慧的结晶来"哄劝、羞辱、激励、威胁……以及迷惑"我们的。[1] 但是，这种"妈妈主义"，除了羞辱和威胁孩子外，还会贬低他们。而可怜的爸爸辛苦工作了一天，回家时急切地盼望着受到欢迎，却不得不面对一个被警告过"等你爸爸回来再说"的孩子。

你如何用"我能解决问题"法来回应孩子的抗拒、无礼的语气和恼人的顶嘴呢？

我建议你问孩子这样几个问题：

"当你像刚才那样和我们说话时，你认为我们会有什么感受？"

"知道我们对你所说的话有什么感受之后，你有什么感受？"

"你能想出一个**不同**的方式和我们说话，让我们都不感到**难过（伤心、失望**等）吗？"

通过询问而不是告诉孩子我们有什么感受，我们会帮助他们开始思考他们的行为会怎样影响他人。让他们描述他们真实的情感，会帮助他们体验这些情感，而不只是说出来。

---

① Hamilton, C. (2002). *Momisms: What she says and what she really means.* Kansas City, MO: Andrews McMeel Publishing.——作者注

　　当乔安娜的妈妈问乔安娜能否想出一个**不同**的方式和她说话时，这个问题让乔安娜感到很惊讶。她看着妈妈，并傻笑起来。但是，接下来，在一段长时间的停顿之后，她说："好吧，妈妈，我再也不吹哨子了。"

　　如果乔安娜继续吹哨子，为了自己的头脑清醒，妈妈可以简单地把哨子拿走。她甚至可以让女儿知道她感到多么生气。在我看来，父母可以在他们感到愤怒的时候说出自己感到愤怒。忍住不说是不自然的；此外，愤怒是孩子们必须学会处理的一种情绪。但是，即使把哨子拿走，妈妈仍然可以和乔安娜谈谈，用"解决问题法"鼓励女儿变得能体谅他人。

　　安妮和乔安娜花了一段时间才改变了她们的行为。但是，正如当孩子们跟我们哼唧、提要求或不理睬我们的时候，我们让他们想一种不同的方式跟我们说话一样，我们也可以让我们自己想出一些不同的方式和孩子们说话——而不是这样说："不要用那种语气和我说话！""等你爸爸回来再说！"或"我是在对着一堵墙说话吗？"

磨蹭：是抗拒还是心烦意乱？

　　"现在不行。"

　　"等一分钟。"

　　"过一会儿。"

　　很多孩子说这些话的次数比他们意识到的多。"当我让我的孩子们做什么事情的时候，他们从来都不做。"父母们抱怨道，"他们总是磨蹭，不管是到上学的时间了，还是该去奶奶家吃晚饭了。"

　　这个情景听起来熟悉吗？现在是早上七点半，你女儿本应该在吃早饭了，但她却刚刚起床去刷牙。你们将不得不像疯了一样拼命赶，才能准时赶上校车。你感到很紧张并且很生气。而且，你知道她的磨蹭就是为了惹你生气。

"如果五分钟之内你还没有准备好，"你说，你的耐心快耗尽了，"我就自己走了。"但是，那有什么用呢？

许多父母很自然地认为孩子反应迟缓意味着他们在抗拒或是在故意作对。拖延都是在试探界限吗？孩子们总是试图控制局面吗？他们是故意惹怒你吗？他们的行为总是看上去的那样吗？

也许不是。你的孩子可能不是在主动反抗你，而是被电视、他们的兄弟姐妹或者一个电话分散了注意力，或者正受着缺乏专注力的困扰。也有可能他们不明白或者不关心时间和遵守时间表的必要性。例如，告诉一个 5 岁的孩子，他有 5 分钟的时间穿好衣服，对他来说没有什么真正的意义——即使有，他也不能像你一样理解这句话要表达的紧迫性。

还要记住，非常小的孩子需要更多的时间才能穿上裤子、穿好袜子、系好鞋带。他们不是在磨蹭：他们正在掌握新的技能。如果你催促他们，他们就不能对自己真正的成就感到自豪了。

如果你的大一些的孩子在准备上学的时候磨磨蹭蹭、拖拖拉拉，你可以通过提供一些急需的条理性来提供帮助。可以商量好一个每天帮助孩子为第二天上学做好准备的时间。并且，要确保给你自己留下足够的时间去做这件事。问你的孩子：

"明天上学书包里应该放些什么？"
"你的铅笔和笔记本在哪儿？你的计算器在哪儿？"
"你需要带运动短裤还是单簧管？"

有一位妈妈是这样帮助她 8 岁的儿子想出了一个解决他的拖延问题的方法的。在每个星期开始的时候，他们会做一份早晨检查清单，列出他在不同的日子里需要带的东西——比如周二要带图书馆的书，周一和周三要带演讲笔记。这份清单还包括一些特殊项目的截止日期，以及一些日常事务，比如穿衣服和刷牙。"我的儿子喜欢每天对每一件事进行检查，这让他能专注于接下来要做的事情，而不需要我或保姆去唠叨。"他妈妈告诉我。她感觉如果她没有让他参与制作这份清单，他可能会拒绝尝试。而她很可能是对的。

你也可以通过让你的孩子事先参与准备工作，来让他更积极地参与。例如，你可以：

· 一起去购物，让他自己挑选书包。
· 问你的孩子午饭想吃什么。
· 让他参与制作三明治和装午餐盒。
· 让他在头天晚上选择自己第二天要穿的衣服——如果你不赞同，不要忍住不说。

如果你的孩子依然磨蹭，可以问这样几个问题：

"**如果**你穿衣服花这么长时间，**可能**会发生什么？"
"**如果**上学迟到了，你**可能**会有什么感受？"
"你今晚可以做些什么，以便你明天早上不迟到？"

在交谈中，我了解到许多早上磨蹭的孩子确实担心会错过校车。他们只是没有认识到穿衣服拖拉可能是一个原因。你可以通过这样问他们，帮助他们认识到这一点："如果校车来接你，而你不在那儿，会发生什么？"

然而，如果你的孩子磨蹭是因为不想去学校，要跟他谈谈为什么他会有这种感觉。在这种情况下，问题就不是磨蹭；磨蹭是他对于在学校遇到的问题的解决办法。

当你鼓励你的孩子思考他正在做的事情时，如果你让他参与事先的计划过程，并给他足够的时间去做他必须做的事情，你们都会感到压力少很多。他的一天会过得更好，你也会。

139

帮助你的孩子停止打小报告

你可能不会在几天之内注意到这种模式。但是，渐渐地，你开始意识到，当你8岁的孩子放学回家时，他总是告诉你谁对谁做了什么。当他解释说他一直在把老师不在的时候同学们发生的事情告诉老师时，你开始更认真地听。你还注意到，不再有以前那么多孩子来找他玩了。

这时候你就意识到，他可能正在变成一个爱打小报告的孩子。更糟糕的是，他班里的孩子们开始注意到了这一点。

你告诉他不要再这么做，否则他就不会再有任何朋友，而且不会再有人信任他。他似乎并没有听进去。你解释说，如果他打别人的小报告，别人就会开始打他的小报告。他也听不进去。你能做什么？

简，9岁，认为如果她把同学们的行为告诉老师，老师会更喜欢她。比如，她告诉老师，费伊撕掉了埃德里安娜的数学卷子。结果，费伊在课间休息时不得不留在教室。简感到自己很特别。但是，费伊下课后不愿和她说话，并且她让简知道了她对这件事有什么感受。

简的妈妈用"我能解决问题"法与她的女儿谈了这件事。

妈妈：当你告诉老师费伊做了什么时，发生了什么事？
简：费伊真的很生气。她告诉我再也不和我做朋友了。
妈妈：你对此有什么感受？
简：**难过**。
妈妈：当你下一次想打小报告时，你能怎么做，才会不打小报告并且不会有那种感受？
简：别管就行了。

那些能够探究自己在做什么以及为什么这样做的孩子，很容易就能逐渐考虑其他孩子有什么感受。有了这种认识，想清楚下次如何采取不同的做法，对他们来说是很容易的一步。

如果你的孩子总是打小报告，或许他和简一样，觉得他的老师不是真的喜欢他。也许老师对他大喊大叫过，或者对他说话很严厉。运用"我能解决问题"法，你可以问你的孩子在老师对他大喊大叫**之前**发生了什么。你的孩子可能在上课时一直说话，或者不服从老师的要求。如果是这样，他打小报告可能是为了"弥补"自己的错误，并讨回老师的欢心。

"妈妈，比利今天在学校惹麻烦了，因为他骂了另一个孩子。"7岁的嘉莉从学校回到家时说。嘉莉和比利的妈妈不知道是应该因为儿子骂人而惩罚他，还是应该感谢嘉莉让她知道了这件事，还是两者都要。第二天，嘉莉回家讲了哥哥的另一件事。这让妈妈踌躇起来。嘉莉为什么觉得需要打小报告呢？然后，她意识到，她最近一直全神贯注于工作中的一些难题，嘉莉很可能是在争夺她的关注。

然而，如果她开始给予嘉莉她全部的关注，嘉莉可能会将其理解为是对她打小报告的奖赏。相反，她让嘉莉想一想，**如果**哥哥知道嘉莉告诉了妈妈他在学校里骂别的孩子，他**可能**会有什么感受，以及**如果**他发现她打小报告，**可能**会发生什么事。

"他会**生气**。"嘉莉说。

"你能想出一种**不同**的方式来得到我的关注吗？"妈妈问。

嘉莉想了一会儿，笑着说："妈妈，我今天在学校里画了一张画。你想看看吗？"嘉莉正在学习对哥哥的需要和自己的需要都更加敏感。

一个年龄大一点的孩子看到自己的弟弟或妹妹在火炉边玩耍，需要马上告诉妈妈。一个孩子看到有人正在挨打或听到一个可信的威胁，需要立即告知权威人士。一个孩子看到欺负人的孩子日复一日地欺负别人而不受惩罚，需要把这件事告诉老师或管理人员。

你可以通过在一个平静的时刻问孩子下面这些问题，来帮助他分辨打小报告和保护别人。

"你为什么想要将别人做的事告诉其他人？"

"有人真的会受到伤害吗？"

"如果你说出来，真的会有帮助吗？"

"如果没有人真的会受到伤害，你打了小报告之后，会发生什么？"

"你能想出一些**不同**的做法来解决问题，而不是打小报告吗？"

在不鼓励打小报告的同时，你可以帮助你的孩子明白什么情况下把事情告诉大人是重要的。告诉大人有人处于真正的或迫在眉睫的危险之中，不是打小报告，而是负责任的举动。

"你在撒谎！"

你 10 岁的孩子跑过客厅，打破了你最喜欢的花盆。"不是我干的！"他喊道，并把责任归咎于他的弟弟。

你 8 岁的孩子扔的球打破了你家的窗户。"不是我干的！"他坚持说——"是另一个孩子干的。"

你 4 岁的儿子把果汁洒在地板上，并声称："是约翰尼干的。"

你的孩子听起来很真诚——但你知道他在说谎。你尝试斥责他："你到现在难道还分不清是非吗！"但这无济于事。你已经努力解释过说实话的好处，以及说谎如何只会让一个糟糕的情形变得更糟。但最后，你所有的话都落入了"聋子的耳朵"。你试过因为孩子说谎而惩罚他，但那似乎只会使他更不诚实。他之所以说谎，仅仅是为了不惹麻烦。而且，正如塞雷娜·帕金斯（Serena Perkins）和艾略特·图里尔（Elliot Turiel）的报告所说，这是孩子们撒谎的主要原因——逃避惩罚或限制。[1]

正如安吉拉·埃文斯（Angela Evans）和李龚（Kung Lee）告诉我们的，到3岁时，在某些情况下甚至是在2岁时，很多孩子就能故意做出事实上不真实的陈述。[2]瓦莱丽·塔尔瓦（Valerie Talwar）和李龚告诉我们，随着孩子们长大，到7岁或8岁时，他们能够说出更复杂的谎话，能够更好地用与前面一致的后续陈述——也就是不会与最初的谎话相冲突的陈述——来掩盖最初的谎话。[3]

没有人能通过被别人吼叫学会说实话。下面是和你的孩子谈论诚实的重要性的另一种方式。例如，如果你知道你的孩子正在把责任归咎于另一个孩子，要问：

"当你怪罪你弟弟时，你认为我会有什么感受？"
"你认为你弟弟会有什么感受？"
"你怎么做才能让你弟弟和我不会有那种感受？"

然后，要转到这个意外或不当行为的最终结果上：坏了的花盆，被打碎的窗户或者洒了的果汁。你要问，例如：

---

[1] Perkins, S.A., & Turiel, E. (2007). To lie or not to lie: To whom and under what circumstances. *Child Development*, 78, 609‑621.——作者注

[2] Evans, A.D., & Lee, K. (2013). Emergence of lying in very young children. *Developmental Psychology*, 49, 1958‑1963.——作者注

[3] Talwar, V., & Lee, K. (2008). Social and cognitive correlates of children's lying behavior. *Child Development*, 79, 866‑881.——作者注

"**如果**果汁留在地板上，**可能会**发生什么？"

"**如果**发生那样的事，你**可能会**有什么感受？"

"你能做些什么来避免那种情况发生？"

帕姆，4岁，不小心把果汁洒在了地板上，并迅速归咎于她弟弟。在帮助女儿思考了人们的感受，并认识到说实话比让弟弟不高兴更重要之后，妈妈设法把帕姆的注意力集中到下一步该怎么做上："如果果汁留在地板上会发生什么？"一开始，帕姆没有回答。于是，妈妈没有直接回答这个问题，而是通过这样问给了她一个提示："**如果**有人没有看到果汁，一直走过去，**可能会**发生什么？"

这时，帕姆理解了有人可能会跌倒并且受伤。当被问到**如果**发生那样的事，她**可能会**有什么感受时，帕姆说："**难过。**"

"你怎么做才能不让那样的事情发生？"她的妈妈问。

帕姆拿了张纸巾，把洒出来的果汁擦干净了。

如果你知道你的孩子弄坏了什么东西，或者做了任何他想否认的事情，不要把注意力放在这种行为上。果汁已经洒出来了。花盆已经破了。你无法把它恢复原样，也无法改变已经发生的事情——但你可以改变在这个事情发生后如何谈论它，就像帕姆的妈妈那样。

不要关注"谁做的"，而要关注"你现在能做什么"。在被问到这个问题时，那个打破花盆的男孩决定积攒零用钱给妈妈买一个新花盆，而那个打破窗户的男孩承诺再也不在房子附近玩球。两个男孩再也没有必要把责任归咎于别人。他们感到说实话是安全的。

像我在第2部分的引言中建议的那样，如果孩子们早在学龄前就受到鼓励去披露信息，他们是不是就不会那么害怕承认自己确实做过的事情，比如，把果汁洒在了地板上，弄坏了一个玩具，或者打了一个孩子？这些孩子以后是不是会更愿意承认事实，不管事实是什么？

孩子们需要先感到安全，才会放心地说实话。如果你的孩子害怕自己会被你吼叫，他就会过于害怕而无法承担诚实所需要冒的风险。正如一个 12 岁的孩子对我解释的那样："我不害怕说实话，因为我知道我的父母不会伤害我。"

这难道不是你真正想要你的孩子做的吗？

可以撒谎吗？

电话响了。"如果是我妹妹，"你告诉你的配偶，"就告诉她我不在家。"你的孩子无意中听到了。现在，你感觉糟透了。你在不经意间让孩子得出了撒谎没关系的结论吗？

这是个棘手的情形。我们希望我们的孩子诚实。我们也希望他们关心他人。但是，有时候说实话可能会伤害别人的感情。我们如何帮助孩子理解什么是最重要的？可以撒谎吗？

想想这样的场景：你最好的朋友穿着一条崭新的连衣裙来你家参加晚宴。你知道她想让你告诉她你很喜欢这条裙子。但是，假设你一点也不喜欢它，你会怎么说呢？

有些人会不假思索地说："我会说它看起来很好。说一个善意的小谎言比伤害别人的感情好。"

另一些人则试图想出一个有创意的方法来摆脱这种两难的困境，他们会说诸如"我喜欢这个颜色"或"你穿这个比我穿这个好看"之类的话。

还有一些人声称无论如何他们永远都不会说谎，并解释说："撒谎是不对的。""如果你总是说实话，人们会知道他们能够依靠你。"以及"如果你撒谎，哪怕是一点点，也会失去别人的信任"。

孩子们如何解决这种两难困境呢？我在和 8 岁以下的孩子们的交谈中发现，答案很简单：不撒谎。"我不会说谎，因为这是不对的。"5 岁的珍妮告诉我。当我问她，如果她告诉朋友她不喜欢朋友的裙子，她的朋友会有什么感受时，珍妮停顿了一下，认真地想了想，然后说："我会说，如果你想穿，没关系。"我的问题帮助她开始理解说实话很复杂的含义了吗？

希瑟是一个有点世故的 8 岁女孩，她意识到告诉别人自己不喜欢对方的衣服会伤害对方的感情。为了促使她想得更深一点，我问："你有什么办法可以说些好听的话，而不是告诉她你喜欢她的裙子吗？"

希瑟笑着说："我可以说，'我喜欢你衣服上的花'。"有一次，我的一位朋友问我是否喜欢她的钢琴弹奏时，我用了这个策略。事实上，我不喜欢。但我想找些好话告诉她，所以，我说："我喜欢你选择的曲子,而且我喜欢看你的手指在琴键上飞舞。"她看上去很高兴——我意识到我不必再说什么了。

帕金斯和图里尔报告的一项研究发现，儿童和青春期的孩子们相信，如果真相会伤害别人的感情，那么撒谎就没关系。在他们自己的研究中，他们发现 12~17 岁的孩子觉得对朋友撒谎是不可接受的，因为这可能会破坏他们的关系。[①]

有时候，我们在多大程度上说真话取决于我们是在对谁说。一个 12 岁的女孩对于为什么她不会对朋友撒谎给了我一个有趣的理由。作为对"难看的裙子"这个两难困境的回应，她说："如果是我的好朋友，我可以通过告诉她我有什么想法来帮助她。我不希望她穿着难看的裙子到处走。但如果是我不太熟悉的人，我可能就随她去了，不会让她烦恼。"

教给我们的孩子不要说谎并不是那么简单。最终，我们都会就如何对待真相做出自己的决定。例如，有些父母会很自然地说："告诉我妹妹我不在家。"对他们来说，不接电话要好过接通电话并说："我现在不想和你说话。"

---

① Perkins, S.A., & Turiel, E. (2007). To lie or not to lie: To whom and under what circumstances. *Child Development, 78*, 609－621.——作者注

　　有些人相信，在自己有什么想法方面撒谎没关系，但所有与我交谈过的父母都同意，做过的事永远不可以撒谎。这会让一个无辜的人陷入麻烦。当涉及到揭示我们内心的想法时，我们就不得不多想想它是会伤害对方还是给对方带来好处。

第 *10* 章

身体攻击、欺凌者与受害者

"妈妈，汤米打我！"

你的孩子有没有在放学回家后抱怨"妈妈，汤米打我"？下面是一位妈妈和她年幼的儿子关于这件事的对话。

妈妈：你也打他。
凯文：可是我害怕。
妈妈：我不希望你这么胆小。
凯文：好。

另一位妈妈则采取了一种不同的策略：

妈妈：不要还手——要告诉老师。
丹尼：可是，他们会说我打小报告。
妈妈：如果你不告诉老师，他会一直打你。

这两个建议可能听起来很不一样，但事实上，两位妈妈都用了同样的方法——她们都在替自己的孩子思考。两个孩子都不必考虑要做什么——只需要考虑如何做。

下面是凯文的妈妈在学习了"我能解决问题"法之后，如何处理同样的情形的。

妈妈：在他打你*之前*发生了什么？

凯文：我说他是个笨蛋。

妈妈：什么事把你惹恼了？

凯文：他把我的书撕了。

妈妈：当他撕你的书时，你有什么感受？

凯文：**生气**。

妈妈：你认为当你说他是笨蛋时，他有什么感受？

凯文：**生气**。

妈妈：你能想出**不同**的办法，让他不打你，而且你们两个都不生气吗？

凯文：我可以撕他的书。

妈妈：那**之后**可能会发生什么？

凯文：我们会打架。

妈妈：你想发生打架的事情吗？

凯文：不想。

妈妈：你能想出**不同**的办法，以便你们不打架吗？

凯文：我可以告诉他我不再是他的朋友了。

妈妈：这是一种**不同**的方法。思考得好。

在这个场景中，凯文的妈妈没有告诉凯文——他只有 4 岁——该做什么。相反，她帮助她的儿子思考。而且，她赞扬他是因为他思考这个问题的方式，而不是具体的解决方案或这个问题的结果。凯文越多练习自己解决问题的技能，在下次遇到困难的时候就越有可能运用这些技能。

此外，通过鼓励他关注自己的感受和汤米的感受，凯文的妈妈是在培养孩子的共情能力——一种将帮助凯文在未来发展良好的人际关系的品质。凯文会养成善待他人的习惯，因为他想这样做，而不是因为他害怕受到惩罚。

当你的孩子伤害别人的时候

你 5 岁的孩子打了一个拒绝与他分享玩具的朋友。

你 4 岁的儿子踢他的妹妹，因为妹妹把电视调到了她想看的频道。

你 3 岁的女儿在不能做她想做的事情时会咬人并尖叫。

你试着告诉你的孩子"要友好"，但问题是，当孩子们生气的时候，他们的**感受**并不好。

你努力向你的孩子解释他在伤害别人，但是，当他生气的时候，他不在乎任何人。

这时，你被激怒了。你能做什么？你可以惩罚你的孩子。这可能会阻止他打人或踢人，但这不会改变你的孩子的内心感受。你可能想放弃，但这不会帮助他学会改变面对挫折或愤怒时的反应方式。

帮助你的孩子学会转变自己的攻击行为是很重要的——而且越早学会越好。研究表明，孩子小时候出现的攻击行为不会自行消失，而且可能是你的孩子日后在学校里将遇到问题的一个警告信号，具体取决于攻击行为发生的频率和严重程度。

不要解释、大喊大叫、惩罚孩子或者走开，要试试下面的方法。

问你的孩子："当你打你的朋友时，你认为他会有什么感受？你认为当你踢你的妹妹时，她会有什么感受？"

你的孩子可能会说类似"她会感到**生气**"这样的话。

然后问："你的朋友（或妹妹）接下来可能会说什么或者做

什么？"

你的孩子可能会说："打我。"

然后问："你希望发生那样的事情吗？"

如果你的孩子承认他其实不希望那样的事情发生——大部分孩子都不希望——就问他："你能想出**不同**的办法，让那样的事情不发生吗？"

听到你的孩子想出的办法，你会感到很惊讶。

3岁的露西一怒之下咬了爸爸。就在他要打她屁股并送她回房间的时候，她妈妈问："你能想出一种**不同**的方式来告诉爸爸你有什么感受吗？"露西停了下来，看着爸爸，并拥抱了他。她的举动让每个人都吃了一惊。想一想，如果露西的妈妈没有问这个简单的问题，这对父女会继续生气多久吧。

大一点的孩子也能学会抑制这种攻击行为。亨利，一个五年级的学生，当同学们打扰他时，他很容易发怒，并且往往会欺负他们。在参加了学校里的一个公共服务学习项目①——其中包括帮助孩子们学会让其他人感觉良好的"我能解决问题"法——之后，亨利给在一家医院里住院的孩子们写了信，并为他们装饰了花篮。这件事，再加上与他谈论他欺负别人时对方的感受，帮助亨利更关心别人了。亨利说："当我听说医院里的孩子有多么高兴的时候，这让我觉得自己长大了。我对自己的感觉不一样了。我会考虑其他人，而不只是我自己。"正如时任费城公立学校公共服务学习项目主任、中学毒品预防和安全项目协调员的库里·贝利（Curry Bailey）所说："很多做出欺凌行为的孩子实际上能够共情。他们只是得学会如何将其表现出来。"我相信亨利已经让我们看到了。

---

① 公共服务学习项目（Service Learning Project），一个面向儿童和十几岁孩子的项目，该项目相信他们拥有解决美国所面临的复杂问题的方法。项目的使命是帮助学校和社会组织为青少年提供机会，让他们成为学校和社区的积极参与者，通过学校日和课后活动，让年轻人成为变革的推动者。通过这一过程，让他们认识到公民参与对于社会发展的重要性。——译者注

　　怎么会这样呢？为什么一个能够与他人共情的人会伤害别人或者欺负别人，就像案例中的亨利那样？研究人员已经发现的两种共情可以帮助我们理解这一点。一种共情包括接受他人观点的能力，称为"认知共情"（cognitive empathy）——需要理解受害者在遭受身体或情感攻击时的感受。另一种共情包括一种热情、同情和对他人感受的真正关心，包括处于困境中的人的感受，称为"情感共情"（affective empathy）。尽管这两种形式的共情对于抑制欺凌行为都是必要的，但大卫·瓦逊（David Vachon）、唐纳德·莱纳姆（Donald Lynam）和贾罗德·约翰逊（Jarrod Johnson）在回顾了86项研究之后认为，无论是只具备一种共情，还是同时具备这两种，都是不够的。而且，事实上，如果他们仍然感到自己易受伤害或感到愤怒，或者如果他们自己曾经是受害者并且 / 或者被父母压制之后有重新获得权力的需要，那么，理解另一个人的感受，甚至感受到被欺凌者的痛苦，或许也不会改变他们的欺凌行为。[1] 亨利一旦形成一种或两种共情，我相信正是他新获得的一些解决问题的技能，使他可以选择如何将这种理解、热情、怜悯和关心付诸行动。有了欺凌之外的其他选择会赋予他力量，让他不仅能感受到共情，还能将其表现出来。

　　虽然库里·贝利指的是亨利这个年龄的孩子，但"我能解决问题"法也能帮助更小的孩子思考他们真正在做什么，以及在考虑到他们和其他人有什么感受的情况下，不希望发生什么。在爸爸和妈妈的鼓励下，他们也能考虑他们自己能做什么以及为什么这样做。

你的孩子是班里的小霸王吗？

　　你的孩子打其他孩子、毁坏他们的财物，或者对他们使用武

---

　　[1] Vachon, D.D., Lynam, D.R., & Johnson, J.A. (2014). The (non)relation between empathy and aggression: Surprising results from a meta-analysis. *Psychological Bulletin*, 140, 751–773.——作者注

力吗？查德就有这样的问题。他做作业有困难，上课迟到，和其他孩子吵架，并激怒他们。"有一次，一个孩子把果汁洒在了我身上，我打了他，因为他碍了我的事，而且这样做我感觉很好。"查德在被叫到校长办公室后这样说。当查德的妈妈和爸爸了解到这一情况后，他们非常生气。但是，到了家里，他们接下来做的事情让查德甚至比原来更生气。事情的经过是这样的：

爸爸：查德，你的校长打电话告诉我你干扰其他孩子，扰乱课堂秩序。今天，你把果汁洒到了托德身上。你现在上三年级了——你应该学习！再这样的话，你很快就不会有任何朋友了。

查德：我不在乎。

爸爸：如果你不停止欺负其他孩子，我会让你禁足，直到你真正在乎为止。你已经长大了，应该懂事了。

查德的爸爸提出了几个问题，但他漏掉了一个，那就是查德内心有什么感受——他是怎么想的。如果查德的爸爸问几个不同的问题，他可能就会搞清楚。下面是他如何和查德一起解决问题的：

爸爸：你**为什么**要欺负其他孩子？

查德：我不知道。

爸爸：**如果**你认真想一想，我知道你会想出一个原因。

查德：爸爸，没有人喜欢我。

这时，查德的爸爸第一次知道了儿子的真实想法是什么。知道了这一点，他问了一个问题："欺负别的孩子**是**让他们喜欢你的方式吗？"

查德：我猜**不是**。

爸爸：当你欺负他们的时候，发生了什么？

查德：他们都躲开了。

爸爸：你能做什么，才能让他们不躲开？

查德：和他们做朋友。

这时，查德正在思考自己做了什么以及如何解决自己的问题。随着时间的推移，查德开始交朋友，对学校的感觉也好了起来。"当我心烦的时候，"他说，"我会听老师的话，做我的功课，而且不去打架。当有人惹怒我时，我会告诉老师或校长，而不是去打架。"查德从一个问题孩子变成了一个解决问题的孩子。

"暂停"不是任何时候都适用

你喜欢把"暂停"①作为引导你的孩子做你想让他们做的事情的一种方式吗？很多人喜欢。但是，你有没有问过自己，"暂停"到底教给了孩子们什么？

如果暂停真正被用作一段冷静下来的时间，它就会大有帮助。在每个人都平静下来之后，往往更容易谈谈导致冲突的事件并且厘清谁对谁做了什么。

但是，暂停可能被滥用了。当着别人的面对孩子实施暂停，就会出现这种情况。这被证明是让孩子格外丢脸的。在这些情况下，孩子被隔离的那段时间就是愤怒和挫败感累积的时间，并且往往会达到爆发的程度。

当父母在理解问题的原因之前就对孩子实施暂停时，暂停也会被误用。当5岁的奥斯汀在晚饭后拒绝帮忙收拾餐桌时，他的妈妈送他去做暂停。她认为他纯粹是在抗拒。有一天，在又一次送他去做暂停之前，她问他为什么不愿意帮忙收拾餐桌。"因为

---

① time-out，原意为体育比赛中的暂停，引申为管教孩子的一种方法，即让孩子独自到某个地方去冷静下来。——译者注

它们会掉到地上摔碎。"他说。听到这句话，奥斯汀的妈妈认识到他不是在抗拒做家务；相反，他只是害怕做这件家务。当她问奥斯汀想帮忙做什么家务时，他提出的建议是帮妈妈叠衣服。奥斯汀的妈妈意识到，她在知道儿子抗拒的真正原因之前，就贸然对孩子运用了暂停。

有时候，暂停被——无效地——用来作为惩罚。例如，当大卫和山姆为了一辆玩具卡车陷入一场争夺战时，他们的妈妈通常会让他们两个都去坐暂停椅——希望他们会冷静下来。然而，其中一个通常会尖声喊叫，而另一个则会哭喊："我不想去做暂停！"在这个例子中，暂停的问题在于它把两个男孩和玩具分开了，和要解决的问题分开了，并且把他们彼此分开了。如果说他们在想什么的话，那可能是如何报复对方或报复妈妈。将他们分开的这段时间，并不能改变两个孩子内心的感受。如果有改变的话，那也是让两个男孩都感觉更糟了。他们有时间"引燃"自己受到伤害的感觉，而不是弄清楚如何解决问题。

在大卫和山姆的妈妈学了"我能解决问题"法之后，她通过问每个孩子有什么感受以及能否想出一个**不同**的方法来解决问题，来处理这个问题。大卫看着山姆，停了一下，然后说："你可以先玩卡车，但是，当轮到我的时候，我会告诉你，你必须把它还给我。"

山姆对这个解决办法很满意。大卫把卡车给了弟弟，他们两个都笑了，问题就这么解决了。没有权力之争，没有尖声喊叫，也没有报复的念头在内心积聚。这就证明这种解决方法是非常可行的——而且特别有创意，因为两个孩子还那么小：大卫只有5岁，而山姆是3岁。

像其他方法一样，暂停作为在脾气爆发时冷静下来的一种方法是管用的——但只有在恰当使用的情况下。它不能代替良好的沟通或学习如何解决问题。当孩子们把事情说出来并自己解决问题时，他们会更多地了解自己和他人。

打还是不打

在与弟弟争论"做了还是没做"的问题时，5 岁的伊万突然一巴掌打在弟弟的脸上。

在路边等信号灯变绿时，6 岁的贝琪扭动着，突然松开了妈妈的手，跑到了车来车往的街道上。

你会怎么做？

你的第一冲动可能是打你的孩子，很多父母也是这种反应。有些父母会真打，另一些父母则会克制住。怎样做才是最好的？

当我问父母们为什么打自己的孩子时，很多人告诉我："这管用。"当我问他们这是什么意思时，有些父母回答说："他不再打他弟弟了"或"她再也不跑到街上去了"。

在对这个主题的大量研究进行综述的基础上，哥伦比亚大学研究人员伊丽莎白·格肖夫（Elizabeth Gershoff）报告说，94%的美国父母——一个高得惊人的数字——在孩子 3 岁或 4 岁的时候都打孩子的屁股，她对"打屁股"的定义是从用手轻拍到用力打，而这一发现也得到了心理学家默里·斯特劳斯（Murray Straus）的证实。[①]格肖夫的结论是，打孩子的屁股或许确实会在当时阻止一个具体的行为。如果你依赖于经常用力地打孩子屁股，你可能会惊讶地了解到格肖夫的其他发现：[②]

- 打屁股是制服孩子的一种方式。当孩子们感到无能为力时，他们不仅会做出愤怒和沮丧的反应，还可能会感觉需要通过对那些他们认为不那么具有威胁的人——也就是学校里

[①] Straus, M. (1996). Spanking and the making of a violent society. *Pediatrics*, 98, 837‑842.——作者注

[②] Gershoff, E.T. (2002). Corporal punishment by parents and associated child behaviors and experiences: A meta‑analytic and theoretical review. *Psychological Bulletin*, 128, 539‑579.——作者注

的其他孩子——行使权力，来重新获得力量。欺负人的孩子就是这样产生的。欺凌是为了重新获得失去的权力。

· 为了避免挨打，有些孩子会躲避他们的父母，至少是在情感上。这会导致他们不那么信任父母，意味着孩子们不会相信父母试图灌输给他们的价值观。

· 打孩子不是一种教育手段，因为它不会教给孩子们为什么打人是不对的，或者为什么不看清楚就冲进交通繁忙的街道是危险的。通常，挨过打的孩子的反应是找一种不会被逮到的方法去做他们想做的事，或者不考虑潜在的危险就冲动地行事。

· 因为打是通过给另一个人施加痛苦来起作用的，所以，孩子们会认为打是一种可以接受的发泄愤怒的方式。他们会想："如果妈妈或爸爸可以伤害我，那么，当我生气的时候也可以伤害别人。"这样，打孩子教给孩子的恰恰是大人试图杜绝的行为。

格肖夫最近的研究表明，打孩子根本不起作用。它不能防止那些不想要的行为再次发生，无论是短期还是长期。事实上，格肖夫报告说，包括她自己的研究在内的大量研究都表明，无论父母的种族、民族、教育水平、婚姻和就业状况如何，打孩子始终预示着孩子的攻击行为和其他负面行为——比如与同龄人争吵、打架和发怒——会增加。[1]

除了上述原因，格肖夫还补充了打孩子没有效果的另外一个原因。当孩子们被他们爱着、尊重并且也是依赖的人打的时候，他们会很害怕。

还有其他潜在的意想不到的后果。如果一位父母非常生气，

---

[1] Gershoff, E.T. (2013). Spanking and child development: We know enough now to stop hitting our children. *Child Development Perspectives*, 7, 133 - 137.——作者注

打可能会变成虐待。格肖夫在对相关研究做了综述后，认为那些其父母主要通过打来进行管教的孩子，成年后会出现更多心理健康问题（包括焦虑和抑郁），现在和以后与父母的关系会很差，而且，如果惩罚足够严重，这些孩子甚至会出现酗酒、吸毒和青少年犯罪行为。

由于所有这些原因，格肖夫得出结论，打孩子的最糟结果是伤害孩子，最好的结果是没有效果。

当我问一个4岁的男孩为什么抢一个同学的玩具卡车时，我了解到了打的另一个意想不到的后果。这个男孩回答说："他打了我，但我不在乎。我拿到卡车了。"

这是一个让人不寒而栗的回答，因为这个男孩可能真的不在乎被他的同学打。如果孩子们经常在家里挨打并在学校里挨打，他们可能会变得对疼痛免疫——也就是说，他们学会了忍受暂时的痛苦，以便得到自己想要的东西。如果孩子们对这种形式的管教变得无动于衷，我们就失去了对他们的控制。他们可能再也不会在乎我们怎么做了。

重要的是，莎娜·李（Shanna Lee）、因娜·阿特休尔（Inna Altschul）和伊丽莎白·格肖夫告诉我们，早在1岁的时候，浓浓的母爱温暖——赞扬、表达积极的情感等等——就无法抵消打屁股造成的负面后果。[①] 约书亚，4岁，让我看到了他对此有什么感受。我问他当他妈妈说"我爱你"时，他有什么感受。约书亚回答："开心。""当爸爸说'我爱你'时你有什么感受？"我问。"我感到难过。"约书亚回答说。"为什么？"我问。约书亚说："因为他打我。"他的妈妈转向爸爸，突然意识到："当你打他的时候，你说'我爱你'。"约书亚的父母从来没有产生过这样的联想。这是一个在孩子心目中被打屁股如何战胜温情的活生生的例子。

---

① Lee, S.J., Altschul, I., & Gershoff, E.T. (2013). *Developmental Psychology*, 49, 2917 – 2028.——作者注

人们经常问我对打孩子的看法。我不会说"永远不要打孩子"。偶尔轻轻地打孩子屁股不会伤害你的孩子，而且这可能会合理地缓解你自己的愤怒和沮丧。然而，如果你依赖于打孩子，就会得到很多意想不到的后果。或许，最严重的后果，就是它教给你的孩子忽视他自己的感受。学会在意自己的感受是形成对他人共情的第一步。

邦妮·阿伯森（Bonnie Aberson）的工作要与很多家庭打交道，她告诉我，一位真的相信打孩子是阻止他的儿子伤害弟弟的最好方法的父亲，在儿子4岁时学习了"我能解决问题"法，让他的看法发生了真正的改变。他一直与邦妮保持联系，当他的儿子7岁时，他解释说："我过去常常使用武力，但我感到很无力。"这位父亲和他的儿子已经学会了用语言来代替双手。

正如格肖夫解释的那样，打孩子屁股实际上是打人的一种形式。在成年人当中，打人是一种不可接受的解决问题的方式。打人也不是一种可以接受的对待孩子的方式。事实上，它造成的问题比它解决的还要多。

第 *11* 章

情感攻击

当学龄前孩子伤害他人时

瑞秋和塔米，两个 4 岁孩子，在幼儿园经常一起玩，但最近瑞秋变得非常专横。当塔米不愿意在玩偶角扮演"宝宝"时，瑞秋威胁说："如果你不当宝宝，我就不和你做朋友了！"当塔米依然不按瑞秋说的做时，瑞秋又说："我不邀请你参加我的生日聚会。"当塔米仍然不为所动时，瑞秋想出了一个真正伤害她的朋友的办法。她走到那些已经在玩偶角玩耍的孩子面前，告诉他们不要让塔米进来玩。

这时，塔米很生气，告诉了老师孩子们不让她进入玩偶角。老师不知道为什么，直到其中一个孩子说漏了嘴，说是瑞秋告诉他们不要让塔米进来。

老师想把这种很伤感情的行为扼杀在萌芽状态，就告诉了瑞秋的妈妈。瑞秋的妈妈很震惊。瑞秋以前从未做过这样的事，至少据她所知没有做过。当妈妈问瑞秋为什么这么做时，她说不知道。对于这样一个笼统的问题，瑞秋事实上可能没有意识到是什么让她想要那样伤害自己的朋友。瑞秋的妈妈向她解释了她的行

161

为会让她的朋友感觉多么糟糕，但她似乎并不在乎。现在，瑞秋的妈妈非常担心，但她学会了用"我能解决问题"法和孩子对话，并且问了瑞秋一些非常明确而具体的问题，来帮助她更多地思考她所做的事情会对朋友和她自己造成怎样的影响。

妈妈：瑞秋，塔米今天在幼儿园里做了什么让你感到生气的事情吗？

瑞秋：我告诉她"你当宝宝，我来当妈妈"，她不想跟我玩儿。

妈妈：你有什么感受？

瑞秋：**生气**。

妈妈：她还说了什么？

瑞秋：我不是宝宝。

妈妈：你认为她**是**不想和你玩，**还是**不想当宝宝？

瑞秋：我不知道。

妈妈：你当时很生气，你真的想伤害她。你接下来做了什么？

瑞秋：我不知道。

妈妈：（帮助她回忆，用没有任何威胁的语气）你跟玩偶角里的孩子们说了什么？

瑞秋：我告诉他们不要让她进来。

妈妈：你认为塔米那时有什么感受？

瑞秋：**生气**。

妈妈：你真的想伤害她这么深吗？

瑞秋：是的！

妈妈：你当时真的那么想伤害她吗？

妈妈：（认识到瑞秋的愤怒可能还没有减轻）**如果**你像这样伤害朋友，**可能**会发生什么？

瑞秋：他们不再和我玩儿了。

妈妈：你真的想那样的事情发生吗？

瑞秋：不想。

　　妈妈：**如果**塔米不想当宝宝，你怎样才能知道她真正想做什么呢？

　　瑞秋：我可以问她。

　　妈妈：思考得好。你是一个解决问题的能手。

　　瑞秋可能无法在一天之内停止她的专横行为，但是，这种对话提供了一个重要的开端。首先，瑞秋的妈妈帮助她找出了真正的问题——塔米也许只是不想当"宝宝"，而不是不想和瑞秋玩。但最重要的是，瑞秋的妈妈知道，如果她继续以解决问题的方式和女儿交谈，她就能把那些可能导致女儿日后被同龄人排斥的行为扼杀在萌芽状态。

当你的孩子被取笑时如何帮助他

　　10 岁的特里正在抱怨，因为他的同学彼得一直骂他。特里的爸爸告诉他不要理睬彼得，可以走开或者告诉老师。特里接受了这个建议，没有理睬彼得最近一段时间对他的嘲弄，并且走开了，但他后来抱怨说他还是感到难过、沮丧和愤怒。他还担心如果他告诉老师，其他孩子会发现并且会设法报复，而这将带给他更多伤害。

　　特里的父亲现在不知道该提出什么建议了，但他认为自己必须想出一个解决方案。如果他能帮助特里学会自己想出解决方案，那会更有帮助。为了培养特里解决问题的能力，他可以问特里以下问题：

　　"你认为彼得**为什么**需要找你的茬？"

　　"还有别的原因吗？"

　　"你认为他内心可能有什么感受？"

　　"当有人取笑你时，你有什么感受？"

"当有人那么做时，你可以说什么或做什么？"

像这样的问题会把孩子的注意力集中在感受上——他们自己的感受和别人的感受。这会帮助他们认识到人际关系是相互的，要以自己希望被对待的方式来对待别人。他们还会开始认识到人们做出的行为有很多不同的原因。

比如，10岁的马克对他的同学乔恩很生气，因为乔恩总是取笑马克的牙套。在和父亲用"我能解决问题"法讨论后，马克开始想知道乔恩**为什么**会这么做。有一天，他注意到乔恩一直不高兴。当他们再次在操场上相遇时，马克问乔恩发生了什么事。"我无法相信我的父母离婚了。"乔恩小声说，"我已经习惯了他们俩在一起。现在妈妈找到了她喜欢的另一个人，而我不太喜欢他。"这一意外发现帮助马克对乔恩产生了不一样的感觉。下次乔恩取笑马克时，马克通过说"让我们做朋友吧。我来教你如何投篮"化解了乔恩的怒气。现在，这两个男孩是最好的朋友了。

像这样的问题还有其他解决方法，而且一旦孩子们学会了解决问题的技能，他们就能想出自己的解决方法。例如，10岁的丽莎经常被人叫"竹竿"，因为她又高又瘦。她妈妈问她："你能做些什么，让其他女孩不取笑你？"丽莎仔细想了想。她觉得自己太胆小，不敢直接面对孩子们，于是决定给那个带头取笑她的孩子写一封信。在这封信中，她解释了自己的感受。"她们非常惊讶，不再取笑我了。"她高兴地说。

乔伊也是10岁，每当他的一个同学因为他的体重叫他"培根"时，他都会很生气。乔伊知道如何用解决问题的方式思考，而且努力想出了自己的解决办法。他聪明地运用了自己的幽默感。一天下午，当男孩们开始叫他"培根"时，他停了下来，直视着一个男孩的眼睛，微微一笑，说："是的，我会发嘶嘶声，我会发嘶嘶声。"孩子们笑了，再也没叫过他"培根"。四年后的今天，乔伊很受欢迎，在学校里表现非常好。

总的来说，根据斯坦·戴维斯（Stan Davis）和查里斯·尼克松（Charisse Nixon）对全国范围内 11~19 岁的孩子，尤其是来自不同种族和不同收入水平家庭的男孩进行的调查，他们将幽默看作是应对同龄人苛待的最有效的自我行为。[①] 乔伊就是一个很好的例子。

当特里的爸爸帮助他思考彼得取笑他时他能做什么或说什么的时候，特里也靠自己想出了一个独特的主意。当彼得又一次在放学的时候取笑特里时，他拿出来一块泡泡糖并开始嚼。当彼得想要一块时，特里说："不，因为你取笑了我。"特里不再表现得很软弱，而这是彼得最后一次取笑他。

伦纳德是一名五年级学生，也找到了一种不必示弱就能解决问题的方法。在被同学们不断地嘲笑戴着一副"傻乎乎的眼镜"之后，他赢得了一场作文比赛，这让他赢得了同学们的尊重。"你们知道吗，"他以友好的口吻对他们说，"如果没有这副眼镜，我就看不清我写的东西。"

如果你的孩子在被嘲笑，要努力帮助他专注于他的优势：或许他擅长运动、下棋，或者有戏剧天赋。通过思考自己擅长的事情，他会开始对自己感觉良好。而且，这种感受通常具有传染性——一旦你的孩子对自己的能力感觉更好，他的同学可能就会注意到他的新行为，并开始以新的眼光看待他。

在你的帮助下，孩子们能够学会改变他们的行为，比如分享和轮流。他们还能学会改变对那些在他们无法掌控的事情上——比如他们的长相——取笑他们的人的回应方式。为了赋予他们所需的能力，要和你的孩子进行头脑风暴，列出一个你的孩子在下次被取笑的时候能够用上的可能的反驳办法清单。有些孩子会采取幽默的方法："在地球上我可能很胖，但其他星球的人会发现我很漂亮。"另一些孩子可能会更严肃地做出回应："你认为我

[①] Davis, S., & Nixon, C.L. (2014). *Youth Voice Project: Student insights into bullying and peer mistreatment*. Champaign, IL: Research Press.——作者注

太瘦了，但这只是我们的体质不一样。每个人都不一样。"

在所有这些情形中，孩子们将他们的负面经历转变成了积极经历。如果他们遵循传统的建议，并且不理会那些取笑他们的人、直接走开或者去告诉老师，结果会大不相同。正如前面提到的戴维斯和尼克松在他们的调查中所了解到的那样，孩子们发现这类忠告——仿效本书中描述的"权力"和"建议"方法的忠告，对于应对第10章中讨论的取笑和其他形式的欺凌行为没有帮助。此外，诸如"你自己解决问题"之类的建议也同样被认为是无效的，如果任何欺凌行为的受害者不具备"自己解决问题"的技能的话。

对孩子们来说，为什么掌握化解别人取笑的技能如此重要呢？无论一个孩子因为什么原因被欺负，也许是因为这里描述的那些，或者因为太害羞（见第3章中的"太害羞而不敢参与"）——如果这种情况不得到处理，孩子情感上的伤痕可能会持续一生。本，现年20岁，在十几岁的时候骨瘦如柴，腿长胳膊短。他在学校里一直被叫作"傻瓜"和"书呆子"。他现在已经长成了一个非常英俊和受欢迎的年轻人，但他仍然认为自己很难看，并且很难和别人建立友谊和维持恋爱关系。正如斯坦·戴维斯对我提到的，假如当时有成年人倾听他，并帮助他培养一些建立牢固的同龄人关系和能力感的技能，他原本能够在小时候就终结其作为受害者的角色，并且长大后也许就不只是受别人欢迎，而且能够感觉到自己受欢迎了。[1]

当朋友间泄露彼此的秘密时

你的孩子曾经因为一个朋友背叛了他的信任，把他私下告诉朋友的事情泄漏出去，而心烦意乱地回到家吗？

---

[1] Davis, S., & Nixon, C.L. (2014). *Youth Voice Project: Student insights into bullying and peer mistreatment*. Champaign, IL: Research Press.——作者注

10 岁的卡拉感到很伤心，因为她最好的朋友苏珊娜把她喜欢学校里一个比她大的男孩的事情告诉了另一个女孩。像这样的情形在快要步入青春期的孩子中并不少见。而且，信任破裂比在鼻子上挨一拳更让人痛苦，并且痛苦的时间也更长。卡拉不仅认为自己失去了最好的朋友，她还感觉遭到了背叛——她在乎的人并不真的在乎她。

你可以尽力安慰处在和卡拉一样的困境中的孩子，说："告诉她，你很伤心，她辜负了你的信任。"或者，你可以说："如果你害怕告诉她你的感受，可以让一个朋友去告诉她。"你甚至可能发现自己在说："如果你不告诉她你有什么感受，她就会继续做这样的事情。"

虽然所有这些都是很好的建议，但你依然是在替你的孩子思考。要尝试用另一种方式——"我能解决问题"法——和你的接近青春期的孩子谈谈这个问题。下面是卡拉的妈妈如何帮助女儿进一步思考自己的感受，以及她的朋友为什么背叛她的信任：

妈妈：当苏珊娜把你的秘密告诉别人时，你有什么感受？

卡拉：**生气**——也很**失望**。

妈妈：你能想到她**为什么**那么做吗？

卡拉：我不知道。

妈妈：看看你能不能想出苏珊娜为什么让你感到生气和失望的三个原因。

卡拉：也许她**因为**什么事情在生我的气。也许她不再喜欢我了。也许她遇到麻烦了，把气撒在了我的身上。

妈妈：思考得好。你能想出怎么做或怎么说来让苏珊娜知道你有什么感受吗？

让卡拉想想苏珊娜为什么会把她的秘密告诉别人，对卡拉很有帮助。第二天，卡拉问苏珊娜为什么要这样做。苏珊娜解释说，她的老师因为她忘了家庭作业而当着全班同学的面对她大吼大叫，她对此非常生气。这时，卡拉明白了苏珊娜是将她的糟糕感受转移给了自己，并不是真的想伤害自己。

卡拉告诉苏珊娜，即使是这样，自己也感到很伤心，如果不能信任苏珊娜，自己就不能和她作朋友。苏珊娜感到很难过，因为她背叛了朋友的信任，而且她承诺不会再那样做了——她后来再也没有那样做过。

有时候，信任被破坏的后果可能不只是伤害感情，还可能恶化为被同龄人取笑，从而使背叛的影响加倍。

安德鲁，7岁，向他的朋友罗纳德透露他晚上会做可怕的梦，有时会哭醒，试图以此来缓解自己的一些焦虑情绪。他认为自己可以相信罗纳德，但罗纳德最后把安德鲁的梦告诉了别人。消息传开后，安德鲁被叫作"爱哭鬼"，这种嘲讽持续了好几个月。现在，安德鲁有两项任务：让罗纳德知道他对这种背叛感到多么糟糕，并让同学们停止取笑他。

在和父母谈过之后，安德鲁承认了自己感觉有多么伤心。他确定解决这个问题的最好办法是先面对罗纳德。"每个人都在取笑我，这都是因为你，"安德鲁说，"事情是你引起的，现在你来结束它。"又惊又悔的罗纳德让同学们别再叫安德鲁的绰号。虽然这个绰号过了一段时间才慢慢被忘记，但安德鲁很高兴罗纳德努力去纠正了自己的错误，并知道了罗纳德不会再故意伤害他。

当孩子们采取行动，而不是被动地坐着并且心里感到难过时，他们就把出现的问题变成了可以解决的问题。在这个过程中，那些原本会失去的友谊可能会得到挽救。事实上，友谊可能会加强。

停止谣言的传播

特蕾莎是六年级最优秀的学生之一：她很聪明，成绩全优，并且学习非常努力。放学后，她会直接回家学习。她不约别人玩。甚至在课间休息时，她宁愿一个人坐着看书，也不去学校操场上和其他女生一起玩。

过了一段时间，其他女孩注意到了特蕾莎有多么不爱与人交往，而且她们断定她是个自命不凡的人。尤其是一个叫朱迪的女孩，她似乎最生气。"让她看看谁更聪明。"她对其他女孩说。在朱迪的带领下，几个女孩一直等到特蕾莎请假的那一天。然后，她们每个人都为几天前的一次考试补写了一份小抄，并把这些小抄放在了特蕾莎的书桌里。当特蕾莎回到学校时，这几个女孩"发现"了这些小抄，并且谈论特蕾莎如何在考试中作弊，直到老师听说了这件事。正如她们希望的那样，特蕾莎有了大麻烦。尽管那几个女孩感到很高兴，但她们隐藏了自己的情绪，甚至设法表现得对特蕾莎那么"不诚实"感到难过。

特蕾莎非常震惊地回到了家里。她不仅因为自己没做的事情惹上麻烦而生气，而且因为她的同学会这么坏而感到恶心。

妈妈知道在女儿情绪失控之前帮助她有多重要。但是，妈妈不确定该怎么帮。她考虑过给老师打电话，但意识到老师不会相信特蕾莎声称自己无辜；毕竟，老师已经没收了那些小抄。但是，特蕾莎的妈妈也意识到特蕾莎需要学会处理这个问题。她最终是这样和女儿谈的：

妈妈：你的老师告诉我你考试作弊了。她在你的课桌里发现了你写的小抄。

特蕾莎：我没有写任何小抄。

妈妈：你认为它们是怎么出现在那里的？

特蕾莎：（开始哭）我不知道。

妈妈：我相信你。你能想出一个让老师相信你没有作弊的办法吗？

特蕾莎：（仍然在哭）不。我想不出来。她不会再相信我了。

妈妈：我知道你会想出办法来的。慢慢想。

第二天，特蕾莎看到几个女孩在看她，并且在她一进教室门时就开始咯咯地笑。就在这时，她意识到是这几个女孩把小抄放进了她的课桌。她回到家之后，把自己的发现告诉了妈妈。

特蕾莎：妈妈，几个女孩把那些小抄放进了我的课桌。

妈妈：她们**为什么**那么做？

特蕾莎：她们不喜欢我，而且她们很坏。

妈妈：好吧，我们现在有两个问题。一个与老师有关，一个与那些孩子有关。你知道这两个问题是什么吗？

特蕾莎：知道，我必须让老师相信我没有作弊，还要确保那些孩子再也不那样做。

妈妈：好。我们从老师开始吧。你能做些什么让她相信你没有作弊？

特蕾莎：把这些孩子做的事情告诉老师。

妈妈：**如果**你那么做，**可能**会发生什么？

特蕾莎：哦，是的。她们可能会报复我。

妈妈：你怎么做才能不发生这种事？

特蕾莎：我可以让她允许我再考一次，让她看到我没有任何小抄。

妈妈：思考得好。现在，让我们来谈谈那几个女孩。你认为她们**为什么**这么想伤害你？

特蕾莎：我不知道。

妈妈：努力想想。你有没有做过什么事或说过什么话激怒了她们？

特蕾莎：我认为她们是**嫉妒**我，因为我的成绩比她们的好。

妈妈：你怎么才能让她们不那么嫉妒你？

特蕾莎：也许我可以帮助她们完成家庭作业。

妈妈：你真是个解决问题的能手。你对自己把问题解决得这么好有什么感受？

特蕾莎：**自豪**。

第二天，特蕾莎去找了老师，并把发生的事情告诉了她——没有提任何人的名字——并提出要再考一次。当她考得很好的时候，老师意识到特蕾莎说的是实话。

这解决了一个问题。在对待同学方面，特蕾莎意识到，由于在课间休息时不与人交往，她看起来很不友好——尽管这并不是她的感觉。她加倍努力去参加一些活动。这对她来说从来都不容易，但她在努力。

她还开始注意哪些孩子在某些学科上有问题。当意识到班里一个比较受欢迎的女孩在完成数学作业方面遇到了困难时，特蕾莎主动提出帮助她。

现在，同学们谈到特蕾莎，说的都是她多么乐于助人。而特蕾莎感到自己更聪明了——不管是学习方面，还是与同学的交往方面。

当你的孩子被排挤时，如何帮助他

几乎所有年龄的孩子都告诉我，被排除在群体之外是他们最害怕的事情之一。10岁的兰迪哭着从学校回到家里，因为没有男孩邀请他坐在一起吃午饭。8岁的黛维达感到很崩溃，因为她没有被邀请参加一个朋友的生日聚会。

拥有朋友以及感觉到被同龄人接受，对男孩和女孩都至关重要。据伊利诺伊大学的研究人员加里·拉德（Gary Ladd）说，这种需要随着孩子们的长大以及进入小学，会越来越显著。[1]

当我遇到这样的情况时，我的妈妈会说："别担心。10年后，你甚至都不会记得这件事了。"

我妈妈真诚地希望安慰我并且认为她做到了，但是，即使到现在，我都清楚地记得自己那时并没有感受到安慰。我从来没有

---

[1] Ladd, G.W. (1990). Having friends, keeping friends, making friends, and being liked by peers in the classroom: Predictors of children's early school adjustment. *Child Development*, 61, 1081‑1100.——译者注

告诉过她这一点，因为我不想伤害她的感情，但是，她的话丝毫没有减轻我的痛苦。

孩子们需要真正的帮助来处理朋友之间出现的许多错综复杂的问题。提供空洞的保证、掩饰问题或忽视，不会有任何帮助，也不会让问题消失。这不是一个可以迅速或轻易解决的困境。

10岁的露丝经常被遗漏在邀请名单之外，并且被那些"受欢迎的孩子"排除在活动之外。首先，她妈妈问她对此有什么感受。露丝说她因为得不到邀请而感到难过，但是，她也因为妈妈很关心这件事并且愿意和她谈而感到欣慰。接着，妈妈问："你能想到什么办法让自己不为此感到难过吗？"露丝想了很久，但什么也想不出来。

那天晚些时候，露丝找到妈妈，说："也许我可以设法找些新朋友。也许这些孩子不值得我费心。我再也不追着他们跑了。"当妈妈让露丝想想班级里还有哪些同学可以成为她的朋友时，露丝想到了洛丽，她发现洛丽喜欢园艺。有一天，露丝让洛丽和她一起去种花。洛丽似乎很感兴趣，但她说她有很多作业要做，而且遇到了困难。露丝主动提出要帮助她，洛丽很惊讶，并且很感激地接受了这个提议。几天后，洛丽邀请露丝去她家的花园，她们很开心地计划在哪里播下所有的种子。她们谈了很多关于学校的事情和各自喜欢做的事情。随着时间的推移，当她们成为好朋友后，洛丽把露丝介绍给了自己的朋友们。露丝再也没有感到受排挤。

露丝从这次经历中学到了重要的几课：不要放弃，不要感觉自己不好，她有能力把问题变成解决问题的机会。她还学到，实现重要的目标是需要时间的，但这种等待通常是非常值得的。

最重要的是，露丝自己想到了这个主意。如果是妈妈提出了这个计划，露丝能以同样的精力和信念去执行吗？她能感受到同样的成功和自豪吗？

第 *12* 章

与孩子谈安全行为、危险行为和暴力

让你的孩子远离不良的朋友

"妈妈，这是艾伦。" 11 岁的南希说，她明显对她的新朋友放学后和她一起回家感到高兴。当两个女孩在厨房吃点心时，南希的妈妈瑞伊听到她们在窃窃私语，还咯咯地笑。当她离开房间时，无意中听到了她们的交谈——而且，艾伦使用了在瑞伊看来不合适的词语。细细想来，艾伦的衬衫和裤子太紧了，肚子露出了一大截。而且，她的左耳上真的戴了四只耳环吗？

当孩子还小的时候，你很容易就能认识他们所有的朋友，甚至朋友的父母。但是，当孩子们开始上小学，特别是初中时，他们在很多时间里都远离你警惕的目光。他们的世界开始扩大，这是一件好事，但在这个过程中，你自然会对那些进入他们的世界的人失去一些控制。你开始担心你的孩子交的朋友是很自然的。你知道朋友是多么重要，而且孩子们有多容易受到同龄人压力的影响。

你还知道，如果你建议你的女儿不要和艾伦做朋友，只会让艾伦显得更有吸引力。你能做些什么呢？

如果你认为你的孩子陷入了一种有害的关系，你要找时间单独和他在一起，并问他一些问题：

"当你和那些孩子在一起的时候，你有什么感受？"

"你喜欢他们的什么？"

"你喜欢和他们在一起的感觉吗？"

"如果你继续和那些孩子做朋友，会发生什么？"

"你想要那样的事情发生吗？"

"你能做些什么才能不让那样的事情发生？"

"那样你会有什么感受？"

你会惊讶地认识到很多孩子不考虑这些问题。瑞伊就很惊讶。她和南希讨论过这些解决问题式的问题不止一次，而是好几次。起初，她很沮丧——南希没有给出她希望得到的答案。相反，女儿坚持说她真的喜欢艾伦，"什么事情"都不会发生。"别那么担心，妈妈。"南希坚定地说。

瑞伊很难不担心。但是，她相信自己给了南希很多问题去思考，要等待时机。几个星期后，她开始看到女儿的一些变化。南希说了艾伦如何强迫她去做一些自己真的不想做的事情——比如不交作业，放学后"出去闲逛"，甚至戴那些"需要在身体上打孔的东西"。南希现在更多地思考什么对她来说才是正确的——也许这是一段她根本不想要的友谊。

在最好的情况下，问解决问题式的问题可以帮助你的孩子获得他不知道自己拥有的内在力量。例如，当12岁的莱拉开始在家里生闷气时，妈妈问她怎么了。"我的朋友们都在烦我，我不知道怎么让她们停下来，"莱拉说，"她们总是让我做一些事情，很糟糕的事情。她们想让我和她们一起去一些糟糕的街区，一开始我以为她们只是在开玩笑。她们是我的朋友，但她们正试图毁掉我，或者让我陷入麻烦。"

"告诉她们家里不允许你去。"妈妈建议道。但是，这并没有解决莱拉灰心和失望的感觉。更给她的伤口上撒盐的是，她的"朋友"曾威胁过她，说如果她不跟她们一起去，她们就再也不和她说话了，并且告诉其他孩子也不要和她说话。

"当你和那些孩子在一起的时候，你有什么感受？"妈妈问道。

"害怕。心里感到厌恶。"

"你喜欢她们的什么？"妈妈接着问道。

莱拉很难回答，但是，最后她说："她们很酷。她们很受欢迎。"

但是，当妈妈问："你喜欢和那些孩子在一起的感觉吗？"莱拉意识到她不喜欢。对于"如果你继续和她们做朋友，可能会发生什么事情"这个问题，莱拉知道她可能会受到伤害或遇到麻烦。而且，她知道自己不想那样的事情发生。

这时，妈妈问："你能做些什么才能不让那样的事情发生？"

"找到新的朋友来保护我，并且当我看到那些坏女孩时就跑开。"

"那样你会有什么感受？"妈妈问道。

"松一口气。还是有点害怕，但是会好一点。"

大多数孩子都像莱拉一样，确实想和自己的父母谈论类似这样的问题，即便一开始他们像南希一样，似乎会抵触这种谈话。你可以让你的孩子知道你对那些可能会伤害他的朋友有什么感受。如果你能帮助他思考可能会发生什么，就不用告诉他为什么了。同样重要的是，随着躁动的青春期的到来，你的孩子将为抵抗同龄人压力和其他不可预见的后果做更好的准备。

谈论毒品

"你就说不！"[①]

不太久以前，我们被告知我们的孩子只需要说这句话就能不沾染毒品。

---

① 你就说不（Just say no），美国前第一夫人南希·里根提出的一句口号，

　　这个口号效果如何？美国疾病控制与预防中心公布的《2001年美国家庭毒品滥用调查报告》[①]显示，有1590万美国人是非法毒品使用者——其中许多人是早在12岁时开始的。[②]最近，J.大卫·霍金斯（J.David Hawkins）和他的同事引用的美国国家研究委员会和美国医学研究院2009年的一份报告显示，包括药物滥用在内的行为健康问题导致的治疗服务和生产率下降，每年造成的损失达2470亿美元。[③]

　　很明显，帮助年幼的孩子理解为什么吸毒不符合他们的最大利益，需要的不仅仅是一句口号。口号之所以无效，有几个原因。首先，孩子们往往对口号充耳不闻。口号并不能解决孩子不能说"不"的问题，也许是因为他们害怕说"不"后可能会发生的事情。而且，口号也不能帮助孩子们想出其他选择来实现最初引诱他们吸毒时要达到的任何目标。最后，口号会诱使父母认为毒品问题有一个简单的解决办法。

　　没有简单的答案。孩子们尝试毒品有很多复杂的原因。其中一些原因与同龄人压力以及他们不知道如何对待这种压力有关。或者，他们可能被一种寻求刺激的动机所诱惑，没有考虑自己行为的后果。

　　或许，让这个口号打折扣的最重要的原因是它欺骗了孩子——

彰显了她为以儿童为主要对象的禁毒教育运动所做的努力。——译者注

　①　National Household Survey on Drug Abuse. (2001). Washington, DC: Substance Abuse and Mental Health Services Administration, Office of Applied Studies.——作者注

　②　Centers for Disease Control and Prevention. (2003). National Household Survey on Drug Abuse. In D.P. Crockett, "Critical issues facing children in the 2000s," Communique, 31, 10.——作者注

　③　Hawkins, J.D., Jenson, J.M., Catalano, R., Fraser, M.W., Botvin, G.J., Shapiro, V., Brown, C.H., Beardslee, W., Brent, D., Leslie, L.K., RotheramBorus, M.J., Shea, P., Shih, A., Anthony, E., Haggerty, K.P., Bender, K., Gorman-Smith, D., Casey, E., & Stone, S. (2015). *Unleashing the power of prevention*. Discussion paper, Institute of Medicine and National Research Council, Washington, DC.——作者注

也就是说，它不鼓励孩子自己独立思考。然而，那些具有批判性思考能力的孩子才最有能力远离毒品。

你可以通过培养这些批判性思考能力来努力防止你的孩子使用毒品，而且你可以比你可能意识到的更早开始培养孩子的这些能力。事实上，预防的艰苦工作必须在毒品真正进入孩子的生活之前很多年就开始。我自己在过去 30 年里进行的研究表明，到 4 岁时，孩子们就能够成为或可以学会成为优秀的问题解决者。

例如，我看到两个孩子在为一个活动人偶争吵。争吵不断升级，直到一个男孩对另一个说："你不能来参加我的生日聚会。"

"那又怎么样？"另一个男孩说，"我不在乎。"

他真的不在乎被自己的一个同伴拒绝吗？如果他现在能不屑于理睬以这种方式所受的伤害，他会继续有这样的感受吗？当他长大一些，并且知道毒品会对他造成严重伤害时，会发生什么？他还会有这种"我不在乎"的态度吗？如果他还没有学会在乎自己的感受，他又如何学会关心别人的感受呢？

我发现，问几个非常简单的问题就能帮助像 4~5 岁这么小的孩子思考他们在做什么，以及他们的行为所带来的影响：

"问题是什么？"（这会帮助孩子们用语言确定需要解决的问题。）

"当你们俩为这个玩具开始争吵时，发生了什么？"（这会帮助孩子们思考他们行为的后果。）

"当你们像那样争吵时，你认为他有什么感受？"（这通常会引出像"他感到很生气"这样的回答。）

"当他告诉你不能去他的生日聚会时，你有什么感受？"（这通常会引出"我很伤心"这样的回答。）

"你能想出一个不同的方法来解决这个问题吗？"（这会帮助孩子们思考解决问题的其他方法，比如"我可以让他玩我的玩具""我可以告诉他我只再玩一小会儿"以及"我可以告诉他我要做他的朋友"。）

你可能会问自己，生日聚会以及被拒绝与不吸毒有什么关系。尽管可能不是很显而易见，但两者之间有一个明显的联系。我们知道，长大后最有可能滥用药物的孩子，是那些无法解决日常生活中典型问题的孩子。这是因为他们不知道如何做决定——他们不知道如何清楚地表达问题、探究问题、思考解决方案，并且预料到障碍或其他结果。如果我们从学龄前就开始教孩子们如何解决对他们来说很重要的问题，比如如何被邀请参加生日聚会以及如何才能玩到一个想要的玩具，他们就会培养出一种可以移植的思考问题的方式。也就是说，随着他们的成长，他们会调整自己解决问题的能力，并将其运用到解决与年龄相应的困难中，比如如何抵制那些给他们施加压力尝试毒品的同龄人。

虽然尼尔森只有 8 岁，但他已经知道了毒品的危险，即使毒品还没有进入他的生活。当我问他可能会发生什么事时，他有一堆答案："你游泳的时候可能会溺水。你可能会生病，太多的时候不能去上学。你可能会伤害自己的朋友，因为你会完全失控。"当被问到他如何抵挡一个试图向他施加压力的同龄人时，他回答："告诉他，我不想死。然后，让他的朋友给他施加压力。"当被问到他这样说是什么意思时，他说："我们五个人告诉他要比只有我一个人告诉他好。那样，他就真的不会来烦我了。"

那些小时候就学会批判性思考能力的孩子，长大后将成为会思考、会感受的人。他们会更成功地交到不强迫他们做出不健康的选择的真朋友，能够根据潜在的后果做出负责任的决定，并且会为自己的成功感到自豪，而不是对自己的失败感到沮丧。他们将不那么需要屈服于那些他们不想要的"朋友"施加的压力，而去做他们不想做的事情。他们会在内心对自己感觉良好，所以不需要由麻醉品引起的人造快感。他们会关心发生在自己身上的事情，并且也会开始关心别人身上发生的事情。

换句话说，那些在小时候就知道如何解决对自己重要的问题的孩子，长大后将能够解决对他们来说很重要的更加复杂的问题。教孩子们思考这些问题和告诉他们"你就说不"的区别太大了。

谈论吸烟与饮酒

当你听新闻或读报纸时，让你烦恼的可能不只是吸烟的年轻人开始变得越来越多，还有孩子们第一次尝试吸烟的年龄正在直线下降。现在，有些中学生就认为自己是烟民。根据 2000 年的《美国青少年烟草调查》，12.8% 的初中生和 34.8% 的高中生会使用某种形式的烟草。[1] 霍金斯的报告告诉我们，80% 的成年吸烟者从青春期就开始吸烟，这增加了他们成年后发病和死亡的风险。进一步的报告告诉我们，在 8~12 年级，饮酒、吸烟和非法药物使用率提高了 2~3 倍。

你最不想做的事情就是威胁将你的孩子禁足，无情地问他是否在吸烟，或长篇大论地给他讲吸烟的危害。你心里知道这些办法只会适得其反。

与其对孩子喋喋不休，不如弄明白他已经知道了什么。而通过问问题，你就很可能在他第一次点烟之前"掐灭"他想抽烟的欲望。

11 岁的西比是这样回答我提出的问题的：

你为什么想吸烟？

"我猜我是想酷一点，而且想受欢迎。大多数吸烟的女孩都很受欢迎。而且你在电影里看到的吸烟的人也很酷。"

---

[1] National Youth Tobacco Survey. (2000, January). Tobacco use among middle and high school students, United States, 1999. *Morbidity and Mortality Weekly Report.*——作者注

为什么吸烟不是个好主意？

"吸烟会使你的肺变黑，你不得不去做手术，然后你就只有一个肺了。另外，当你吸烟时，你的口气会很臭，人们不喜欢和你在一起。它会导致抑郁，因为不吸烟你就永远不会快乐。"

你对未来有什么希望和梦想？

"我想做和动物有关的事情，也许当个海洋生物学家。"

吸烟会怎样妨碍你的梦想？

"我会没有精力携带水肺潜水。而且，几年后所有的建筑都会禁烟，我就一个也进不去了。人们会不愿意和我一起工作，因为我闻起来像一只烟灰缸。"

现在你有哪些方法开始实现自己的目标？

"取得好成绩。这样我就可以进入我想去的大学并学习海洋生物学。"

你怎样才能用你自己的方式，努力像那些抽烟的女孩那样又酷又受欢迎？

"我可以对人友好、宽宏大量，并且努力结交新朋友。我可以对他们感兴趣的东西感兴趣。这是孩子们受欢迎的真正原因。"

类似这样的问题会早早地埋下一颗种子。虽然西比可能曾经想过有朝一日会吸烟，但她的新见解让我认为她永远不会吸烟。也许，像这样的问题也会有助于防止你的孩子吸烟。

在谈论酒精时，你可以运用同样的方法——在开始长篇大论地说教之前，问问你的孩子知道些什么。比如，12 岁的劳伦斯最好的朋友肖恩有两个哥哥，一个 16 岁，一个 18 岁，他们已经开始大量饮酒，而肖恩的父母对此似乎并不太在意。当劳伦斯告诉他的妈妈，肖恩的一个哥哥试图说服他喝一杯时，他的妈妈勃然大怒，把这家人称为"下等人"，并禁止劳伦斯再去那里。"我不希望你再和那个男孩有联系，"她喊道，"你明白吗？！"

劳伦斯的爸爸赞同妻子的看法，但不想发脾气。他还想听听劳伦斯怎么说。虽然他这种泰然处之的方式惹怒了他的妻子，但他坚持要等一个恰当的时机同劳伦斯谈谈。机会出现了。当时父子二人正在看电视上的球赛，期间出现了一则啤酒广告。"你对喝酒的孩子有什么看法？"他问劳伦斯。

劳伦斯没有感到害怕或需要戒备，所以，他向爸爸坦白肖恩的哥哥给了他一杯啤酒。"可我说了不，"劳伦斯解释道，"当他看到我真的不想尝试时，他最后就没再劝我。"

"你为什么说不？"他的爸爸问道。

"因为我不想生病，"劳伦斯说，"不管怎么说，我可能不会喜欢啤酒的味道。"

爸爸只是点了点头。从这次简短的交谈中，他意识到他不必跟儿子谈与酒精相关的问题了；劳伦斯已经知道了。

而且，劳伦斯的妈妈意识到她没有必要禁止劳伦斯去见他的朋友。"不让劳伦斯和肖恩一起玩没有什么意义，"她向我解释说，"肖恩没有做任何对他有害的事情。我知道不管怎样他以后都会遇到这样的事情。无论如何，这对他来说都是思考这类事情的一个好的练习。我知道劳伦斯会和我们谈，因为他知道我们信任他并信任他的想法。"

我问劳伦斯的爸爸，为什么他没给肖恩的父母打电话，告诉他们关于他们的两个大儿子喝酒的事。"他们看起来对此很不在意，我想即使告诉他们，他们也不会做任何事情。"劳伦斯的爸爸说。此外，他担心这样的电话可能会激怒肖恩的父母，这会影响两个男孩的友谊。如果你发现自己处于类似的情形，你可以判断给孩子的父母打个电话是否会有帮助。

那些得到帮助去思考诸如吸烟和饮酒之类的重要问题的接近

青春期的孩子——以及那些没有受到"要做什么"和"不能做什么"狂轰滥炸的孩子——更有可能自己决定不吸烟或饮酒，或者会在为时已晚之前停止吸烟或饮酒。

与接近青春期的孩子谈论性

你是一个接近青春期的女孩的父母，正担心她在年纪太小的时候就发生性行为吗？你想和她谈谈这个问题但又不确定该说什么吗？根据统计，你越早和你的孩子谈这件事越好。由比尔·阿尔伯特（Bill Albert）、莎拉·布朗（Sarah Brown）和克里斯蒂娜·弗兰尼根 (Christine Flanigan) 编辑的来自美国预防青少年怀孕运动的一份报告显示，15 岁以下的美国青少年，五个中就有一个有过性行为，在有过性经验的 14 岁女孩中，七个人就有一个怀孕，而其中只有大约三分之一的女孩的父母知道他们的女儿有过性行为。[①] 霍金斯和他的团队报告称，美国的青少年怀孕率仍然是全世界最高的，超过一半的性传播疾病发生在 15~24 岁之间。[②]

这也是男孩的父母不得不面对的一个问题。在很小的时候就发生性关系不再只是女孩的问题。十几岁的男孩也有感染疱疹、艾滋病和其他性传播疾病的风险。

最有可能的是，你的接近青春期的孩子没有考虑过过早发生性行为可能会导致的疾病或任何其他风险。当十几岁的孩子发生

---

① Albert, B., Brown, S., & Flanigan, C. (Eds.). (2003). *In 14 and younger: The sexual behavior of young adolescents* (National Campaign to Prevent Teen Pregnancy Report Summary). Washington, DC: National Campaign to Prevent Teen Pregnancy.——作者注

② Hawkins, J.D., Jenson, J.M., Catalano, R., Fraser, M.W., Botvin, G.J., Shapiro, V., Brown, C.H., Beardslee, W., Brent, D., Leslie, L.K., RotheramBorus, M.J., Shea, P., Shih, A., Anthony, E., Haggerty, K.P., Bender, K., Gorman-Smith, D., Casey, E., & Stone, S. (2015). *Unleashing the power of prevention*. Discussion paper, Institute of Medicine and National Research Council, Washington, DC.——作者注

性行为时，往往是出于一些复杂而又相互关联的原因：为了感觉自己长大了、受欢迎或者被需要，为了跟同龄人保持一致，释放被压抑的愤怒或压力，报复一个看上去对他们不利的世界。不管你引用多少统计数据，或者你的论点有多么无懈可击，你和你的孩子的谈话都会产生严重分歧。

现在和你的孩子谈谈这件事，或许能够防止这类问题发生在你的十几岁孩子身上。怎样才能帮助你的接近青春期的孩子不从事这种有潜在危险的活动呢？在我看来，答案就在于你的孩子要有能力提前计划并考虑接下来会发生什么、他和其他人对这些后果可能会有什么感受，以及他还能做什么来满足他自己的需要。

你可以用以下这些方法与你的孩子谈谈，以便他们能控制他们的生活，而不是让生活控制他们：

- 问他们对性行为知道些什么，包括安全的性行为和不安全的性行为。
- 填补他们知识上的空白。例如，他们可能相信安全套能提供很多保护，而实际上并没有那么多，或者相信口交是没有风险的。
- 让他们思考不安全性行为的后果，以及这些后果将如何妨碍他们未来的计划和梦想。
- 帮助他们思考满足他们的情感需要和生理需要的其他办法。
- 让他们想出在被迫发生性行为时说"不"的一个办法。

11 岁的安娜参加完一个聚会回到家，在聚会上，她的女友们谈论男孩以及和男孩出去约会是什么感觉。安娜承认她有点担心被一个男孩施加压力的感觉。下面是她的妈妈和她的谈话。

妈妈：你认为为什么你这个年龄的一些女孩会同意一个男孩提出的想与她发生性行为的要求？

安娜：为了感觉很酷和受欢迎。

妈妈：有什么好的理由不这么做吗？

安娜：她们可能会怀孕或感染艾滋病。而且，她们会不喜欢自己，因为她们在做一些自己并不是真正想做的事情。

妈妈：思考得好。安娜，你对未来的希望和梦想是什么？

安娜：我想要成为一名法医，就像电视上的那样。

妈妈：如果你过早怀孕，会对你的希望和梦想有什么影响？

安娜：我会被一个婴儿困住，而且无法照料他。我无法追求自己的希望和梦想，尤其是如果我感染了艾滋病的话。

妈妈：你说女孩可能会为了感到酷和受欢迎而同意男孩的要求。你现在能想到让自己酷和受欢迎的其他方法吗？

安娜：我可以努力变得真正擅长某件事情，比如足球，并且做一个有运动精神的人。

妈妈：你能想出一个办法来对一个可能会给你压力的男孩说不吗？

安娜：我可以告诉他我还有其他更重要的事情要做。

安娜让我看到，在孩子进入青春期之前，和他们谈谈人生中的重大决定确实是有可能的。而且，随着年轻人进行诸如性行为之类的危险行为的年龄越来越小，现在就帮助你的孩子思考这些问题比以往任何时候都更重要。

当女孩们思考一个冲动的决定会怎样打乱她们未来的计划时，她们通常会发现更容易抵制住任何诱惑，而且像安娜一样，会想出一个对那些给她们施加压力的男孩说"不"的办法。反过来，男孩们可以学会培养对任何可能遭受不可挽回后果的潜在伴侣的共情。

电子游戏和暴力电视节目过于真实？

你的孩子会花几个小时的时间玩电子游戏吗？正如伊莎贝

拉·格拉尼奇（Isabela Granic）、亚当·洛贝尔（Adam Lobel）和罗格尔·恩格斯（Rutger Engels）报道的那样，电子游戏在美国儿童和青少年的生活中扮演着重要角色，大约有97%的孩子每天至少玩一个小时的电子游戏。[①] 你的孩子喜欢那些以射击、爆炸或其他方式摧毁其中角色的游戏吗？你担心玩这些游戏会使你的孩子倾向于在现实生活中诉诸暴力吗？

许多父母都有这样的担心。他们还害怕过多接触暴力电子游戏和暴力电视节目可能会导致他们的孩子产生暴力幻想。一些父母为了加强控制，已经完全禁止孩子们在家里接触暴力媒体。

尽管专家们一直在努力评估暴力媒体对现实生活中的行为的影响，但结果没有定论。L. 罗维尔·豪斯曼（L.Rowell Heusmann）和他的同事们的一项研究表明，那些在电视上观看暴力行为的6~10岁的孩子，未来有做出攻击行为的可能，但主要是在他们认同电视上的暴力角色并且将看到的攻击行为当作现实时才会如此。[②]

尽管格拉尼奇和她的同事们没有忽视暴力电子游戏的负面影响，但他们也描述了一种平衡观点——玩这些游戏也有一些好处。他们的研究发现，有些游戏能提高创造力、数学和解决问题的能力，因为发现复杂的操作顺序需要记忆力和分析能力——以及积极的亲社会（合作）行为——所有这些都能提高学业能力。尽管还不清楚是电子游戏提高了这些技能，还是更熟练掌握这些技能的年轻人才会被电子游戏、甚至是暴力游戏所吸引，但是，有足够的研究表明，即使是暴力电子游戏也能带来好处。

---

① Granic, I., Lobel, A., & Engels, R.C.M.E. (2014). The benefits of video games. *American Psychologist*, 69, 66－75.——作者注

② Heusmann, L.R., Moise－Titus, J., Podolski, C., & Eron, L.D. (2003). Longitudinal relations between children's exposure to TV violence and their aggressive and violent behavior in young adulthood: 1977－1992. *Developmental Psychology*, 39, 201－221.——作者注

但是，你可以在等待更多专家进行权衡的同时，开始帮助你的孩子处理电子游戏和其他媒体中的暴力问题。

虽然你可能会忍不住简单地禁止你的孩子玩这些游戏，但这并不是最有效的策略。事实上，这经常事与愿违。首先，它会起到把游戏变成"禁果"的作用，这会使得它们更有吸引力。此外，虽然你可以监控你的孩子在家里玩什么类型的游戏，但当他去朋友家或去最近的商场里的游戏厅时，你的控制就会少很多。

如果你希望孩子能够思考自己玩的游戏以及为什么喜欢玩，你要问他对电子游戏的看法。

我和很多孩子都有过这样的交谈。一个10岁的孩子告诉我："电子游戏只是虚构的。它们很好玩。玩这些游戏很酷。而且，它们能帮助我做到手眼协调。这让我感觉很好。"

当我问他是否认为玩电子游戏可能会鼓励他在现实生活中伤害任何人时，他说："我永远不会在现实生活中伤害任何人。那样我可能会遇到麻烦，而且会失去我的朋友。你在电子游戏中不会失去朋友。"

另一个10岁的男孩也同意："电子游戏不是真实的。它们只是很好玩。"当我问他是否认为玩电子游戏会让孩子们变得暴力时，他自信地向我保证说不会。"一旦你赢了比赛，"他解释说，"就结束了。不需要做其他事了。这不是什么大不了的。"他确实告诉了我为什么他认为一个同学——一个没有朋友的欺凌者——喜欢这些游戏："这些游戏可能让他感觉好一些。当他玩游戏的时候，一切都在他的掌控之中。在现实生活中，并不是这样。"

这个男孩的回答涉及到了很多父母都关心的一个问题：控制。父母们担心，这些游戏让他们的孩子对于谁会受到伤害、以何种方式受到伤害以及伤害持续多长时间拥有太多的权力。"这没什么大不了的。"孩子们说。但许多父母并不同意。

为了鼓励你的孩子对游戏形成一个健康的看法，要和你的孩子谈谈。还要和你的孩子一起看含有暴力内容的电视节目。除了上述我问过的问题，你还可以问以下这些：

"当有人在现实生活中受到伤害时，你有什么感受？"

"你认为当一个人受到伤害时会有什么感受？"

"如果你在现实生活中感到愤怒，你怎么做才能不伤害任何人？"

类似这样的问题，对那些无法区分电子游戏或电视节目与现实的孩子，或者那些似乎喜欢暴力的孩子尤其有帮助。这是一个重要的区别——而且是一个如果你简单地禁止你的孩子玩游戏，他们就无法了解的区别。

另一个选择是和你的孩子一起看一两个这样的节目，并把它们作为一个教育工具。你要问这样的问题：

"当他打另一个人时发生了什么？"

"被打的人有什么感受？"

"你认为打人的人内心的真正感受是什么？"

"当人们像那样互相打对方时，还可能会发生什么？"

"你能想出一个**不同**的方法，让他们来解决这个问题吗？"

无论是现在还是以后，禁止暴力电子游戏或暴力电视节目可能会也可能不会减轻你对潜在暴力的担心。事实上，我们似乎正身处一场暴力"流行病"之中。2000年，美国疾病控制与预防中心报告称，有40多万10~19岁的年轻人在暴力事件中受伤，其中许多人需要住院治疗。霍金斯和他的同事报告说，美国疾病控制与预防中心在2013年进行的青少年风险行为调查发现，近20%的12年级学生曾经打过架，13%以上的青少年曾在学校受到欺凌，10%的青少年经历过约会性暴力，12%的人经历过约会暴力。同样令人不安的是，美国青少年司法和犯罪办公室的一份报告表明，女孩被谋杀概率比 20 世纪 90 年代中期上升了 64%，尽管仍然低于男孩被谋杀概率。

想想如何与你的孩子谈论游戏和电视里的暴力。要考虑到问题的正反两面。鉴于完全禁止可能会让这些媒体更有诱惑力，你可能会决定把它们作为工具，来帮助你的孩子更好地理解你想要阻止的那些行为。

教给孩子不要心怀仇恨

诺亚虽然只有 7 岁，但以自己的方式知道了我们正在与伊拉克交战。在那段时间，我问他对我们在伊拉克的军事存在有什么感受，他回答说："我觉得不舒服。那里的孩子们可能会受伤。坏人会怪到我们头上，但他们应该怪自己，因为是他们让孩子们去打仗的。"

诺亚把这场战争比作他在学校里了解到的欺凌。"只有打架的孩子才会受伤。我们不会受伤，因为我们不打架。"然后，诺亚提出了一个计划："我们应该建造一座有学校、购物中心和浴室的秘密建筑，并且把除了（在伊拉克的）那座秘密建筑之外的所有建筑全部拆除。这样一来，当所有的坏人被消灭后，他们将有一座秘密建筑，用来重新开始一个新的城市，孩子们就安全了。"

吉娜，12 岁，她担心伊拉克的无辜民众可能会受到伤害。9 岁的丹关心的是伊拉克人民需要感觉到自由和安全。他和爸爸奥利弗讨论了这个问题——他的爸爸已经仔细考虑过战争的利弊。

一些父母认为最好不要和孩子讨论战争或其他创伤性事件，因为这可能会吓到他们。正如一位妈妈告诉我的那样："他们不必面对这种情况。"诺亚、吉娜和丹则让我相信不是这样的。当父母按照孩子可以理解的水平与其交谈，简短但诚实地回答孩子的问题时，他们的孩子不仅不会感到那么焦虑，而且会自由地与那些可能受到伤害的人共情。这些孩子没有被对敌人的仇恨冲昏头脑。他们表达了对他们并不认识的人的幸福的关切。

9·11恐怖袭击、阿富汗和伊拉克战争以及最近发生在法国巴黎、美国圣贝纳迪诺、加利福尼亚、奥兰多和佛罗里达的事件，让我们的孩子对有穆斯林信仰的人——或者任何与他们不同的群体——产生了不同的想法和感受吗？如果他们的同学里有人碰巧是阿拉伯人或阿拉伯后裔，或来自其他任何群体，孩子们会对他们有什么想法？我们如何才能教给我们的孩子不要心怀仇恨呢？

至关重要的是，孩子们不要学会憎恨、不信任或害怕任何看起来像"外国人"的邻居或同学。现在就是一个帮助我们教给孩子并不是每一个长得像"坏人"的人都是坏人的大好机会。

为了帮助孩子们厘清他们对穆斯林或其他种族群体的感受，可以先用词汇谈论人们有哪些**相同**和**不同**之处。要从你自己的家庭开始。问你的孩子："你和我有哪些相同的地方？有哪些不同的地方？"

像3岁那么小的孩子都能从诸多共同特征中认识到我们每个人都有两只眼睛和两只胳膊。然而，他们还能做出关键的区分。就像一个3岁的孩子说的："妈妈很大，我很小。"到4岁时，孩子们就能理解"妈妈不是男人。我不是男人。这就是我们相同的地方"。

孩子们喜欢思考家庭里其他成员之间相同和不同的地方。然后，你可以把这个游戏扩展，将他们的朋友和同学包括进来。如果你的孩子认识来自不同种族的人，要把这个人也包括到游戏中，你的孩子可能会开始以一种新的眼光看待这个人。

在令人愉快的《贝贝熊家的新邻居》一书中，斯坦·博恩斯坦（Stan Berenstain）和简·博恩斯坦（Jan Berenstain）夫妇帮助很小的孩子了解到，在想当然地认为人们不友好或者不友善之前，多了解他们是很重要的。他们用图画说明了搬到隔壁的新邻居"潘达熊"一家怎样开始竖起在熊爸爸看来像是"恶意围栏"①的东

---

① 恶意围栏（spite fence），指那些专门为了刁难邻居而筑起来的栅栏或墙。——译者注

西——一排"坏邻居为了报复而竖起来的"棍子，不让人们看到他们在做什么。

结果，"恶意围栏"其实是一排竹子，是他们的邻居最喜欢的食物。而且，那位妈妈，潘达女士，是一位能做50多道食谱的很棒的竹子厨师。这两个家庭成为了好朋友，分享他们最喜欢的食物，彼此学着喜欢对方的烹饪。这个精彩的故事鼓励孩子们去思考：只有当他们更了解别人之后，才能从别人身上学到东西。

思考人们有哪些相同和不同的地方，以及他们可能会从新认识的人身上学到什么，对小孩子来说是很好的练习。如果你有大一点的孩子，要更直接地与他们谈谈关于他们对来自不同种族群体的人——根据当前的世界大事，你的孩子可能会怀疑的那些人——的感受。

促使孩子们重新评估自己的感受的一个方法，是鼓励他们多了解来自这些文化的人。像黛安·霍伊特·戈德史密斯（Diane Hoyt-Goldsmith）写的《庆祝斋月》（Celebrating Ramadan）一书就能提供帮助。这是一本引人入胜的书，书里到处都是精彩照片。它讲述了一个穆斯林家庭一起庆祝斋月的故事，解释了家人团聚以重申他们的信仰的传统。你的孩子将能够看到穆斯林家庭是怎样以与我们相似的方式生活的。他们还将能够谈论导致我们不和的那些事情，而不会感觉受到这些不同的威胁。

如果你的孩子因为"与众不同"而遭到排斥，要尝试使用"解决问题法"。查瑞丝是一个五年级的学生，被她的非裔美国同学排斥，原因就像她告诉妈妈的一样："我的皮肤太白了。"她常常哭着回到家说："我没有朋友。没有人和我玩。他们说我丑。"她的老师和她的妈妈都努力帮助她，给了她一些可以说什么以及如何说的建议。这些都不管用——直到她和妈妈开始使用"解决问题法"。然后，查瑞丝想出了一个计划。她邀请了一些女孩到她家参加生日聚会。虽然只有几个同学来了，但她和来的几个同学一起玩了从妈妈那里学来的"相同和不同"这个游戏。"我和你们相同，因为我也读五年级，我必须学习数学之类的东西，而且我和你们住在同一个社区。"然后，她接着说，"我和你们不同，因为我的皮肤很白。当你们不和我玩的时候，我真的感到很伤心。"其中一个孩子被这句话感动了，她告诉其余每一个孩子都要做查瑞丝的朋友。现在有人和查瑞丝玩了，她有很多朋友。这一切都是因为她能够自己想出该做什么以及如何做。

那些生活在自己的感受被关心、想法受尊重的家庭里的孩子，长大后能为应对这个不可预测的世界里的挑战做好更充分的准备吗？那些能够共情的孩子，长大后会不想伤害自己或他人吗？那两个在科罗拉多州利特尔顿市科伦拜高中杀害了很多同学和老师的男孩，如果被教过不要心怀仇恨，他还会那样做吗？要是他们能想出别的办法该有多好；要是他们拒绝以暴力作为解决问题的手段该有多好；要是他们学校里的成年人对这两个男孩受到了怎样的排斥和嘲笑保持敏感该有多好。提高这所学校里的每一个人的共情能力并教给他们解决问题的技能，会阻止这种情况发生吗？

想象一下，如果我们有更多在很小的时候就学会不要心怀仇恨的诺亚、吉娜和丹，如果我们有更多学会了如何化解仇恨的查瑞丝，我们会拥有一个怎样的世界。这个国家难道不就会成为一个更具同情心和更加人道的地方吗？

几年前，当罗德尼·金①在被警察误认为正在犯罪而遭到无情殴打之后，他问了一个尖锐的问题："难道我们就不能好好相处吗？"在一个种族主义仍然是长期而且普遍存在的问题的社会里，在一个现在充满暴力和恐怖的世界里，我们必须教给我们的孩子不要心怀仇恨。

---

① 罗德尼·金（Rodney Glen King, 1965~2012），非裔美国人，1991 年 3 月 3 日，因超速驾驶被洛杉矶警方追逐，被截停后拒捕袭警，被警方用警棍暴力制服。1992 年，法院判决逮捕他的四位白人警察无罪，从而引发了 1992 年洛杉矶暴动。——译者注

第*3*部分

在家里培养孩子与人相处的能力

那些更多地思考孩子所作所为的父母，也会更多地思考他们
自己的所作所为。

　　孩子学习如何与他人相处的第一个地方是在家里。但是，在
这个快节奏的时代，更多的妈妈在工作。一个孩子可能因为练习
踢足球，直到晚上 7 点才回家，远远超过了 4 岁孩子可以等待吃
晚饭的时间。而且，爸爸有时能及时回家吃晚饭，有时不能。在
所有这些混乱中，有人提出了一个问题，这个问题在爸爸妈妈看
来是那么微不足道，以至于他们想忽略它——但对孩子们来说，
这个问题非常重要。

　　在第 2 部分，我讨论了如何将一些典型的行为问题扼杀在萌
芽状态，以防止以后出现更严重和持久的问题。第 3 部分着重介
绍家人之间如何加强亲情联结，建立信任，并共同努力帮助孩子
们发展优势和自信，以迎接他们一生中将要面临的挑战。我还会
让你看到，你们家如何才能为你的孩子提供一个安全的避风港，
来帮助他们处理家庭里的冲突，学习他们可以随身携带并在任何
地方——比如学校——运用的技能。

　　家里的有些冲突是存在于父母之间的——例如，当他们在如
何养育孩子的问题上意见不一致时；另一些可能是由父母造成的，
比如当他们不遵守自己的承诺时；还有一些冲突是那些有兄弟姐

妹的孩子所面临的，主要是同胞竞争问题。

同胞竞争有很多方面。心理学家琳·卡茨（Lynn Katz）和她的同事研究了同胞关系如何为孩子们提供解决冲突的独特机会。一个孩子，通常是年纪较大的那个，拥有更多的权力，所以兄弟姐妹之间会经常发生冲突。四年级和五年级的孩子报告说平均每天与兄弟姐妹发生4.7次争吵，每次平均持续八分钟，争吵结束后，不良情绪会持续大约六分钟。[①]

重要的是，同胞竞争可以是相当有建设性的。孩子们能够学会协商、妥协、轮流，并学会考虑和协调彼此的观点。他们可以了解人们对事物有不同的看法和感受。希尔迪·罗斯（Hildy Ross）和迈克尔·罗斯 (Michael Ross) 以及他们的同事补充说，当通过解决问题的方法——包括妥协、说理和计划——达成双方都同意的解决方案时，4~12 岁的兄弟姐妹之间的冲突是有建设性的。[②] 正如丹娜·佩特格罗夫 (Dana Pettygrove) 和她的团队所发现的，这是真的，尤其是当兄弟姐妹能够在情绪沮丧和富有挑战的情形中控制自己的情绪并抑制不恰当的反应时。[③] 而且，正如霍莉·雷奇亚（Holly Recchia）和尼娜·豪 (Nina Howe) 补充的，冲突会增强孩子理解他人观点的能力，以及对他人观点予以肯定的能力——但这主要发生在那些积极地对待彼此的兄弟姐妹之间。[④]

---

① Katz, L.F., Kramer, L., & Gottman, J. (1992). Conflict and emotions in marital, sibling, and peer relationships. In C.U. Shantz & W.W. Hartup (Eds.), *Conflict in child and adolescent development* (pp. 122‐149). New York: Cambridge University Press.——作者注

② Ross, H., Ross, M., Stein N., & Trabasso, T. (2006). How siblings resolve their conflicts: The importance of first offers, planning, and limited opposition. *Child Development*, 77, 1730‐1745.——作者注

③ Pettygrove, D.M., Zvara, B.J., Mills‐Koonce, W.R., & Cox, M.J. (2015). *The associations between children's inhibitory control, sibling conflict, and prosocial skills in middle childhood.* Paper presented at the annual meetings of the Society for Research in Child Development, Philadelphia.——作者注

④ Recchia, H.E., & Howe, N. (2009). Associations between social understanding,

与同龄人关系不同的是，成为兄弟姐妹并不是自愿的，也没有机会终止这种关系——至少现在不能。这种关系的稳定性可以让孩子们自由地探索自己的愿望和需要，以及如何满足他人的愿望和需要。

然而，威斯康辛大学的黛博拉·范戴尔和马克·贝利(Mark Bailey)警告说，并非所有的同胞冲突都是建设性的。有些冲突可能会超越最初引发冲突的问题而继续下去，并且不太可能通过双方都能接受的协商方式得到解决。[1]虽然建设性的冲突会增进对彼此观点的理解，并提高解决问题的能力，但破坏性的冲突不能——而且这些冲突可能会在以后的生活中导致敌对、疏远的同胞关系。正如罗斯夫妇和他们的团队所发现的那样，未解决的同胞冲突会导致一些行为问题，比如攻击行为、糟糕的同龄人关系以及在学校会遇到更大的困难。

完全没有冲突就是健康的吗？范戴尔和贝利报告说，只有大约10%的受调查儿童与他们的兄弟姐妹完全没有冲突。这个群体中的兄弟姐妹，虽然极力地保护彼此，并且聆听彼此的想法和感受，却不太关心他人——无论是同龄人还是成年人——的愿望和需要，最终会没有朋友。那么，建设性冲突怎么样？乔治亚·威特金（Georgia Witkin）在她的《儿童压力》(KidStress)一书中写道，那些存在建设性冲突的兄弟姐妹很感激"有一个有时能理解我有什么感受的人在身边"，一个会"密切注意你并支持你"，并且"永远是你的好朋友"的人。[2]

父母怎么会对同胞冲突是建设性还是破坏性产生影响呢？那

sibling relationship quality, and siblings' conflict strategies and outcomes. *Child Development*, 80, 1564‐1578.——作者注

[1] Vandell, D.W., &. Bailey, M.D. (1992). Conflicts between siblings. In C.U. Shantz & W.W. Hartup (Eds.), *Conflict in child and adolescent development* (pp. 242‐269). New York: Cambridge University Press.——作者注

[2] Witkin, G. (1999). KidStress: What it is, how it feels, how to help. New York: Viking.——作者注

些经常吵架的父母会影响家庭的整体情感氛围，而这种额外的压力会影响兄弟姐妹之间的关系。那些主要使用惩罚性管教方法的父母更经常与孩子发生冲突，这增加了兄弟姐妹之间冲突发生的频率和激烈程度。那些过快干预的父母可能会剥夺孩子们学习如何解决与他人之间的问题的机会，无论是现在还是以后。重要的是，罗斯夫妇和他们的同事发现，三分之二的年龄在 4~12 岁之间的兄弟姐妹，如果给他们机会，都能够用满足双方需要的解决方案来解决他们之间的冲突。正如雷奇亚和豪指出的那样，尽管年长的同胞在冲突中通常有更多的权力，但是，那些能理解冲突双方的观点并且有能力表达出自己情感和目标的 4 岁那么小的孩子，更有可能成功地将问题解决到让自己满意的程度，而不只是屈服于他们的哥哥姐姐。

茱莉亚·史密斯（Julia Smith）和希尔迪·罗斯为一些 4~10 岁孩子的父母培训了调解孩子争端的技巧：让孩子们确定发生了什么、确定争论的焦点、讨论他们的目标和感受，并且用头脑风暴想出解决争端的办法。[1] 与父母不使用调节技巧的孩子相比，那些父母受过培训的孩子使用了更有建设性的协商策略，更经常妥协，也更能理解兄弟姐妹的观点。

由于相信孩子们应该自己解决冲突，或者有时是为了避免被视为偏袒某个孩子，父母们有时候会选择不介入同胞竞争。但是，科琳娜·塔克（Corinna Tucker）和凯瑞·卡祖瓦（Kerry Kazura）发现，父母完全不干预通常会导致更多的冲突，同胞之间的温情更少，敌对更多。[2] 总之，选择不干涉会适得其反。

在本部分中，我将让你看到"我能解决问题"法是如何让父

① Smith, J., & Ross, H. (2007). Training parents to mediate sibling disputes affects children's negotiation and conflict understanding. *Child Development*, 78, 790 - 805.——作者注

② Tucker, C.J., & Kazura, K. (2013). Parental responses to school-aged children's sibling conflict. *Journal of Child and Family Studies*, 22, 737 - 745.——作者注

母帮助他们的孩子，让他们早在学龄前的时候就形成成功解决问题所需要的技能的一些例子。

首先，我会让你看到，父母们如何才能解决家庭问题：通过在这个快节奏的时代为彼此留出时间，通过信守承诺来建立信任，通过解决夫妻之间关于如何养育孩子的分歧，在最大程度上降低你的孩子用父母中的一方反对另一方的可能性。然后，我将让你看到如何尽可能不让正常、健康的兄弟姐妹竞争问题升级为破坏性冲突。

最后，我将说明如何把在家庭这个安全的港湾学会的技能运用到家庭之外不可避免地出现的与同龄人的冲突中。这种能力极其重要：我自己的研究表明，出色的解决问题技能有助于孩子交到好朋友。正如研究人员杰弗里·帕克(Jeffrey Parker)和史蒂文·阿舍 (Steven Asher) 所报告的那样，拥有好朋友是日后人生获得成功的一个很有效的预测指标。[1]

---

① Parker, J.G., & Asher, S.R. (1987). Peer relations and later personal adjustment: Are low-accepted children at risk? *Psychological Bulletin*, 102, 357 - 389.——作者注

第 *13* 章

家庭纽带

创造高品质家庭时间

如果你的家庭和大多数美国家庭一样，你可能需要一面墙那么大的日历来记录每个人每天的活动。星期一，孩子们有曲棍球训练和校园剧排练；星期二，妈妈加班；星期三，爸爸和他的销售小组开会。这意味着晚餐变成了一件"抓到什么吃什么"的事。而至于周末，他们会被各种杂务缠身，以至于整个星期都完全没有家庭时间。事实上，有时候看起来就好像只有睡觉的时候你们才全都在家。

你知道你需要抽出一些时间来聊天，单纯地待在一起，一起吃一顿饭，甚至一起看一个喜欢的电视节目。但怎么才能做到呢？

这里有一些建议。

首先，要调整你的期望。你可能无法安排一周五次甚至三次家庭聚餐，所以只要一周安排一两次就好，至少一开始可以这样。但要充分利用这些时间。要关掉电视，并且鼓励每个人谈谈自己当时的想法。

这似乎是显而易见的，但我的一个朋友告诉我，当她还是个孩子的时候，她的父亲坚持在吃晚餐的时候看新闻，因为"那是他唯一能得到世界上正在发生的事情的消息的时间"。即使到了今天，尽管人们可以选择将晚餐时间的节目录下来，晚些时候再看，但许多人仍然选择边吃边看。而且，如果父母不看新闻，电视也会为孩子们开着。我和两个父母出远门的十一二岁的孩子在一起相处了一周，在吃晚饭的时候，我无法和他们交谈，因为他们必须看"他们的节目"。

你们如何才能充分利用在一起的时间呢？有些家庭晚饭后会去散步。要让它成为一种仪式——每次你们一起吃完晚饭，都要一起出去散步。或者，留出周六或周日早上的时间去放风筝。计划一次野餐。去参观博物馆。或者，只是一起去商店买冰激凌。

家庭时间里并不总是需要事先安排或包括精心设计的活动。可以在孩子做家务的时候和他聊天。问问他在洗碗、打扫房间或帮忙叠衣服的时候有什么感受。这样，做家务就达到了双重目的：你在鼓励沟通，而他会感觉家务活不那么繁重。

可以利用你们乘坐汽车、公共汽车或火车去参加各种活动的时间。孩子们在旅行时往往会敞开心扉——这可能是因为摆脱了家庭生活的烦恼，给了他们伸展和放松的时间，或者汽车的平稳运动让他们有了倾诉的欲望。不管怎样，许多父母发现这是一个坦诚地交谈的好时间。

另一种充分利用有限时间的方法是，当你和孩子在一起时，不要太专注于你自己的想法。尽管克劳迪娅在下班之后马上去接上完钢琴课的女儿丽安的时候，脑子里仍然有很多事情，但她仍然倾听了丽安告诉她这一天都学了什么，下周有什么曲子要练习，钢琴老师那天穿了什么衣服。克劳迪娅和女儿谈到了自己小时候上钢琴课时的感受。当她们回到家时，丽安迫不及待地跑到钢琴旁，向妈妈展示自己学到的东西。就好像她们的谈话是钢琴课的延续一样，这都是因为克劳迪娅把自己对工作的牵挂放到了一边。

同样，你的孩子可能想跟你谈谈让他感到不安的事情。或许他没有被选入足球队，或许他和朋友吵架了。如果你的时间真的有限，要特别注意和他谈谈这些事情——至少你可以建议一个你们在一起的时间，比如当他摆放晚餐餐具时。通过分享你自己在孩提时遇到的挫折和失望，你或许也能帮助他度过这些艰难时刻。当你现在抽出时间与你的孩子谈对他重要的事情，将来他也会想和你谈对他重要的事情。

每天挤出一点时间，你们一家人就会发现相互之间充满了情谊和信任。无论多么短暂，在一起的时间都是宝贵而重要的。重要的不是你们一起做什么，而是你们在一起。

将家庭时间纳入工作计划

有些父母白天工作，晚上能早早地回家陪孩子。另一些父母的工作时间使他们难以像自己希望的那样看到自己的孩子。

例如，弗雷德是一座高层公寓的接待员，工作时间是下午3点到晚上11点，轮班制。他很难有时间陪伴两个10岁左右的女儿，以至于她们喜欢叫他"爸爸叔叔"。当她们放学回家的时候，他正在上班。他不能和她们一起吃晚饭，也不能参与她们的活动或辅导她们的家庭作业。两个女孩周末也见不到弗雷德，因为她们有她们这个年龄的孩子要做的事情，比如看电影和逛商场。

虽然弗雷德不想干涉女儿的周末活动，但他感觉自己被排除在了她们的生活之外。他的妻子贝蒂感觉自己像个单亲妈妈，而两个女儿则觉得自己好像没有爸爸。然而，弗雷德不得不按他抽到的班次轮班。在这种情况下，一个家庭能做些什么呢？

首先，要利用周六和周日上午大家离家之前的时间。为你的孩子做早餐。和他们谈谈他们这周都做了什么，以及下一周的计划。跟他们谈谈你的工作和你遇到的人。孩子们喜欢听父母工作中的事情以及家庭之外的生活。对他们来说，想象你过着一种不同于作为他们的爸爸或妈妈的生活是一件很吸引人的事情。可以谈谈你和同事之间发生的一件事，或者你解决的一场纷争，或者你帮助解决的一个问题。

弗雷德就是这么做的。他给我讲了一个他给孩子们讲过的故事，是关于一个女人试图把一只很小的狗偷偷带进大楼的——她把狗放在自己的包里，她觉得有必要这么做，因为这栋楼不允许动物进入。他告诉他的孩子们，尽管他感到非常糟糕，但他不得不护送那个女人离开大楼。当我问他怎么知道她有一只狗时，他笑着说："因为那个包在叫。"他向孩子们解释说，那个女人非常生气，并辩称那只狗很小，不会伤害任何人。弗雷德利用这个机会问他的孩子们，她们认为她们的父亲为什么必须这么做。

他9岁的女儿回答说："因为如果不允许狗进入是一个规定，你会被解雇。"他11岁的女儿补充说："它可能会咬人，你要为此负责。"这个想法让9岁的女儿有了一个新想法："如果有人对狗过敏，并且在电梯里打喷嚏怎么办？电梯里的每个人都会生病。"

弗雷德还分享了他如何帮助别人的故事。一个人刚搬来，谁也不认识。当弗雷德发现这个新来的人是个音乐家时，他告诉这个人五楼有个班卓琴演奏者，并说他会设法介绍他们认识。这个新搬来的人很重视这个有可能建立的联系，而弗雷德对此感觉很好。这个故事让他11岁的女儿谈起了她是如何带一个新来的女孩参观学校，以及她们是如何成为好朋友的。

如果你敞开心扉和孩子谈论你在工作中的经历，你的孩子就会敞开心扉讲述他们在学校、家里或者任何地方的经历。

即使你们不能见面，你也可以和你的孩子交流。让他们给你留便条，你也给他们留便条。可以买一些便利贴，将其贴在冰箱或其他商定的地方，比如枕头上或浴室镜子上。要用同样的方式回复你的孩子留的便条。

例如，哈里是一名经常上夜班的警察。他11岁的女儿蕾妮恳求买一件新皮衣，哈里拒绝了。他觉得她还太小，不能好好爱护皮衣，而且担心她会把它忘在电影院，就像她以前对其他外套一样。但是，由于他的日程安排，他总是感觉太匆忙，没有时间和她谈这件事。

就在这时，蕾妮有了一个新主意。她在马桶座的盖子下面贴了一张自己从报纸上剪下来的皮大衣的图片。

当哈里掀开马桶盖时，不由得一怔。一开始，他对女儿这么讨厌感到恼火——难道她就不能让他在浴室里一个人待会儿吗？但是，当他承认她的奇思妙想和机智之后，他的愤怒渐渐消失，变成了骄傲。"我该如何回应呢？"他想。当他离开浴室时，他想出了四种选择。他可以完全不理会它，给蕾妮一种没有希望的感觉，这样她就会放弃，不再纠缠他；他可以假装生气，并让她知道她不能通过这种"不正当"的方式得到她想要的；他可以简单地让步；或者他可以抽出时间来和她讨论这件事。

哈里选择了第四种办法。意识到这件皮衣对蕾妮的意义有多么重大之后，他建议找个特别的时间谈谈这件事。她一开始就承诺会好好珍惜。"我怎么才能知道呢？"爸爸问，"你还记得你忘在电影院的那件外套吗？"蕾妮回答说，她会让爸爸看到她现在更成熟了，能够爱护好贵重的东西。爸爸仍然没有被完全说服，他说："让我们看看接下来三个月的情况吧。如果你能信守诺言，我们会再谈一次。"

哈里不仅避免了一场权力之争，还帮助女儿理解了为什么她现在不能得到想要的那件皮衣。而蕾妮能够更好地对待挫折了，因为她想出了自己的方式向爸爸证明自己的成熟。一张放在恰当之处的图片促成了一次可能不会发生的对话。

　　你也可以在周末的一个晚上确立一个家庭仪式，也许是星期天孩子们从各自的活动回来后。可以看一个录像，并鼓励你的孩子邀请他们的朋友来。他们会很喜欢——而且，这是见见他们的朋友并且了解他们的世界的一个很好的方式。

　　要在节假日和暑假一起做一些特别的事情。你不需要计划去异国旅行，比如加勒比海或撒哈拉沙漠。一起在海边、高山湖泊或主题公园里度过一段时间，就会让你的孩子拥有他们珍惜一生的回忆，并且让他们在一起度过的那些重要时光里有很多的谈资。

　　一起度过一些分享想法和感受的重要时刻，给彼此留便条，在节日或假期一起计划一些特别的活动，是时间有限而日程繁忙的家庭为帮助建立一种连接感而想出来的方法。也许对所有家庭来说这些都是好主意。

家庭之夜

　　你们全家人终于有时间共度一个晚上了，每个人都很兴奋——你们要去最喜欢的一家本地餐馆吃汉堡，然后去看一部大家都想看的电影。结果，你6岁的孩子突然在门口停了下来。"我不想去了！"他哭着说。

　　这时，要找一个临时保姆已经来不及，而你又不能把他一个人留在家里。但是，你也不想让他一直哼唧。你能怎么办？

　　你可以努力说服他，告诉他他会多么喜欢这部电影。但是，他拒绝被说服。

　　你可以说："可是我们都同意了！而且每个人都那么兴奋。"但是，他对此不予理会；他不在乎别人有什么感受。

　　这时，你可能感到自己快要发怒了。你可以告诉他这么做有多么自私，把家里其他人的整个晚上都毁了。但他对此也不关心。

　　"你必须去。"你可能会接着说。这几乎肯定会让他更坚决地留在家里。

一旦问题达到这个程度，就没有好的解决办法了，但是，你可以采取一些措施，来减少它将来再次发生的可能性。下面是具体的做法。

在决定做什么之前，让每个孩子都说出自己的喜好，直到有人提出一个让所有人都满意的活动为止。如果没有，就对已经提出的想法进行投票。

如果你的家人真的找不出一件每个人都想做的事情，要认可反对者的感受，要告诉他可以选择你们在看电影前要去吃的餐厅，并承诺下次会把他的选择作为第一选择。如果有的孩子的主意在投票中未通过，这也没关系——只要这个孩子的主意不是每次在投票中都被否决，或者大多数时间里都被否决。孩子们必须学会面对失望，并且明白他们不能总是如愿。正如一位妈妈所说："我实在是不能总是满足每一个孩子。"但是，她已经学会了变通。如果她 12 岁的大孩子坚决不去看一部"婴儿电影"，她就会允许他选择去做别的事情，比如去一个朋友家里，如果时间对每个人来说都合适的话。

倾听持不同意见的孩子的需要，会教给他知道，你听到了而且在乎他的想法。如果这个孩子在不想去的时候不得不去，你就是在让他知道，你正设法在每个人都满意的前提下努力适应他，而且下次就会轮到他的提议。他可能很难等到下一次让他去选择家庭活动——很多孩子都是这样——但是，他会记得你有多么在乎他的感受。如果这个孩子那个晚上决定不参加家庭活动，你是在让他知道你也理解他的感受。对双方来说，这都是向学会关心他人的感受迈出的一小步。

"我答应过吗？"

娜奥米答应她的儿子，她会在下班回家的路上买些巧克力冰激凌当甜点。

莉迪亚告诉女儿别再哼唧了，她可以得到她想买的那个玩具娃娃，但要等到星期六才行。

玛戈特告诉儿子，她将去观看他本赛季的第一场少年棒球联赛。

所有这些妈妈都有良好的意图，但没有一个人能遵守诺言。娜奥米在办公室忙了一天，以至于忘了买冰激凌。莉迪亚从来没有真正打算周末带女儿去买玩具，她只是不知道如何对女儿说不，并且希望女儿停止哼唧。玛戈特不得不收拾行囊，在儿子比赛那天紧急出差。

几乎每一位父母都曾在这样或那样的时刻做出过自己无法兑现的承诺。偶尔违背承诺不会带来伤害。但是，当你一次又一次地违背诺言时，你的孩子可能会开始做出以下反应：

- 他可能会觉得没有人在乎他。
- 他可能开始相信，如果他不能马上得到自己想要的东西，就永远都得不到了。
- 他可能会失去对你的信任，开始相信你的话是空话，而且你说话不算数。
- 他甚至可能开始相信其他人也是如此。

不遵守诺言还有一个大问题：你可能无意中传递了一个没想传递的信息——承诺不一定要遵守。假设你让你的儿子去打扫他自己的房间，而他向你保证他明天会打扫。他会觉得即使他承诺过要做，也不必真做吗？

丹尼丝告诉我，从她的儿子2岁起，她就从来没有做过不能兑现的承诺。如果他要求去动物园，而她那天不能去，她会答应一旦她能去的时候就带他去。但是，她从不承诺具体的日子，因为"如果出现了什么事情，他会再次感到失望"。丹尼丝补充说："如果他想要某个我不想让他得到的东西，或者想做某件我不想让他做的事，我从来不会为了减轻他的哼唧而承诺说'以后'或是'下次'。当我确实承诺什么事情时，他知道他可以相信我会真的兑现诺言。"

这并不是说偶尔违背承诺将是毁灭性的，或会造成信任的缺失。10岁的凡妮莎的妈妈答应她，她的朋友们这个周末可以来家里过夜，但遗憾的是，妈妈那天被安排出差。妈妈向女儿解释说，那个周末她非常想让凡妮莎的朋友们过来，并解释了为什么她不能信守诺言。因为她的妈妈一直都遵守承诺，凡妮莎虽然对这次例外感到失望，但她明白妈妈没有忘记她，而且是真的需要出差。凡妮莎开始意识到妈妈也有需要。

这个世界并不完美，你的孩子也没有期待它是完美的。而且，他也不期待你是完美的。但是，如果你能遵守诺言，至少在大多数时候遵守，你的孩子也会遵守他的诺言。

有时候，我们就是纯粹忘记了。但是，为了最大限度降低偶尔发生的遗忘，当你向孩子做出承诺时，要格外注意。而且，不要为未来做出承诺，如果你不打算做到的话。如果你真的想说"不"，那就说"不"——不要说"以后"或"下次"。而且，如果你因为出差或其他原因不能兑现承诺，要向孩子解释发生了什么以及为什么，并想办法做出弥补。

当妈妈说可以，爸爸说不可以的时候

10岁的玛丽知道爸爸非常不赞成在她的房间里放一台电脑。她试图说服爸爸应该重新考虑他的立场，声称："妈妈说我可以。"

12岁的杜安说："妈妈，约翰他们想让我今天和他们一起去购物中心。"他知道妈妈不想让他在没有大人监督的情况下去商场，于是很快补充说："爸爸已经说了我可以去。"

不管你的婚姻多么美满，或者你的观点与配偶的观点多么一致，你们在一些事情上会不可避免地产生分歧。而当涉及养育孩子时，会在很多方面存在争议：吃什么，什么时候睡觉，什么类型的电子游戏和电影是可以接受的，他们的年龄是否已经大到可以在朋友家过夜或者可以拥有自己的手机。当妈妈说"可以"而爸爸说"不可以"时，你能做什么？在有些家庭里，父母中的一方拥有最后的决定权。这样做可以"避免紧张"，正如一位爸爸告诉我的那样。但是，这种策略并不完美，正如另一位爸爸所承认的："有时我让妻子做决定，结果只会感到后悔。比如，在看到儿子一次看两三个小时电视后，我觉得我必须介入。'可是妈妈让我看。'他哭着说。这就是我和妻子最终为此争吵的时候。"

下面是处理不同观点的另外一些方法：

· 提前和你的配偶讨论在涉及孩子的事情上什么是你可以接受的。如果你对一件事持强硬态度，那么你可能不得不在另一件事情上让步。例如，如果你坚持认为你的孩子不应该吃快餐，你可能不得不重新考虑你不在家里储备任何糖果或他喜欢的零食的做法。

· 如果你们没有机会事先协商，或者你的孩子问了你从未考虑过的立场问题，你可以平静地说："我得先跟你爸爸谈谈这件事。"这会让你们有时间一起讨论这个问题，并就如何处理达成一致。

· 如果可能的话，要尽量让你的孩子参与进来，帮助你想出一个折衷的解决方案。这样，每个人都会感到满意。例如，玛丽和她的父母讨论了电脑的情况。她答应如果她的房间里有一台电脑，她会先做家庭作业，并且只用电脑和她的朋友聊天，而且只在她有空的时候聊。加上父母的安全措施，妈妈和爸爸对让女儿在自己房间里拥有一台电脑感到轻松多了。随着时间的推移，他们看到了玛丽是多么尽责地遵守先做家庭作业的承诺。

你可能认定在你孩子的房间里有一台电脑仍然是不可接受

的。但是，作为一种妥协，你可以让他参与做出把电脑放在什么地方以及如何使用的决定。

杜安的父母让他参与做出是否可以去购物中心的决定。他告诉妈妈："如果我不能和那些朋友一起去，他们会认为我是个书呆子。"他的妈妈既惊讶又慌乱——她没有意识到这是他对这件事这么坚持的原因。

然而，她决心坚持自己的立场。"杜安，你太小了，我不想再讨论这件事了！"

值得赞扬的是，杜安想出了另一个主意。"你们可以去购物中心，"他告诉父母，"你们可以看着我们，但别让人看出来你们在那里。"妈妈和爸爸可以接受这个解决方案——杜安感到很自豪，而不是愤怒和沮丧。

另一个解决办法是问你的孩子一些问题，来判断他是否准备好了独自一人去购物中心。"如果你和朋友走散了，你会怎么办？"你可以问，"如果有陌生人向你求助怎么办？"要听听孩子的回答，以决定你是否能够信任他的判断力。

当你发现自己处于父母一方说"可以"而另一方说"不可以"的情形时，要考虑协商和妥协——而且要问一些问题，来帮助你确定孩子是否已经做好准备。当你们作为一个家庭进行创造性的思考时，想出解决方案可能比一开始看起来的更容易。

第 *14* 章

同胞竞争

解决"无关紧要"的问题

孩子们似乎已经很好地掌握了在无关紧要的事情上生气的技能：谁先在操场上滑滑梯，谁睡上铺，谁得到最大的一块馅饼，谁得到红色的糖果。这常常会让他们的父母抓狂。

下面是一个听起来可能很熟悉的场景：现在是周六下午，爸爸开车带着他9岁和11岁的孩子去购物中心。听听他们的对话。

海莉：你总是坐在前面。该轮到我坐在那儿了。

乔治：不，不是！你上次坐在前面了。

海莉：没有，我没坐在前面。我记得上次我们去游泳时是你坐在那儿的。

爸爸：行了，孩子们。谁坐在前面有这么重要吗？

这对爸爸来说不重要，但对海莉和乔治来说却很重要。事实上，这件事太重要了，以至于海莉都快哭了，而乔治也正声嘶力竭地喊着。而且，这种"争论"将继续升级。在爸爸看来，海莉的记忆力很好。她记得弟弟哪天坐在了前排座位上，那是长途旅行还是短途旅行，以及他们去了哪里。因为知道她记性很好，爸爸相信她说的可能是事实。这时，爸爸被彻底激怒了，他觉得他需要一张计分卡：谁在什么时候坐在了哪里。

无论像这样的争论在成年人看来是多么"无关紧要"，但对孩子们来说这就是整个世界。他们是在为领地、影响力和权力而争论。这都是非常严肃的。

爸爸不知道该怎么办。他只是希望他们能安静下来。也许，他现在应该让一个孩子坐在前面，让另一个孩子在回家的路上坐在前面。但是，这是在替他们解决问题，而且他知道他们可能永远不会同意这样做。

下面是爸爸如何学着用"我能解决问题"法帮助孩子们的。首先，他认可了坐在前排对每个孩子的重要性。

爸爸：我知道坐在前面对你们俩都很重要。海莉，当你认为乔治在这件事情上做得**不公平**的时候，你有什么感受？

海莉：**生气**。

爸爸：乔治，你现在有什么感受？

乔治：**生气**。

爸爸：你们俩能想出一个让彼此都不生气的解决办法吗？

海莉：我连续两次坐在后排了，下次你也连续两次坐在后排。这才**公平**。

两个孩子都认定这是一个很好的解决方案。了解彼此的感受是解决问题的重要的第一步。

但是，教训往往要学不止一次。去年万圣节，海莉和乔治出去玩"不给糖就捣蛋"的游戏，他们带回来差不多三大袋糖果。当然，他们想把所有的糖都吃掉。妈妈和爸爸同意他们每人可以从自己的袋子里挑出 20 块糖果——把剩下的扔掉。他们还限制孩子们每天吃一块糖。两个孩子对此都没有异议，因为正如海莉承认的那样："我们就不会肚子疼了。"乔治拿出了他的20块糖，海莉也拿出了自己的。然后，她说："乔治拿出的糖果更大，所以我要再挑五块。"爸爸妈妈强忍着不笑出声来，同意海莉可以换五块糖果，而不是多拿五块。

你可能会像我一样想知道，既然父母不想让孩子们吃完所有的糖果，为什么不限制孩子们可以收集的糖果数量呢？扔掉一袋袋剩余的糖果似乎是一种可怕的浪费。当我问海莉和乔治的爸爸这个问题时，他说："好玩的是'不给糖就捣蛋'这个游戏。就好像得到糖果是享受盛装打扮、和朋友去不同的人家玩的借口一样。如果我们限制孩子们能收集的糖果的数量，他们可能只能去一户人家，最多只能去两户。"

另一个家庭用一种非常有创意的方式来处理剩余糖果的问题：他们采用"糖果称重"的方法。每袋糖果都要称重，然后，每个孩子根据自己袋子的重量获得当地剧院的礼券。这样，孩子们就会将注意力放到电影上而不是糖果上。然而，我咨询过的另一位母亲告诉我，她就是让孩子们想吃多少糖果就吃多少糖果——仅限这一天。"结果并没有吃那么多，"她说，"他们总是眼睛大肚子小。"

无论你怎么做，总是会有太多的糖果。如果你不把这件事小题大做，并且让你的孩子来帮助你决定解决这个问题的最佳方法，每个人都会很快乐。

然而，对于乔治和海莉来说，他们在"无关紧要"的问题上的冲突并不仅限于万圣节糖果和坐前排座位。当轮到乔治去遛狗但他没有去时，即使理由是正当的（他不在家），海莉会去遛狗，但她要求"补助"。"他必须连续遛两次，"她坚定地说。"海莉就像个牛头犬律师，"她爸爸对我说，"她会极力主张自己的利益。"

乔治已经找到了一些富有创意的方法来对抗海莉的坚定。当他无法通过正面对抗获得胜利时，他会寻找其他方法来得到自己想要的。一天下午，乔治和海莉同时想玩一个电子游戏。乔治一直等到她分心的那一刻，然后稳稳地坐在了椅子上，拒绝让步。

但是，因为爸爸和妈妈知道如何用"我能解决问题"法和孩子交谈，他们问两个孩子什么是"**公平**"。海莉用她独特的方式画了一张关于谁能够坐在这张椅子上、能坐多久的图表。当乔治同意他们的"合同"时，问题就解决了。

孩子们如何解决他们的问题并不重要。如果双方都同意他们自己选择的解决方案，并理解对方有什么感受，他们就已经学会了与他人和谐相处的重要步骤。有什么地方比从家里开始更合适的呢？

"她的玩具比我的多！"

你辛辛苦苦地工作了一天回到家里，期待着孩子们给你一个大大的拥抱，并且热切期待着一顿丰盛的家庭晚餐。但是，你刚打开门，他们就跑过来迎接你——不是用拥抱，而是用连珠炮似的抱怨："她的蜡笔比我的多！"你的小儿子大声数落道。

"是啊，但他总是把自己的弄坏，然后拿走我的！"你的大女儿说。你还没有机会脱下外套，就陷入了一场大声争吵中。

许多父母发现同胞之间的争吵让人难以忍受。他们讨厌听到自己的孩子们没完没了而且毫无意义的争吵，他们根本就不喜欢听到孩子们争吵。在每一位父母的幻想中，兄弟姐妹们应该彼此关爱，相互欣赏，和谐相处。但是，尽管他们彼此相爱，但大多数兄弟姐妹仍然能找到时间和理由争吵，尤其是当涉及谁拥有的更多的时候：

"他的玩具比我的多！"
"他在外面留宿的次数比我的多！"

"她的同伴聚会次数比我的多！"

当你的孩子发出这样的抱怨时，你可能很想采用说理的方法。你或许会解释每个人的数量是如何大致相等的。你或许会建议他多玩自己已经有的玩具。你甚至可能会变得非常恼怒，以至于你会说诸如"如果你不停止抱怨，你就什么玩具都没有了！"这样的话。当出现玩伴聚会和在外留宿的问题时，你或许会努力安慰孩子，提醒他也有过在外留宿和同伴聚会，甚至试图和他讨论他上一次的经历。

但是，像这样的话语和说理，对于一个正对兄弟姐妹感到嫉妒或生气的孩子来说，没有任何意义。

解决涉及此类问题的同胞竞争的最好方法，是帮助孩子们转移关注的焦点，以便他们不仅考虑他们的兄弟姐妹，还要考虑他们自己。你可以通过问孩子下面这一系列问题来做到这一点：

"你有哪些让你真正感到快乐的东西？"
"你真正喜欢做什么活动？"
"你拥有哪些哥哥（或姐姐）没有的东西？"
"你做过哪些哥哥（或姐姐）没做过的事情？"

前两个问题帮助孩子们关注他们自己——他们喜欢什么。这样，他们就会思考自己拥有什么以及生活中有哪些积极的事情，而不是他们没有或缺失的东西。

后两个问题帮助孩子们将自己和兄弟姐妹区分开。当一个4岁的小女孩被问到她有哪些哥哥没有的东西时，她说："我的洋娃娃。我爱我的洋娃娃。"一个8岁的男孩说："我有我最好的朋友艾迪，而我弟弟没有。"

像这样的问题会帮助孩子们认识到他们不必嫉妒自己的兄弟姐妹。他们能够学会感激自己所拥有的，而不是考虑他们所没有的。

不要责怪他人

艾米，9岁，在走进厨房吃晚饭时，脚指头撞到了椅子上。"哎哟！"她哀叫一声。看见哥哥站在附近，她转过身来面对着他。"是迈克的错！"她哭着说，"他把椅子挡在了我的路上！"

"我没有！"迈克说，"你什么事都怪我。"

他们的父母交换了一下眼神：这是真的——每次出了什么事，艾米总是怪别人。

即使是现在，艾米也不放过迈克。"就因为你说我不让你听我的新 CD。"她告诉他。

迈克的脸涨得通红。他又生气又沮丧，转身对爸爸说："她又这样！"

但是，他们的爸爸已经厌倦了被卷入这样的争斗。他已经听过太多次了。"别把我扯进来，"他说，"你们两个自己解决。"

他是对的，兄弟姐妹需要共同努力找到一个解决方案。而且他学会了一种新方法，可以帮助他们做到这一点。以下就是：

爸爸：艾米，你现在有什么感受？

艾米：我的脚趾疼，而且我很**生气**！

爸爸：（平静地）迈克，你可以对妹妹说什么，让她知道你没有移动椅子导致她受伤？

迈克：我知道你的脚趾疼，艾米。我也讨厌撞到脚指头。但是，说真的，椅子一直就在那里。你真的认为我挪了椅子挡你的路吗？

艾米：我猜不是。

艾米不高兴，而且她仍然很疼，但她不得不承认她的哥哥没有做任何伤害她的事；他真的没有移动那把椅子。使她得出这个结论的是迈克的共情。他告诉她，他知道她的脚趾疼，而且他过去也经历过同样的疼痛。只有在谈论了她有什么感受以及他对她的痛苦有什么感受之后，迈克才提到她在无理地责怪他的事实。而且，因为艾米感到迈克在关注她有什么感受，所以她能够暂时把自己的感受放到一边，承认他所说的是事实。

迈克也是如此。他能以一种更平静的方式和艾米交谈，因为他感觉得到了爸爸的支持。当爸爸问"你可以对妹妹说什么，让她知道你没有移动椅子导致她受伤"时，他是在含蓄地告诉迈克，他知道迈克没有打算伤害艾米。有了这种支持以及自己的感受得到的认可，迈克不那么生气了，并且以一种妹妹可以听得进去的方式和她交谈。

任何问题都可以归咎于任何人。安德莉亚，9 岁，丢失了她最喜欢的 CD，她告诉父母最后播放这张 CD 的是她 11 岁的哥哥——是他把它放在了什么地方，现在找不到了。妈妈和爸爸不知道是谁最后播放了这张 CD，但是，他们是这样和两个孩子交谈的。

妈妈： 安德莉亚的 CD 不见了。我想知道我们怎样才能找到它。

安德莉亚：是特雷尔最后用的，是他弄丢的。

特雷尔：我没有。我把它放回插槽里了。

安德莉亚：现在它没在那儿！

妈妈：仔细想想。它还可能在哪里呢？

特雷尔：我不知道。我把它放回原处了。

妈妈：安德莉亚，你找过插槽里吗？

安德莉亚：找过了。不在那里。

爸爸：我们再去看看。

全家人都去找那张 CD。果然，CD 不在特雷尔说的前面的那个插槽里。但是，当妈妈继续找的时候，她发现那张 CD 在后面的一个插槽里。安德莉亚不小心把其他的 CD 放在了前面，导致她最喜欢的 CD 移到了后面。妈妈是这样继续和他们谈的。

妈妈：当你还没弄清到底发生了什么事就责备特雷尔时，你认为他有什么感受？

安德莉亚：**生气**。

妈妈：你内心对这种事的真正感受是什么？

安德莉亚：**伤心**。

妈妈：现在知道特雷尔没有弄丢你的 CD，你有什么感受？

安德莉亚：**尴尬**。

妈妈：下次在没有弄清楚真正发生了什么之前，如果你认为是哥哥做了什么事，你会怎么办？

安德莉亚：如果是 CD 的话，我会先仔细找找。

这是一个重要的开始。安德莉亚下次想因为哥哥没做过的事而责备他时，可能会三思。

通常，那些把自己的问题归咎于他人的孩子，是因为他们渴望被关注，想让他们的兄弟姐妹陷入麻烦，或者相信他们的兄弟姐妹不够关心他们，没有考虑他们的感受。还有可能是那些责怪别人的孩子太骄傲了，不愿承认自己粗心或犯了一个错误，这或许是出于保护自己免受责备的需要。如果你能首先处理这些感受，并认可其感受——无论多么不合理——你可能会发现，就像艾米和安德莉亚一样，你的孩子将为谈论真正发生了什么做好准备，并为发生在他们身上的事情承担责任。

停止与规则和特权有关的同胞竞争

4 岁的琼抱怨说，她 10 岁的姐姐可以自己去外面遛狗，但她不得不和妈妈一起去。像大多数父母一样，琼的妈妈试图向她解释，等她长大了，她也可以独自遛狗，妈妈还说，不管有没有狗，她一个人出去都不安全。但是，她的妈妈本来也可以什么都不说。这种争论对于大多数年龄小的孩子来说毫无意义。如果有意义的话，他们可能会这样回答："我不在乎这个。我知道你爱她比爱我多。"

6岁的多蒂抱怨说，她的哥哥曼尼比她的零用钱多。她的妈妈努力解释说，曼尼今年11岁，他的零用钱更多是因为他年龄大，需要更多的东西——而且，除此之外，他还在星期六早上为一位邻居做家务来额外挣一些钱。妈妈还解释说，当曼尼在多蒂这个年龄时，他得到的零用钱和她现在的一样多。妈妈的解释她一个字都没听进去。"这不公平！"她坚持说，"他得到的总是比我多！"

不仅是年龄小的孩子理解这个概念有困难，有时候大一点的孩子也一样。一天下午，曼尼向父母要一些额外的钱。他们解释说，他已经拿到了零用钱，而且把挣来的钱也都花光了。"如果你想花更多的钱，"妈妈解释说，"你得学会存钱。"

"你从来没有对多蒂这么说过！"曼尼喊道，"她要什么你就给她什么。就因为她小。这不公平！"

什么是公平的问题总是在兄弟姐妹之间出现。尽管大多数父母都试图做到尽可能公平，但不公平经常出现。孩子们很难理解，公平并不意味着每件事都必须一样。

这对孩子们来说是一个很难理解的概念。你怎样才能帮助他们？

要让他们考虑为什么事情对他们的兄弟或姐妹会有不同。例如，你可以问你的年龄较小的孩子一些问题：

"你认为为什么你的姐姐能自己遛狗但你不能？"

"如果你自己出去遛狗，而狗开始从你的手中挣脱，可能会发生什么？"

"你对那种情况会有什么感受？"

"你认为妈妈和爸爸会有什么感受？"

你可以问你的年龄大一些的孩子这些问题：

"你认为为什么不能你要什么我们就给你什么？"
"你能做些什么让我们在你需要的时候感觉愿意帮助你？"

通过思考这些问题，琼终于明白了姐姐能比她更容易地控制住狗。她还思考了如果狗挣脱可能会发生什么。

当曼尼回答有关他想要什么的问题时，他意识到多蒂并没有得到她要的一切，而且，他需要学会为自己的零用钱和挣的钱承担起责任。他决定做一个预算，以便他的手上始终有一些钱。

帮助你的孩子理解他们能做什么、不能做什么和拥有什么——以及为什么同胞之间的规则可能不同——将帮助他们理解，如果他们得到了自己需要的东西，他们就不必太担心"公平"的问题。

同胞争吵：并不总是坏事

你有没有听到过："他在浴缸里不出来！""她带着我的首饰！""她不挂电话！"

有一次，我让一位妈妈把孩子们吵架的原因列一个清单。她开始说："谁走前面，谁得到了更多关注，是谁的地方，谁得到的更多……"但是，接着，她笑着说："他们不吵架的原因清单会更短。"如果这听起来像你们家，你并不孤单。通过审视兄弟姐妹之间的关系，劳拉·克莱默（Laura Kramer）报告说，2~4岁的孩子每小时争吵 7.65 次，3~9 岁的孩子争吵的次数也类似。[1]

我在本章谈到的冲突——还有在前面几章中谈到的那些（第

---

[1] Kramer, L. (2010). The essential ingredients of successful sibling relationships: An emerging framework for advancing theory and practice. *Child Development Perspectives*, 4, 80 - 86.——作者注

2 章中的"输掉游戏"，第 6 章中的"嫉妒"，第 8 章中的"占
有欲"）——促使我要问一个看上去令人惊讶的问题：这种类型
的冲突都不好吗？

除非你的孩子们在身体上或情感上严重伤害彼此，否则，兄
弟姐妹之间的冲突不仅是正常的，而且是健康的。

正如心理学家黛博拉·范戴尔和马克·贝利告诉我们的，同
胞竞争是无法改变的事实。虽然朋友之间的友谊可能会因为冲突
而终结或受到威胁，但同胞之间的争斗通常是安全的：你不会像
失去朋友一样失去一个兄弟姐妹。[①]

正如劳里·克莱默（Laurie Kramer）对相关研究进行综述后
发现的那样，正常的冲突给孩子们提供了一个了解彼此的愿望、
需要和想法的机会。他们能够学会反对、不同意和妥协的方式。
换句话说，通过这样的冲突，孩子们可以学会调节自己的情绪和
解决问题。

让我们以 10 岁的布拉德为例，他指责 8 岁的妹妹黛比在他
们玩电子游戏时通过作弊获胜。他们的妈妈利用这次冲突问了布
拉德一些问题：

"你现在有什么感受？"
"当你指责你妹妹作弊时，你认为她有什么感受？"
"你妹妹真的总是赢吗？"
"你能想想怎么对黛比说，她才不会生气或难过吗？"

通过回答这些问题，布拉德认识到有时候确实是他赢，而且
如果他继续指责他的妹妹作弊，她可能再也不想和他玩了。布拉
德还学会了思考自己的感受和妹妹的感受。

---

① Vandell, D.W., & Bailey, M.D. (1992). Conflicts between siblings. In C.U.
Shantz & W.W. Hartup (Eds.), *Conflict in child and adolescent development* (pp.
242‑269). New York: Cambridge University Press.——作者注

现在让我们来看看德文，每当他想和朋友们一起玩、做作业、整理集邮册的时候，以及在他看来每当他想要摆脱妹妹的时候，他的妹妹金姆总会"干扰"他。

妈妈和爸爸越解释说金姆爱他，想和他一起玩，德文就越不安。有一天，当金姆要求和他一起去购物中心时，德文尖叫道："妈妈，不要让金姆来烦我。我想和我自己的朋友在一起！她太小了，还是个女孩。如果她也跟着去，我的朋友们会认为我是个笨蛋！"

妈妈为金姆感到难过，她用"我能解决问题"法和孩子们进行了交谈。

妈妈：金姆，你是想和德文一起去购物中心，还是想让他和你一起玩？

金姆：我想让他和我一起玩。

妈妈：德文，你认为你那样对待金姆，她会有什么感受？

德文：伤心。

妈妈：金姆，你怎样才能找到德文可能也想做的事情？

金姆：德文，今晚我们能扮演牛仔吗？就一会儿。

德文：好的。但就玩一小会儿。

德文学会了如何将自己的需要与妹妹的需要结合起来，而金姆也学会了将自己的需要与哥哥的需要结合起来——这为以后的互惠和共情埋下了种子。而且，虽然金姆没有和哥哥以及他的朋友们去购物中心，但她确实学会了如何保持自信而不是咄咄逼人。

正如布雷特·劳尔森（Brett Laursen）和克里斯托弗·哈芬(Christopher Hafen) 所指出的那样，过多或强制性的冲突会造成破坏，而且会逐渐失控，导致情感、学业和行为方面的障碍。[1] 另

---

[1] Laursen, B., & Hafen, C.A. (2010). Future directions in the study of close relationships: Conflict is bad (except when it is not). *Social Development*, 19, 858‑872.——作者注

一方面，不要认为你需要帮助你的孩子完全避免冲突。除了会错过学习如何理解对方的观点、妥协和解决问题之外，劳尔森和哈芬补充说，"避免冲突的人一定会压抑自己的需要"，导致相互之间缺少亲密和支持。

让你的孩子在家庭这个安全的地方解决日常问题，能帮助他们练习所需的技能，解决在学校、社区以及任何其他地方产生的冲突。

第 *15* 章

同龄人

"妈妈，没有人喜欢我"

比利，4 岁，当他的朋友们玩电子游戏的时候，他冷眼旁观。雷吉娜，6 岁，当其他女孩在课间休息时间聚在一起玩的时候，她一个人孤零零地站着。安妮特，7 岁，从学校回到家时抱怨说："詹妮弗不和我玩！"

你的孩子有太多的时间独处，他希望自己能成为群体中的一员吗？他渴望和大家在一起吗？

温多尔·弗曼（Wyndol Furman）、菲利普·罗宾斯 (Fhilip Robbins) 和其他研究童年友谊的学者告诉我们，重要的不是一个孩子拥有的朋友的数量。即使一个孩子只有一两个好朋友，那就是帮助他对自己和他人感觉良好所需要的全部。但是，重要的是能够建立那样的友谊。那些被拒绝或忽视的孩子，最终可能会感到沮丧、愤怒和悲伤。[1]

---

[1] Furman, W., & Robbins, P. (1985). What's the point? Issues in the selection of treatment objectives. In B.H. Schneider, K.H. Rubin, & J.E. Ledingham (Eds.), *Children's peer relations: Issues in assessment and intervention* (pp. 41 – 54). New

有些孩子在第一次要求加入一个游戏或邀请别人到自己家做客时就遭到了拒绝。有些孩子天性害羞，不知道如何接近别人。有些孩子不知道如何让其他孩子知道自己有兴趣加入。他们可能显得有些冷漠，甚至拒人于千里之外，而自己却没有意识到这一点。

格蕾丝，5 岁，注意到几个孩子在沙坑里玩，就跑了过去，热情地喊道："我也想玩。"孩子们正全神贯注地建沙堡，甚至没有注意到格蕾丝。孩子们的老师出于好心试图帮忙，问他们格蕾丝是否能玩。他们让她进入了沙坑，但没有关注她。

第二天，当女孩们玩办公室游戏时，格蕾丝想不出如何加入。这是因为前一天是老师替她思考的。所以，格蕾丝最终又独自坐在了一旁。妈妈问了格蕾丝几个问题，以帮助她下次能加入到自己想要加入的一个已经开始玩的群体中。

> 妈妈：当你看到女孩子们在玩办公室游戏时，你做了什么？
>
> 格蕾丝：我告诉她们我可以扮演秘书。
>
> 妈妈：那她们说了什么？
>
> 格蕾丝：我们已经有一个秘书了。
>
> 妈妈：你原本可以怎么做，来弄清楚情况？
>
> 格蕾丝：看她们玩一会儿，然后看她们缺少什么角色。
>
> 妈妈：思考得好。

但是，格蕾丝的妈妈也应该得到赞扬。研究人员肯尼斯·道奇（Kenneth Dodge）和他的同事们发现，那些不观察孩子们正在做什么就急于加入以及不等待合适时机加入的孩子，往往会被拒绝，并且不被允许加入。[1]格蕾丝的妈妈帮助她思考了为什么她

York: Springer-Verlag, 1985.——作者注

[1] Dodge, K., Schlundt, D.C., Schocken, I., & Delugach, J.D. (1983). Social competence and children's sociometric status: The role of peer group entry strategies. *Merrill-Palmer Quarterly*, 29, 309 - 336.——作者注

不受欢迎。

这里是另一位妈妈，她是这样和女儿安妮特谈论詹妮弗的——詹妮弗不愿意和安妮特一起玩。起初，安妮特的妈妈建议说："邀请她来我们家玩你的新电子游戏。"

第二天，安妮特回到家，再次叹息道："詹妮弗不和我玩。"

"那让她来家里骑你的新自行车。"妈妈说。

第二天，同样的事情发生了。"妈妈，"安妮特抱怨道，"詹妮弗还是不和我玩。"

最后，妈妈问："现在你能想出来怎么做吗？"

第二天，安妮特满面笑容地回到家。"妈妈，詹妮弗今天和我玩了。"

"你做了什么？"妈妈问。

"我**问**了她。"

现在是谁在思考？

对于年龄大一点的孩子，你可以尝试一种不同的方法。9岁的唐娜非常想交朋友，但她越主动，就越觉得自己不被接纳。唐娜的妈妈通过提出一些常见的建议来努力帮助她——但似乎都不管用。

有一天，她想出了一个富有创意的方法来帮助女儿学习解决问题。她对唐娜说："我敢打赌，你能够编一个与你同样年龄的女孩搬到了一个谁也不认识的社区的故事。一开始，她感到备受冷落。但几个星期后，她发现自己交了很多朋友。这是怎么发生的？"

唐娜被妈妈要求的事情迷住了。从来没有人让她编过这样一个故事！她编的故事是这样的："佩妮想交朋友，但不知道怎么交到朋友。一天，她了解到另一个女孩爱丽丝喜欢马。佩妮也喜欢马。佩妮问爱丽丝是否想一起去骑马，爱丽丝说好。但是，她们要去骑马的那天，爱丽丝病了，不得不待在家里。佩妮去看望她，给她带了家庭作业，以便爱丽丝不落下学校的功课。爱丽丝认为佩妮这样做很好，很喜欢她。她们成了好朋友，而且爱丽丝把佩妮介绍给了她的其他朋友，佩妮很快就有了很多朋友。"

故事编完后，唐娜笑了。她不仅喜欢编这个故事的挑战，而且还发现，思考一个"虚构"的孩子如何能够交到朋友，比思考自己的真实状况要容易。

唐娜用虚构的孩子练习了好几次。渐渐地，她开始注意到她的同学们喜欢做什么。当她听到其中的一个同学说自己喜欢直排轮溜冰时，唐娜说她也喜欢溜冰，并建议说也许她们可以找个周末一起去溜冰。唐娜在交朋友之路上迈出了很好的一步。

如果我们**问**孩子而不是告诉他们该做什么，他们就可以想出自己的方法来解决他们的问题——如果我们允许他们这么做的话。

帮助孩子意识到他人的喜好

罗杰和哈里斯都是 4 岁，两人在一起玩玩具车。罗杰想玩一会儿哈里斯的消防车，并提出用自己的遥控车作为交换。但是，哈里斯不想玩遥控车。罗杰很困惑，再次提出换车，但又被拒绝了。这时，他情绪很激动。这是他最喜欢的玩具。他无法相信哈里斯竟然不想玩。没用几秒钟，罗杰就眼泪汪汪了。

如果你此时进入房间，你可能不知道发生了什么，也不知道罗杰为什么那么生气。他只是不理解自己的喜好并不总是和别人的一致。他心爱的玩具被拒绝让他感觉很糟糕，而且他没有其他选择——他指望和哈里斯交换玩具，以便他能得到他想要的消防车。现在，他不知道该怎么办了。

这里有一个游戏，可以帮助 4 岁或 5 岁的孩子认识到不同的人会喜欢不同的东西。同样重要的是，它能帮助他们学会如何发现别人喜欢什么。

这个游戏叫作**"你喜欢吗"**。下面是罗杰的妈妈是怎样和她的儿子以及哈里斯玩这个游戏的。

妈妈：我们要玩一个游戏，叫作"你喜欢吗"。我要开始了。罗杰，你**喜欢**草莓**吗**？

罗杰：喜欢！

妈妈：哈里斯，你**喜欢**草莓**吗**？

哈里斯：（笑）不喜欢！

妈妈：你们两个喜欢的是**相同**的东西还是**不同**的东西？

罗杰和哈里斯：（一起大喊）**不同**！

妈妈：罗杰，现在你和哈里斯试试玩这个游戏。

罗杰：**你喜欢**比萨**吗**？

哈里斯：喜欢！

罗杰：你**喜欢**糖果**吗**？

哈里斯：喜欢！

罗杰：（得意忘形）你**喜欢**菠菜**吗**？

哈里斯：（咯咯笑）不。

然后，妈妈让哈里斯问罗杰一些"你喜欢吗"的问题。他们玩得太投入了，她只能让他们停下来。

然后，妈妈说："有时候人们喜欢**相同**的东西，有时候他们喜欢**不同**的东西。不同的人可以喜欢不同的东西吗？"

当哈里斯又一次不想玩罗杰的遥控车时，罗杰给他看自己收集的活动人偶，并问："你**喜欢**活动人偶**吗**？"

哈里斯笑了，并且开始玩那些人偶。罗杰模仿着警笛的声音，推着哈里斯的消防车在房间里到处跑。两个孩子对他们的交换都感到很开心。而且，罗杰在学会用他的一个玩具交换另一个玩具或许能够让他得到自己想要的东西的同时，也学会了理解别人也有愿望和感受。

你也可以和你的孩子玩这个游戏。如果你只有一个孩子，你可以用一个玩偶，和你的孩子轮流替玩偶说话。要随意问新的问题，比如电视节目、电影和宠物，并要让你的孩子自己编出新的问题。

"我的孩子总是往最坏处想"

你10岁的女儿心烦意乱地从学校回到家。"丽娅今天没跟我说话，"她说，"我知道她在生我的气，不想和我做朋友了。"

你8岁的儿子在少年棒球联赛训练结束后跳进车里，说："格雷厄姆故意撞我。真的很疼。我再也不跟他说话了。"

有些孩子会很快做出最坏的假设。对于人们做一些事情的原因，他们会立即得出错误的结论。

这里有一个例子，描述了一位爸爸是如何运用"我能解决问题"法在大女儿莫莉的参与下帮助他的小女儿桑迪的。

桑迪：爸爸，丽娅在生我的气。她应该是我最好的朋友，但是，她一整天都没和我说话。我让她和我一起玩，她甚至没有回答。

爸爸：我知道你很生气。让我们编一个叫雪莉的女孩爽约了和朋友的约会的故事。看看你和你姐姐能想出多少不同的理由，来解释雪莉为什么会那样做。

桑迪：她不想再和她的朋友玩了。

莫莉：她不舒服。

桑迪：她很伤心，因为她的狗死了。

莫莉：老师冲她吼了。

爸爸：思考得好，孩子们。桑迪，现在你能想出丽娅今天不和你说话还有什么别的理由吗？

桑迪：也许她考试没考好。

多亏这个"还有什么别的理由"的对话，桑迪这时认识到丽娅那么做有很多原因——很多与她无关的原因。

随着年龄的增长，孩子们理解这个概念尤为重要。友谊对于接近青春期的孩子来说变得非常重要，而且有很多机会产生误解。例如，11岁的罗比把自己的篮球借给了他的朋友托德，并要求托德在第二天晚饭时把篮球还给他。但是，托德没有来。当托德终于打来电话时，罗比很生气。"你说过你会来的，可是你没有来！"他说，"我再也不会把我的东西借给你了！"

托德等到罗比平静了下来，然后说："如果你听我说，我就告诉你发生了什么事。我有额外的家庭作业，我妈妈让我待在家里，直到我完成作业。我现在打电话是想告诉你，我明天会把篮球带到学校去。"

尽管罗比仍然为托德没有早点给他打电话而生气，但他理解了托德的困境。更重要的是，他还理解了托德只是考虑不周，而不是像他最初想当然认为的那样有恶意。

这里还有一个例子，一个孩子发现事情并不像看上去的那样。杰美，9岁，正闷闷不乐地待在家里，因为她刚刚和她最好的朋友艾莉森"绝交"了。当杰美的妈妈问发生了什么事时，杰美说："艾莉森答应星期六和我一起去看电影，现在她说她不能去了，因为她妈妈病了。我说她在说谎，我们就吵了起来。现在她不跟我说话了。"

杰美的妈妈问："当你说艾莉森在撒谎时，你认为她有什么感受？"

杰美停顿了一下。显然，她以前没有想过这个问题。"我猜她很生气。"她最后说。

"你能做什么或说什么，让艾莉森不生气而且让你们再次成为朋友吗？"她妈妈问。

杰美想了一会儿，然后说："也许我应该跟她说对不起。"

妈妈用了"还能……吗"短语，问："你还能想到做什么或说什么吗？"

"我可以问她妈妈感觉怎么样了，并且说等她好起来的时候，也许我和艾莉森可以去看电影。"

通过让你的孩子思考某些情形的其他可能的解释，或者退后一步，不要立即得出错误的结论，你就能帮助他学会开阔他的视野。那些在愤怒中不假思索就脱口而出或者干脆放弃的孩子，最终可能会损害重要的友谊。

"我的孩子太爱吹嘘了"

你的孩子需要通过告诉其他孩子他做了一些你知道并不完全真实的事情，来夸大自己的成就吗？他贬低其他孩子吗？他喜欢向同学们吹嘘和炫耀自己擅长的事情吗？

雷蒙德，10岁，喜欢在夏令营里挑女孩子们投篮的毛病——每当她们试图得分的时候，他都会取笑她们，说类似这样的话："我闭着眼睛也能投中。"

凯特，10岁，告诉她的朋友，她在每周六去的健身房赢得了一枚体操奖牌——并确保让她的同学们都知道了这件事。凯特的妈妈努力告诉她，这样吹嘘会惹恼她的朋友们。但是，凯特深信她的朋友们会更喜欢她。

诺拉，11岁，她的最近一次成绩报告单上的成绩全是A，她也告诉了同学们。

有几种方法可以帮助那些爱吹嘘的孩子。雷蒙德的妈妈对他说："我想让你编一个名叫迈克尔的男孩爱吹嘘的故事。我会帮助你的。首先，你来编迈克尔吹嘘什么。"

"他说他能跑得比学校里的任何人都快。"雷蒙德说。

"现在，编出迈克尔想吹嘘的三个可能原因。"妈妈说。

"也许他喜欢当大人物。"雷蒙德说。

"还有吗？"

"也许他认为这样孩子们会想成为他的朋友。也许这让他内心感觉很好。"

"当迈克尔那样吹嘘的时候，你认为其他孩子有什么感受？"妈妈问。

"可能会**生气**。"雷蒙德说。

"你认为当迈克尔吹嘘的时候，他内心其实有什么感受？"

"可能很糟糕。"雷蒙德说。

"如果他的朋友们和他赛跑，他没有赢，他的朋友们会怎么想？"

"他们会知道他是个吹牛大王。"雷蒙德说。

"如果在其他孩子知道迈克尔并不是跑得最快的人之后，他还一直这样说，会发生什么事情？"

"他们会不喜欢他。"雷蒙德说。

"你能想出一种**不同**的方式，让迈克尔能交到朋友，并且内心感觉很好吗？"

雷蒙德想了一会儿，说："也许他可以不再说自己能跑多快。"

这时，雷蒙德的妈妈提醒他，他总是吹嘘自己是一个多么优秀的投篮手。雷蒙德想到了迈克尔，并且明白了其中的联系。"是的，"他说，"我不想像迈克尔那样。"

像雷蒙德这样的孩子能够建立这种联系的原因之一，是用一个虚构的故事描述一个虚构的孩子能让他们在不感到威胁的情况下看待这种情形。谈论一个虚构的孩子可以减轻雷蒙德的压力——他不必被告知孩子们可能会认为他是一个爱炫耀的人，或者他可能会没有任何朋友。因为他不觉得有压力，他就能够放松地自己得出这个重要的见解。

凯特的妈妈问她，当她将自己获得体操奖牌的事告诉同学们时，他们说了什么。"我最好的朋友说，'我不在乎'。"凯特说。

"这让你有什么感受？"妈妈问。

"惊讶，"凯特回答，"我想我可以用更好的方式告诉她。"

诺拉的妈妈问了女儿一个重要的问题："如果你下次得了一个 B，同学们可能会怎么想？"诺拉以前没有想过这一点。

为我们的成就感到自豪是一回事，在别人面前夸大或炫耀是另一回事。孩子们也能认识到两者之间的不同。

爱好可以帮助孩子交朋友

"爱好"这个词有点老派，但它并没有过时。事实上，那些培养爱好的孩子——那些有兴趣学习与学业没有直接关系的东西的孩子——可以获得许多意想不到的好处。

12岁的杰伊告诉了我他的特殊兴趣如何帮助他交到了新朋友。从8岁起，杰伊就喜欢跳踢踏舞，并根据他看过和喜爱的百老汇音乐剧创作和表演自己的舞蹈。在家里，他买了CD或DVD，并且能在自己的房间里练习好几个小时。

在他学习舞蹈后，他制作了道具，并为家人进行表演。几年来，这就像是进行公开演出一样，让杰伊感到很舒服。但是，在两年前的一次学校父母之夜，杰伊的妈妈洛蕾塔遇到了另一位妈妈，她的儿子拜伦也喜欢跳舞。

这两位妈妈鼓励儿子聚在一起谈论他们共同的兴趣。杰伊邀请了他的新朋友拜伦来家里玩，很快，拜伦就问自己是否可以帮助杰伊创作他的下一部"作品"。

没过多久，拜伦就带着他的朋友们参加了演出，然后，这个团体真正开始壮大起来。经过几个月的排练，他们在一个社区剧院为邻居们表演，票价为每张两美元。他们用筹到的钱买了一批新的DVD，以便他们能学习新的舞蹈，他们买了制作新道具的材料，还留出一些资金用于未来的宣传，比如制作下一部作品的宣传海报。

除了从舞蹈中获得纯粹的乐趣，杰伊的爱好还给他带来了很多好处。他以前羞于向学校里的其他孩子透露他的特殊兴趣。但是，在见到拜伦之后，杰伊开始感觉邀请其他孩子来他家是安全的。他还学会了如何平衡舞蹈时间和家庭作业时间，因为他知道他在完成家庭作业后练习得最好。他学会了一些重要的创业技能，比如如何制定预算并坚持执行，以及如何推销自己的技能。最重要的是，他现在有足够的信心邀请学校里的孩子们来观看他的表演。令他惊讶的是，他们不仅来了，还想加入这个团体。

如今，这个团体规模已经很大了，以至于孩子们不得不轮流表演、搭建道具，并为一次演出组织其他幕后活动。每个人都努力投入。

李，12岁，也发现她的爱好帮助她交到了朋友。她喜欢用珠子设计手链和项链。

起初，她为奶奶、妈妈和姐姐做这些东西。当她感到有信心的时候，决定为她在学校里很喜欢的一个新同学妮娜做一条手链。虽然李不喜欢紫色，但她注意到妮娜喜欢。于是，李用紫色和白色的珠子做了手链。当她把手链给妮娜时，妮娜说的第一句话就是："是紫色的，我最喜欢的颜色！"李的爱好不仅帮助她结交了一个新朋友，而且观察妮娜衣服的颜色还帮助她意识到其他人喜欢什么——在这个例子中，是她自己不会选择的颜色。认识到他人的感受和偏好可能与我们的不同，这本身就是一项重要的技能。当我问李对制作那条手链有何感受时，她自豪地回答："这让我们都觉得很特别，因为我不是买的什么东西，而是专门为她做的。她喜欢，我感觉很好，因为是我做的。"

你的孩子不必像杰伊或李那样有独特的天赋或特殊的技能。你的孩子做什么真的不重要。如果他能发现对他来说很重要的东西，他就会让自己处于一个位置，来发现比自己想象中更多的好处和快乐。培养一个爱好的附带好处会超出活动本身的乐趣。

第 4 部分

培养人生技能

就像我们可以伸展身体以获得更大的灵活性一样，我们也可以拓展思维以获得更大的可能性。

那些在学业上苦苦挣扎的孩子是因为全神贯注于没有得到解决的情感问题，以至于他们无法集中精力学习吗？或者，那些在学习上有问题的孩子，是因为缺少赶上同学的技能，使他们感到沮丧并缺乏兴趣，并且在某些情况下容易发泄出来吗？创造力和"跳出思维定势"的能力，会帮助孩子们在情感、社交和智力方面取得更大的成功吗？

你的孩子在学校和生活中表现得有多好，取决于很多相互关联的因素，包括他与人交往的熟练程度，他在家里和学校里是否有礼貌，他实现目标的动力有多大，以及他的实际表现如何。

在第 1~3 部分，我讨论了那些没有得到解决的问题如何导致一些影响学业成功的行为。在第 4 部分中，我将让你看到那些与解决问题相关的学习技能如何也能够对学业成功产生影响——以及这两者是如何相互影响的。我还将提出一些独特而且富有创意的方法，来培养一些能帮助你的孩子取得更好的学习成绩的人生技能。

以专心倾听为例。你有没有发现自己在和朋友或女儿聊天时，突然意识到她说的话自己一个字也没听进去？或者你回答了一个自以为听清楚的问题，但实际上并不是对方真正问的问题？或者，你只回答了问题的一部分而忽略了其他部分？这些情况可能在我们所有人身上都发生过。但是，善于倾听是一项需要培养的重要技能。在第4部分开始时，我会教给你如何在调整你自己的倾听技能的同时，帮助你的孩子调整他的倾听技能——通过一些能够加强你与孩子之间的亲情心理联结的重要的新方式。

约翰·霍普金斯大学的研究人员卡尔·亚历山大（Karl Alexander）、多丽丝·恩特威斯勒 (Doris Entwisle) 和苏珊·道伯 (Susan Dauber) 认为，早在一年级时，集中注意力对学业成功来说就是一项很重要的人生技能。[1] 其他重要的人生技能包括：学会有效地利用时间，保持对所学科目的兴趣，以及积极参加日常的学习活动。事实上，根据恩特威斯勒和亚历山大进行的另一项研究，孩子们在幼儿园养成的技能和学习习惯，是其小学阶段学习积极性及其成绩的最强有力的预测因素之一。[2]

另一种人生技能——责任感，也有助于孩子在学校和生活中取得成功。孩子们一开始是在家里照料自己的日常需要的过程中学习责任感的。随着孩子的成长，有很多方法可以帮助他们变得有责任感——例如，你可以让他们做适合他们年龄的家务。但是，当他们拒绝时，你能说些什么呢？在教给孩子责任感的同时，有可能延长孩子的注意力持续时间吗？你如何帮助孩子乐于承担责任而不是逃避责任？

你可以试着定期给孩子零用钱。或者，你相信孩子必须挣零花钱，或者花钱应该以良好的行为为条件吗？这是一个复杂的问题，而在你做决定之前，你可能要考虑每种选择的优点和缺点，

---

[1] Alexander, K.L., Entwisle, D.R., & Dauber, S.L. (1993). First-grade classroom behavior: Its short- and long-term consequences for school performance. *Child Development*, 64, 801–814.——作者注

[2] Entwisle, D.R., & Alexander K.L. (1993). Entry into school: The beginning school transition and educational stratification in the United States. *Annual Review of Sociology*, 19, 401–423.——作者注

以及哪种办法对你的孩子最好。

所有孩子都需要学习的,是对他们的学业拥有更强的控制力,并承担更大的责任。孩子们会对做家庭作业感到兴奋吗?爸爸能扮演什么独特的角色?

我将教给你如何保护孩子的安全,并讨论与互联网有关的日益普遍的问题,以及如何帮助你的孩子独立思考,还有一些与挑食和身体健康有关的问题,特别是肥胖问题。

我还将讨论如何将创造力和想象力加入进来。尽管我们往往认为这些品质对那些涉足音乐、艺术或写作领域的人很重要,但事实上它们适用于每一个领域。亚瑟·克罗普利(Arthur Cropley)在他的经典著作《创造力百科全书》中写道:"创造力是……在所有领域实现有效创新都需要的:艺术、文学、音乐,这是肯定的,但是,还包括科学、工程、商业、政府和人际关系。"[1]

在个人层面,克罗普利补充道:"灵活性、开放性、对已知事物的适应能力或用新方法做事情的能力、对新事物的兴趣以及面对意外的勇气……(能够)帮助个人应对生活中的挑战,特别是在变化、不确定性、适应能力等方面,而且这些都与心理健康密切相关。"

我赞同。在我看来,思维的自发性和灵活性可以减轻获得正确答案的压力和焦虑。毫无疑问,知道"正确"答案是某些课程不可或缺的一部分——例如,二加二一定等于四,华盛顿是美国的首都——但即使是数学和地理也不全是非黑即白的。事实上,死记硬背有其局限性。那些只会记住事实的孩子可能不知道如何将这些事实应用到现实世界的新情况中,而这种无能可能使他们无法应对不可预测的情况。在本部分,你将了解到孩子们能够学会的很多富有创意而且令人兴奋的方法,用数字做游戏和认识各州的首府——并用解决问题的方法培养孩子对阅读的兴趣。你的

---

① Cropley, A. (1999). Creativity. In M.A. Runco & S.R. Pritzker (Eds.), *Encyclopedia of creativity* (Vol. 1, pp. 629 – 642). San Diego: Academic.——作者注

孩子甚至可能想创作他自己的故事，并且运用你教给他的所有技能成为一个爱思考的孩子。

第 *16* 章

倾 听

在学校的倾听

丽诺尔放下了电话，气得要命。她女儿塔拉二年级的老师刚刚打电话来，说塔拉这个星期的数学、拼写和科学三项考试都不及格，而科学是塔拉最喜欢的科目。

老师听起来很沮丧。"塔拉是个聪明的女孩，"她说，"她应该做得好得多。不过，在课堂上，我注意到当我努力教课时，她和她邻座的朋友聊天，当我看她的笔记本时，上面满是涂鸦。而且，她的家庭作业经常做不完，还乱七八糟的。我认为她没有视力或听力问题，也没有学习障碍。我只希望她能回到正轨。"

听完这些话之后，丽诺尔走进女儿的房间。"你的老师刚刚告诉我，你在课堂上浪费时间，在她努力教课的时候，你在说话和涂鸦。"她说，"你必须更加努力学习。事实上，这个周末你不能出去玩了。你要把家庭作业做完，而且我要检查，如果做得不完美，你就得重做一遍。"

"我没有任何家庭作业！"塔拉喊道。

"别跟我顶嘴！" 丽诺尔也喊道，"照我说的做，否则你整个月都要被禁足！"

塔拉不再理睬妈妈。在她看来，对话已经结束了。

这不是丽诺尔预想的结果。让我们倒回去，换一个方法开始。在这个版本中，丽诺尔敲了敲塔拉的房门，说："塔拉，你的老师告诉我你考试不及格，即使是你喜欢的科目也不及格。发生了什么事？"

起初，塔拉不想谈这件事，所以她说："我不知道。"

丽诺尔没有气馁："我敢打赌，如果你好好想想，你就会想起来在老师上科学课时你在做什么。"

因为塔拉没有感觉受到攻击或威胁，她决定诚实地回答。"妈妈，我喜欢和我的朋友们说话。"她平静地说。

"塔拉，"妈妈开始说，"你知道**自豪**这个词是什么意思吗？"

"知道，就像我做一件事做得很好的时候，比如说画一匹马。"

"那你知道**沮丧**这个词是什么意思吗？"

"当我画不好那匹马，并且全画错的时候。"

"现在，告诉我你的科学考试不及格时有什么感受。"

塔拉立刻明白了其中的联系。她笑着回答说："**沮丧**。"

"当你通过考试时，你有什么感受？"

"我感到**自豪**。"塔拉脱口而出。

然后，丽诺尔让女儿想想她能做些什么来通过考试。

"我可以不再说话和涂鸦，更认真地听老师讲课。"塔拉说。

现在，轮到丽诺尔微笑了："你认为到那时你的老师会有什么感受？"

"自豪。"塔拉说。

第二天,塔拉放学回家后喜气洋洋地说："我告诉我的老师,我要让她感到**自豪**,而不是**沮丧**。"

但是，感到自豪的不只是塔拉的老师。塔拉和她的妈妈也一样。

"有人在听吗？"

你经常感觉不管你说什么，你的孩子都听不进去吗？你发现自己每次谈话都以一种愉快、平静而轻声的语调开始，最后却对着他们大声嚷嚷吗？你会因为你的孩子从来不听你的话而失去理智吗？

这里有一个独特的新方法来改变这一切。这是一个游戏，我把它叫作"可笑的对话"。以下是一位妈妈如何将这个游戏介绍给她的女儿塔玛拉以及塔玛拉的朋友卡拉的，她俩都是 11 岁。

妈妈：好了，孩子们，这里有一个简短的对话，你们要大声读出来。其中有一些话很可笑。看看你们能不能分辨出来是哪些。

塔玛拉：我的脚趾红了。

卡拉：我妈妈给了我两只宠物乌龟。

塔玛拉：我站在外面的雪地里，脚趾都红了。

卡拉：它们爬的样子很滑稽。

塔玛拉：它们很痒。

卡拉：一只乌龟真的真的很大。

塔玛拉：你有药吗？

卡拉：它是绿色的，而且黏糊糊的。

塔玛拉：真恶心！我不喜欢那种药。我把脚趾泡一下就好。

卡拉：我给你拿些温水来泡泡你的脚趾。

塔玛拉：谢谢。

两个女孩笑得前仰后合。她们知道这很可笑，因为正如塔玛拉所说："我们两个人都在说自己的事情。"

然后，妈妈让两个女孩再读一遍，这一次，她让她们仔细听，找出一个人确实听到另一个人说了什么的地方，并且当她们听到时要轻拍一下膝盖。

读完之后，妈妈问了她们一个问题：卡拉怎么才能让塔玛拉知道她真的听到了塔玛拉说的话？"比如，"妈妈解释说，"当塔玛拉说'我的脚趾红了'，卡拉怎么才能让塔玛拉知道她听到了塔玛拉说脚趾的这句话？"

"卡拉可以问，'为什么你的脚趾红了？'"两个女孩都说。然后，她们又读了一遍这个对话，编出了表明她们真的在听对方说话的陈述和问题。

孩子们很容易就能理解这个游戏，而且很多孩子喜欢编自己的"可笑的对话"。这里有塔玛拉和卡拉编的一个。

塔玛拉：基思的父母真让人遗憾。

卡拉：天太热了。

塔玛拉：他们离婚了。

卡拉：我希望这附近有棵树。

塔玛拉：现在他不得不和妈妈一起生活。

卡拉：他为什么不得不和妈妈一起生活呢？

塔玛拉：因为他的妈妈得到了他的监护权。

卡拉：嘿，那里有个卖冰激凌的人。

两个女孩就这么严肃的话题编了一个可笑的对话，激起了妈妈的好奇心。她趁机问塔玛拉，如果卡拉真的这样回答她，她会有什么感受。"我会认为卡拉不关心别人，只关心她自己。"塔玛拉说，这个回答表明她理解了倾听别人有多么重要。

如果你和你的孩子玩了这个游戏，当他下一次不听你说话的时候，你可以简单地问："你还记得'可笑的对话'吗？"然后问："你怎么回答我，才能让我知道你听见了？"

你的孩子会很喜欢这个游戏，而且这能帮助他在不知不觉中成为一个善于倾听的人。

你的孩子听到完整的内容了吗？

你告诉过你 4 岁的孩子当别的孩子打他的时候要"打回去"吗？一位妈妈告诉我，她相信她的孩子应该自卫，但她很担心，因为他开始无缘无故地打其他孩子。当他的老师告诉他"我们不能打人时"，她的儿子声称："是我妈妈让我打的。"

这种情况我已经听说过很多次了。我很清楚，孩子们经常只听到了话的一部分。这个男孩和其他与他做出同样行为的孩子一样，没有听到打回去的"回去"这个词。他们只听到了"打"这个词。

年龄小的孩子并不是唯一不能总是听全别人说的话的人。年龄大一些的孩子也不是每一件事都能听全，而且可能会不必要地感到生气。

拉妮，10 岁，放学后愁眉苦脸地回到家里，抱怨道："爸爸，莫妮卡说我的垒球打得很臭。"然后，她大哭起来。她爸爸在听到发生的事情并看到女儿如此痛苦后，感到自己的心沉了下来。

自然，他想让她停止哭泣并且能感觉好起来。如果拉妮是你的孩子，你可能会这样说："我相信莫妮卡不是真的那么说的"或者"我相信她不是那个意思"。或者，你可能会说："让我们不要担心莫妮卡怎么想。"

这些都是自然的反应，问题是这些话丝毫不会帮助你的孩子感觉好起来。她可能还没有做好准备，做不到将莫妮卡说的那样的话置之不理，而且她感受到的痛苦很可能和你说话之前的一样。

很有可能是拉妮匆忙地得出了一个错误的结论。许多孩子都这样。她有可能根本就没听全莫妮卡说的话。

一旦你的孩子能够阅读，你就可以通过玩一个我称之为"你听到完整内容了吗"的游戏，开始帮助孩子学会倾听所有的内容。你可以写出下面的对话，并让你的孩子读出孩子的部分，而你读出父母的部分。

杰西：嗨，安德莉亚。你知道吗？我不喜欢黄色的墙。它们让我感到胃痛。

安德莉亚：爸爸，杰西不喜欢我的新裙子。它是黄色的，会让她感到胃痛。

爸爸：你确定你听到完整内容了吗？安德莉亚真这么说你的裙子吗？

安德莉亚：是的。

爸爸：你怎么才能知道她是不是真那么说的？

安德莉亚：我可以问她。杰西，你说你不喜欢我的新裙子吗？

杰西：我为什么要这么说？

安德莉亚：因为它是黄色的，而黄色会让你胃痛。

杰西：我说黄色的墙会让我胃痛。

然后，爸爸问安德莉亚，在她听到完整内容之前，她有什么感受。安德莉亚承认她感到难过。"在你听到完整内容后，你有什么感受？"爸爸问。

安德莉亚笑着说："宽慰。"

孩子们喜欢这个游戏，因为脚本场景对他们来说似乎很明显。当这位爸爸和他的女儿弗雷蒂一起玩这个游戏时，她很开心地编了自己的脚本。

弗雷蒂：格雷西说我考试作弊。

爸爸：她真是这么说的吗？

弗雷蒂：我会弄明白的。

弗雷蒂：（过了一会儿）格雷西说我考得那么好，看起来像是我考试作弊了一样。

弗雷迪从中得到了很大的快乐。

但是，有时候，现实生活中的情形更难读懂。维多利亚，10

246

岁，她很难过，因为她听到她的朋友杰米说不想再和她做朋友了。当维多利亚的妈妈问她是否听到了完整内容时，维多利亚决定去找杰米，问她到底说了什么。"我说我不想再和你做朋友了，"杰米解释说，"如果你不停止说班里的人的谎话。"

这时，维多利亚对情况有了更好的理解，并且意识到必须怎么做才能保持和杰米的友谊。

当拉妮的爸爸了解这个游戏后，他和女儿一起玩了这个游戏。他才知道莫妮卡对拉妮说的其实是"你的垒球打得很臭……当你不来练习的时候"。

正如孩子们并不是总能听到完整内容一样，我们也不一定能听到孩子们说的完整内容。在和孩子们玩过这个游戏后，一位妈妈在认为她的儿子说他不做作业时，突然打住了。结果表明，他真正说的是，他想晚些时候做家庭作业，"因为我今天下午有足球训练"。她学会了更认真地倾听，而不是去和他争论做作业的事。

这位妈妈认识到，并非只有她的孩子不能总是注意到别人说的每一句话。在一个灵光乍现的时刻，她告诉我："有时候，我认为我在倾听我的孩子说话，但我并没有真正听到他在说什么。"

"我真的倾听我的孩子了吗？"

当你的孩子打别人或者从一个朋友那里抢玩具时，你会怎么做？你会感到沮丧和愤怒，因为你告诉过他不要那样做吗？你准备对他大发脾气吗？

亚当，4岁，撕了爸爸的香烟，并把它们扔进了垃圾筒。爸爸想当然地认为这是一个错误，他什么也没说。但是，当亚当第二次这样做的时候，爸爸暴怒了。他威胁要打亚当的屁股，并吼道："别再这样做了！"

但是，当亚当的妈妈平静地问儿子为什么要毁坏香烟时，亚当有点羞怯地回答说："大鸟①告诉我，如果我们爱的人吸烟，就要告诉他们不要吸烟，因为他们会死掉。爸爸，我爱你，我不想让你死。"

当爸爸意识到亚当看似错误的行为实际上是要求他不要吸烟的一种方式时，他感动得无以言表。"儿子，"他说，"我再也不吸烟了。"他后来再也没有吸烟。那是20多年前的事情了。

大鸟真正说了什么并不重要，重要的是这个男孩是怎么理解的。想象一下，假如这个男孩的爸爸没有倾听他，他的内心会有什么感受。

有时候，我们之所以不倾听我们的孩子，是因为我们有自己希望孩子怎么做的想法，而一些行为只是触发了这个想法，无论是由什么引起的。例如，很多父母希望自己的孩子学会分享。如果他们看到自己的孩子在抢另一个孩子的玩具，他们可能会关注教给孩子分享的价值，以至于没有搞清楚从孩子的角度来看当时真正发生了什么。

当4岁的鲁比的妈妈看到鲁比从一个来家里玩的朋友手中抢洋娃娃时，她的第一反应就是大叫："你为什么那样做？！"

鲁比辩解说："她拿了我的娃娃。那是我的。"

妈妈没有真正倾听这个回答；她那么专心地教给鲁比分享，以至于女儿怎么说对她来说并不重要。"你什么时候才能学会分享？"她逼问道，"没有人想跟你玩儿了，而且你不会有任何朋友。现在把你拿走的东西还回去！"

鲁比被迫服从了。但是，她的真实感受是什么？

这里是鲁比的妈妈在学会"我能解决问题"法谈话后处理这个问题的方式。

---

① 大鸟（Big Bird），美国著名儿童电视节目《芝麻街》里的主角。——译者注

妈妈：发生了什么事？问题是什么？

鲁比：她拿了我的洋娃娃。那是我的。

妈妈：你**为什么**不想让她玩？

鲁比：她一直在玩，不还给我。

现在，妈妈了解了一些她以前不可能了解到的东西——在鲁比看来，她已经分享了她的洋娃娃，现在她想要回来。妈妈没有把注意力集中在自己认为的问题上——不分享——而是集中在鲁比认为的问题上——在自己分享之后，没能把自己的玩具要回来。现在，问题的性质不同了，妈妈继续用这种方式进行对话。

妈妈：当你抢你的洋娃娃时，发生了什么？

鲁比：她踢我。

妈妈：你能想出一种不同的办法把你的娃娃要回来，而你的朋友也不踢你吗？

鲁比：我们可以玩过家家。

妈妈：这是一种方法。**如果**她说不，你还能尝试什么？

鲁比：我可以让她玩我的毛绒玩具。

妈妈：思考得好。你是一个解决问题的能手。当你把问题解决得这么好时，你有什么感受？

鲁比：**自豪**。

要注意，妈妈在结束这段对话时说的是"思考得好"，而不是"好主意"。如果她赞扬这个主意本身，就会阻碍鲁比在类似的情况下思考该怎么做。比如，下一次和朋友玩的时候，鲁比想要她朋友正在玩的一个玩具。她可能记得当她建议把自己的毛绒玩具给朋友玩时，妈妈说过"好主意"。但是，假设这个女孩不想要那个毛绒玩具，鲁比可能就不知道该怎么做了。

重点是，你想鼓励你的孩子在出现问题时能够创造性地思考解决问题的方法。当你采用"我能解决问题"法时，你赞扬的不是孩子想出的办法，而是孩子的思考。

这位妈妈没有试图解决她眼里的重要问题（孩子们应该分享，而不是抢玩具），而是引导孩子解决孩子眼中的重要问题（她认为她确实分享了，而且她的朋友不把洋娃娃还给她）。妈妈现在理解了真正的问题所在，因为她倾听了——真正地倾听了孩子表达的想法。

我被一位学会如何用"我能解决问题"法和孩子对话的妈妈感动过。她说："我过去认为自己倾听了孩子，但我现在才真正听懂了她。"这对于一个开始成为解决问题型妈妈的人来说，是一个多么好的开始啊。

了解你的孩子喜欢什么

你曾经试图用你知道你的孩子会喜欢的东西，来安慰他的痛苦或悲伤，结果他转身走开了吗？你曾经给女儿买过你知道她会喜欢的东西当生日礼物，结果却发现她根本不喜欢吗？

你真的知道你的孩子喜欢什么、不喜欢什么吗？什么会让他快乐？什么会让他悲伤？

你的孩子知道你在以上几个方面的真实情况吗？这里有一个搞清楚这些真实情况的有趣方法。玩一个我称之为"你还记得吗"的游戏。

首先说："我要说出五件让我快乐的事情。仔细听。我喜欢糖果、橙汁、有趣的电影、当你打扫自己的房间以及当你按时上床睡觉的时候。你能重复我刚才说的吗？"

当你的孩子复述完这五件事之后，你再把这五件事说一遍，并且再加上一件。看看你的孩子是否能全部记住这六件事。继续一件一件地往上加，直到孩子不能再全部复述出来。

现在，轮到你记住你的孩子喜欢什么了。要说："你说出五件让你快乐的事，我会努力记住你说的。"

即便是很小的孩子也喜欢这个游戏。妮可，4岁，当她能够记住妈妈喜欢的事情时，她笑了，而当妈妈记住她特别喜欢的事情时，她笑得合不拢嘴。

阿尼，10岁，通过说出五种不同的感受——每一种都有一个引起这种感受的例子——让这个游戏更具挑战性。例如，他对爸爸说："当我踢足球时，我感到快乐。当有人受伤时，我感到难过。当我妹妹烦我时，我感到生气。当我在比赛中没有进球时，我感到沮丧。当我有太多的作业时，我感到担心。"

他的爸爸不得不把这些感受和例子都记住。

这个游戏对9岁的拉斯和他的爸爸很有帮助。拉斯摔断了腿，无法参加他为之练习和期待了很久的足球冠军赛。为尽量安慰他并转移他的注意力，他爸爸建议他们下象棋。

"我不想下棋！"拉斯喊道。

爸爸感到既惊讶又伤心。"那就坐着生闷气吧。"他也喊道，"我在努力帮助你渡过这个难关。但你似乎不在乎。"

"爸爸，让我自己待会儿。"拉斯说，仍然很生气，并且只想着自己的困境，"你难道不理解我正在经历什么吗？我无法参加冠军赛。你知道这对我意味着什么吗？"

拉斯在冲他的爸爸大喊大叫，爸爸也在冲儿子大喊大叫。两人都不想听对方在说什么。然后，爸爸想起了"你还记得吗"这个游戏。爸爸说："我喜欢巧克力蛋糕。当我吃巧克力蛋糕时，我感到快乐。当你妈妈说我不能吃五块巧克力蛋糕时，我感到很难过。"

拉斯知道爸爸在做什么。他看着爸爸，轻声说："当我不能参加冠军赛时，我感到生气和沮丧——当你冲我大喊大叫时，我感到伤心和沮丧。"然后，拉斯接着说："我猜当我对你大喊大叫的时候，你也会有这种感受。"

爸爸问拉斯什么能让他快乐。拉斯想了一会儿，说："让我们去看比赛，给伙伴们加油吧。"爸爸和拉斯都笑了，准备去看比赛。拉斯发现，他觉得自己尽可能地参与到了比赛中，爸爸也没有觉得自己遭到了拒绝。

像"你还记得吗"这样的一个简单游戏，可以加强父母和孩子之间的亲情心理联结。而且，它也可以帮助你。当你们玩这个游戏的时候，你们不得不真正地互相倾听。你会发现你的孩子对各种事情有什么感受，他会开始理解你也有感受，也有喜欢与不喜欢的东西。

不只要倾听，还要听懂

冲突是正常的——而且是不可避免的。每个家庭都会发生冲突。但是，太多的时候，冲突之所以发生，是因为人们误解了彼此或者误解了某句话。下面是你或许能够认出的一些例子。

米歇尔，10岁，喜欢穿紧身裤和不合身的上衣。当她妈妈让她换衣服时，米歇尔厉声说："我知道自己在做什么！你以为我不知道自己长什么样吗？别管我！"妈妈很生气，因为她想让她的女儿表现出自己最好的状态，并且学会良好的判断力。她还担心其他孩子会认为米歇尔的穿着很奇怪。

米歇尔是这么说的："我妈妈让我穿的裤子肥大得能掉下来——那样，明年穿会合身。但是，明年我不想穿同样的裤子——那时候它就不流行了，而且我的朋友们会注意到这一点。"

这是一个典型的理解错误：妈妈认为孩子们会因为米歇尔的裤子太紧而取笑她，而米歇尔则担心如果她连续两年穿同样的衣服，孩子们会注意到这一点。

双方都认为自己的担心是合理的。双方都不想听对方在说什么。

下面是"我能解决问题"法的对话技巧如何帮助了这位妈妈和她的女儿。

妈妈：我们看待这个问题的方式**相同**还是**不同**？

米歇尔：**不同**。

妈妈：我担心孩子们看到你穿成那样会怎么想。为什么穿那么紧而且不合身的衣服对你来说这么重要？

米歇尔：妈妈，所有的女孩都这么穿。我想融入她们。

妈妈：好吧。你知道学校里的事情。

但是，这种沟通是不容易做到的。当我们对一件事持强硬态度或感到担忧时，我们很难听取相反的看法。这对我们的孩子来说也很困难。我们可以在不批评孩子的前提下帮助他们深入了解为什么他们可能会遇到问题。米歇尔和她的妈妈发现，虽然她们从米歇尔的穿着开始了相互倾听，但她们仍然需要多加练习。没过多久，她们就有了这个机会。

米歇尔告诉妈妈，有一个男孩觉得他必须要比其他人优秀。这个男孩因为考试成绩不如她而不喜欢她。而且，最让米歇尔生气的是，这个很受欢迎的男孩不理睬她。"但是，当我告诉妈妈我的问题时，"米歇尔说，"她说可能是我的错。也许我很自大，吹嘘了自己的成绩。她总是想当然地认为是我的错。所以，现在如果我有什么问题，我会在马上要睡觉时告诉她，这样她就不能批评我了。"

妈妈只是在努力确保她的女儿不会变成一个自命不凡的人。她想让米歇尔知道她给别的孩子留下了什么印象。"我想让她理解为什么这个男孩会不理睬她，"妈妈说，"以便我能帮助她理解人们的反应。"但是，米歇尔把妈妈的"帮助"理解成了批评，并且感觉自己就好像因为这个男孩不理睬自己而受到了指责一样。

在尝试了对话技巧之后，米歇尔和妈妈是这样解决这个问题的。

妈妈：是什么让你认为这个男孩因为你成绩更好而不理睬你？

米歇尔：他说我爱炫耀。

妈妈：你认为他是怎么知道你的成绩比他的好的？

米歇尔：也许是他很关注我的成绩，并且看到了？

妈妈：这是一种可能。你能想到其他的可能吗？

米歇尔：也许有人告诉他了。

妈妈：这是另一种可能。现在努力想想。你有没有做过或说过什么，让他知道了你考的比他好？

米歇尔：哦，也许是那次我让他看了我的试卷。我的数学考了 100 分，我猜我是想给他留下深刻印象。

妈妈：好。这些都是有可能的。当你让他看你的试卷时，你认为他实际上会怎么想？

米歇尔：也许认为我在夸耀？

妈妈：你现在能做什么让他不再不理你？

米歇尔：（停顿了一下）友好点，不再炫耀。

妈妈现在能够帮助女儿思考她做了什么让这个男孩不理睬她。而且，通过以一种真诚地搜寻信息的语气问这些问题，让米歇尔感到更加放松，并且能够认识到问题的可能根源。当妈妈觉得不需要进一步批评时，马歇尔感觉到的威胁更少了，并且更可能倾听。

理解错误在许多家庭里是很常见的。对于父母和他们的孩子来说，第一步是不要再因为只考虑自己的观点而拒绝互相倾听。当这位妈妈学会用解决问题的方式与孩子交谈时，她自己也有了一个重要的领悟："有时候，我认为我在倾听我的孩子，但我并不总是能听懂。"倾听、真正的倾听对每个人都很重要，所以对每个人来说，重要的是能被听懂。这才是真正对话的开始。

我们经常认为我们的孩子不倾听我们。我们的孩子又有多少次认为没有人倾听他们？

第 *17* 章

安 全

帮助孩子避免危险情形

德娜，7岁，她讨厌系安全带。她每次一上车，就会扭来扭去地哭。尽管她的父母向她解释了为什么需要系安全带，但她听不进去。她的父母不得不费力地给她系好安全带，在他们这么做之后，没有人会感觉很好——她的父母感到精疲力竭，而德娜感觉自己好像是被制服了一样。

肯特，4岁，在和妈妈走过一条繁忙的街道时，他一直试图挣脱妈妈。他妈妈告诉我，当他像那样冲出去的时候，她会把他拉回来并大声喊："别再这样了！难道你不知道汽车可能会撞到你吗？"她接着说，有时候，她甚至会当场打他的屁股。然后，她解释道："我只有在他做非常危险的事情的时候，比如他试图在繁忙的街道上挣脱我的时候，才会打他的屁股。"

肯特的妈妈是在向她的沮丧感屈服。当孩子们被呵斥或打屁股时，他们无法思考自己正在做什么。即使解释原因也无济于事。孩子们需要感觉到好像是**他们自己**发现为什么应该避免有潜在危险的情形。以跑到街上为例，你可以像下面这样做。

问你的孩子："如果你跑到一条车来车往的街道上会发生什么？"如果他说不知道，你可以引导他，而不是告诉他。你可以问："如果你正在街上，一辆车开过来，而你躲不开，会发生什么？"

这时，你的孩子可能会回答说他可能会被车撞到。一个孩子还说："我可能会受伤，不得不去医院。"

现在问："如果你受伤了，不得不去医院，爸爸和我会有什么感受？"然后问："如果发生这种事，你会有什么感受？"

最后问："你能怎么做才不会被车撞到？"

肯特想了想最后这个问题，然后说："我可以和你待在一起，不跑到街上去。"

他的妈妈回答："我为你感到骄傲。"下一次，当肯特在过马路的过程中开始想挣脱妈妈的时候，他突然停了下来，抬头看着妈妈，小声说："不要跑到街上去。"

由于德娜年龄大一些，她的父母就安全带问题和她进行了一次更复杂的对话。首先，他们承认德娜觉得系安全带不舒服。她觉得安全带很烦人。他们告诉她，有时他们也这么觉得。但是，他们接着问她："你认为汽车上为什么有安全带？如果你不系安全带，会发生什么事？"

德娜承认，她可能会在车里晃来晃去，头撞到前面的座位上或窗户上，这会很疼，她会感到难过——她甚至可能不得不去医院。

爸爸接着说："如果发生这种事，你会有什么感受？"

德娜承认她会感到不开心。

"所以，系好安全带是个好主意还是个不好的主意？"他问道。

"是个好主意。"德娜说。

孩子们可能会遇到很多有潜在危险的情形：触摸热炉子、站在一架摆动的秋千前、骑自行车太快。在帮助他们思考了可能的后果以及他们和其他人会有什么感受之后，你可以将对话缩短为一个问题："你能想出一个**不同**的地方来放你的手吗？""你能想出一个**不同**的地方站着吗？""你能想出一种**不同**的方式骑自行车吗？"孩子们会回答类似这样的问题，并且，大多数时候，不需要再说什么了。

我们无法每时每刻都控制我们的孩子的行为。但是，我们可以帮助他们在小时候就思考什么是安全的，什么是不安全的，这样我们就能相信他们会为自己的行为负责，并在现在和长大后为自己做出安全的决定。

当孩子们独自在家的时候

你的孩子是第一个回到家的人吗？她放学后回到的是一所空荡荡的房子吗？如果是这样，他并不孤单。密歇根大学的研究人员桑德拉·霍弗思（Sandra Hofferth）和齐塔·詹库尼恩(Zita Jankuniene) 报告说，大约有 14% 的 5~12 岁的儿童，也就是大约 350 万儿童，放学后一个人在家，而且至少待一个小时。[1]

研究建议，即使是那些能够照料自己的孩子——比如自己准备零食并且在需要时寻求帮助，如果有可能，也不应该独自在家。这些孩子中有很多会感到孤独、被遗弃和恐惧。

而且，许多孩子会出现行为问题，并且在学校里表现很差。

如果你找不到亲戚或邻居帮助，或者无法安排孩子参加有人监督的活动，就要让他独自在家的时间尽量短，至少一开始要这样。就他无人看管的这段时间，你可以做以下几件事：

· 和你的孩子谈谈为什么他放学后你不能在家。这本身就传达了一个重要的信息——我在乎你。这会让他放心，他是被爱着的。

---

[1] Hofferth, S., & Jankuniene, Z (2000, April 13). Latchkey children statistics unlocked. Reported by C. Wetzstein, *Washington Times*.——作者注

· 让你的孩子告诉你，他对你不在家并且他独自一人在家有什么感受。要告诉他你对此有什么感受。一个理解自己感受的孩子，会更好地理解你的感受。

有几个标准安全措施是你应该遵守的：在电话旁放一张紧急电话号码清单（包括警察、消防队、住在附近的亲戚、医生的电话）；保持你自己的手机畅通，并确保你的孩子知道如何联系你；安装一个烟感探测器；确保门锁完好并且安全；将危险物品，如清洁剂和药物，放在孩子够不到的地方。

除了这些措施，还要和你的孩子谈谈他怎么做才能保证安全。不要告诉他该做什么、不该做什么，而要帮助他自己把事情想清楚。例如，不要告诉你的孩子："不要告诉打电话来的陌生人家里没人。"而要问他："如果你告诉一个你不认识的人家里没人，会发生什么？"然后问："你能想出怎么跟一个你不认识的人解释你妈妈为什么现在不能来接电话吗？"

对于一个还不会点炉子的孩子，不要简单地说："不要点着炉子。"而要问："如果你点着炉子，而炉子旁边没有人，会发生什么？"大多数孩子能想出答案："可能会着火。"这时要问："你能做些什么**不同**的事情来弄点零食吗？"

一位妈妈明确地说，她的孩子在有人回到家里之前都应该待在家里。但当她回到家时，发现女儿正在外面开心地跳绳。如果这位妈妈帮助女儿思考过她为什么不应该在家里没人的时候出去玩，她可能会更好地理解这一点，而且更有可能待在家里。

要根据你的孩子的年龄和能力，练习可能发生的场景，并让他和你一起思考该怎么做。例如，想象一个陌生人敲门，问问你的孩子会怎么做以及为什么那么做。

还要让他计划好自己的时间，以便他能把每件事情都做完——家庭作业、家务、晚餐的准备工作——剩下的时间用在爱好、朋友和看电视上。一些大一点的孩子可能想请他们的朋友来家里玩。要和他们谈谈他们将要做的事情，并且让他们告诉你他们将如何抵制做任何他们不想做的事或者你不想让他们做的事。

问孩子而不是直接告诉孩子该做什么，有两个好处：首先，从他们给你的答案中，你可以知道他们是否做好了独自在家的准备，以及可以待多久；其次，你的问题将帮助他们思考为什么他们应该遵守你制定的规则，以及如何遵守这些规则来保证安全。

那些能对自己的行为负责的孩子，不太可能去进行那些会让他们陷入不安全情形的活动，无论是意外的还是有意的。

教给孩子随机应变

一天下午，5岁的萨曼塔·伦尼恩正在她位于美国加利福尼亚州橘子郡的家外面玩耍，这时，一个陌生人拦住她，要她帮他找一只走失的小狗。他绑架并谋杀了她。住在美国休斯顿的劳拉·史密瑟在慢跑时被绑架，然后遭到了殴打和谋杀。艾丽卡·普拉特，7岁，她在美国费城西南部的一条街上被一名开着汽车的男子抓住。艾丽卡是幸运的。她被关在一所废弃的房子里，她咬断了绑着她的绳子，看到窗外有几个男孩，她尖叫着求救。艾丽卡毫发无伤地逃走了。

正如艾莉森·卡弗（Alison Carver）、安娜·蒂佩里奥 (Anna Timperio) 和大卫·克劳福德 (David Crawford) 报道的，如今的父母们对于陌生人危险的恐惧比他们自己童年时期更严重，因此，父母们会限制自己孩子的户外活动，并且（或者）确保他们始终有一个成年人陪伴。[①]

我们都想保护自己的孩子——但怎么保护呢？我们不能每时每刻都陪着他们。

[①] Carver, A., Timperio, A., & Crawford, D. (2008). Playing it safe: The influence of neighbourhood safety on children's physical activity—A review. *Health and Place*, 14, 217 - 227.——作者注

确保孩子安全所需要的很多办法——远离陌生人，不要透露自己的信息——与我们教给他们的要善良和帮助那些需要帮助的人是背道而驰的。我们如何才能让他们既为这个世界的残酷现实做好准备，又不让他们变得过于害怕，以至于变得不信任，对那些看上去与他们不同的人心生怀疑，并且过度担心呢？

有些父母告诉自己的孩子，如果他们迷路或受伤了，可以向警察或商店职员寻求帮助，但是，不可以和任何"丢了一只小狗"的人、"迷路"的人或"需要帮助一个生病的朋友"的人说话或者跟他们走。父母可能会向自己的孩子解释，如果跟着任何一个接近他们的陌生人走，他们可能会受到伤害，或者出现更糟的情况。如果看到一个陌生人靠近，孩子们被告知要跑去寻求帮助，如果可以的话，要找到一个电话，打给一个成年人。

然而，告诉孩子们该怎么做，甚至解释为什么，往往都是徒劳的。孩子们最关注的是他们自己想出的主意。要做到这一点，你可以问他们一系列的问题，比如：

"如果你看到一个陌生人向你走来，你可以怎么做？"

"如果一个陌生人向你走来，并让你帮他找走失的小狗（说自己迷路了，说需要帮助一个生病的朋友等等），你可以怎么做或怎么说？"

"那是个好主意吗？"

"如果你那样做了，会发生什么？"

"你会安全吗？"

"在这种情况下，你还能做什么或说什么？"

一个好建议是，将你的孩子对这些问题的回答全部进行角色扮演。通过把一些场景表演出来，你还能帮助你的孩子学会将他们在迷路或受伤等情况下能够向其寻求帮助的陌生人，与那些因为说自己迷路或者受伤而接近他们的陌生人区分开来。你可以假装自己是商场里的店员，或者消防员或警察，你的孩子可以假装需要你的帮助，练习他可以如何接近你，以及说些什么。然后，你可以假装成一个向孩子寻求帮助的陌生人，并且让你的孩子练习在那种情况下他会做什么或说什么。

另一个好建议是，告诉孩子们在被绑架时保持头脑清醒。他们能记住的任何细节——即使是看起来很小的细节——最终都能成为一条重要的线索。据 2003 年的新闻报道，一名来自美国加州圣何塞市的 9 岁女孩被从家中绑架时就是这么做的。她一直保持头脑清醒，因为她以前和妈妈谈过遇到这种情况应该怎么做。这个女孩在与绑架者交谈时很镇静，告诉他自己生病了，并尝试与他建立一种关系。她还足够警觉，记住了他的手机号码，这是他订比萨时泄露的。警方对她在被绑架期间收集到的有关绑架者的信息感到很惊讶，并在绑架者将她释放几小时后就逮捕了他。"好像她和他建立了某种关系，所以，他把她当作一个人来看待。"这位副警长说，"你能做到让对方把你当人看的程度，你就能创造一个逃跑的机会。"尽管这与她的妈妈和她讨论的场景并不完全相同，但是，和她谈论这种安全问题能够帮助她在危险场景成真时随机应变。

一位爸爸告诉我，他 8 岁和 10 岁的孩子出门时会一直带着手机。"虽然我告诉他们不要和朋友们过度使用手机，但安全问题比任何这一类的担心都重要。"只要知道他的孩子带着手机，他就放心了，当然，他们仍然会谈论万一发生不幸的事情该怎么办。

要和你的孩子谈谈安全问题，而且，不要再等待。艾丽卡·普拉特咬断绑她的绳子时只有 7 岁。她能够保持头脑清醒。美国密歇根州立大学的杰奎琳·格罗布（Jacqueline Grober）和 G. 安妮·博加特 (G.Anne Bogat) 等研究人员发现，4 岁那么小的孩子就能想出当陌生人寻求帮助时如何保证自身安全的主意——"说不""跑开"和"尖叫"。有些孩子想出了更机智的方法，比如"说'那我们就和猫玩吧'"或"说'让我们先玩个游戏吧'"，然后趁他们不注意的时候逃跑。①

无论这些想法多么初级，它们都是很重要的第一步。那些小时候在安全的环境中能想出解决方案的孩子，将会得到应对紧急状况的练习——一个可能会让他们在以后的生活中受益的习惯。

正如一位妈妈所说："孩子们必须学会随机应变。现在的世界和我们小时候的大不相同了。"

信息高速公路巡航：互联网安全

美国人口普查局的埃里克·纽伯格（Eric Newburger）的报告让我们知道，2000年，美国66%以上的学龄儿童能够在家里上网。到2010年，根据马丁·瓦尔克（Martin Valcke）及其同事的报告，多达91.2%的小学生能在家上网。你的孩子也在其中吗？如果答案是肯定的，那可能是因为你想让你的孩子享受这项富有挑战和令人兴奋的技术所带来的优势——既包括教育方面的，也包括娱乐方面的。但是，你可能也在问自己一系列的问题：上网多长时间才够，而又不会太多？你的孩子应该从几岁开始上网？互联网有多安全？

我提出了以下指导原则。

早点让孩子接触电脑和互联网。要让你的学龄前孩子坐在屏幕前，学会如何点击鼠标，并熟悉各种优质的教育类游戏。上网对这个年龄的孩子来说并不是一个真正的问题；他们会相当满足地一直玩你提供给他们的游戏。但是，要当心——即使是学龄前儿童也会上瘾。要小心地平衡孩子在屏幕前花费的时间和其他娱乐的时间。要确保他接触的是他能触摸和摆弄的东西，面对面地

---

① Grober, J. S., & Bogat, G.A. (1994). Social problem solving in unsafe situations: Implications for sexual abuse education programs. *American Journal of Community Psychology*, 22, 399 - 314.——作者注

与人沟通。

在孩子们开始有家庭作业之后不久，他们就可以利用互联网来研究课题、为报告组织信息，并获取参考书目以拓展他们的想法。他们还能找到适合自己年龄的游戏和促进其艺术及其他创造力的网站。孩子们对互联网充满了热情。就像一个 12 岁的孩子告诉我的："我能听到和看到一些东西。网上有一部完整的百科全书，比把它们全部买下来便宜多了。而且，我能听到人们为我唱成年礼[1] 的歌。"他补充说："我可以和我的朋友们玩游戏，而且棋子不会丢失或损坏。"不过，和对待年龄更小一些的孩子一样，要尽量监控他们使用电脑的时间，以便孩子们不把所有的空闲时间都花在电脑上，而把其他活动排除在外。

通过电子邮件和即时消息，孩子们可以与同学和朋友保持联系，结识与他们有共同兴趣和爱好或者可能患有相似疾病的新朋友，还可以与住得很远的朋友保持联系。你可能希望他们的好友名单经过你的允许，并且监控你的孩子在网上结识的任何新联系人。

然而，伴随着所有这些好处，网络空间里也潜藏着很多风险，而且孩子们需要意识到它们。在安全方面，郑燕（Zheng Yan）的研究发现，直到 8 岁，孩子们对网络的理解和直接在线体验都有限，因此，严格的过滤程序是适当的。选择没有外部干扰的网站是很重要的。8 岁以后，仅仅过滤就不够了，郑燕建议要教给孩子如何安全地使用互联网。[2]

下面是你如何使用"我能解决问题"法做到这一点。

不管你的孩子年龄多大，都要弄清楚他对上网的安全问题已经知道些什么。然后，你就可以填补他知识上的空白。要确保他

---

[1] 成年礼，Bar Mitzavah，犹太男子成人仪式，于 13 岁生日举行。——译者注

[2] Yan, Z. (2005). Age differences in children's understanding of the complexity of the Internet. *Applied Developmental Psychology*, 26, 385 - 396.——作者注

了解使用互联网的基本规则：绝对不能泄露个人信息，比如姓名、地址、电话号码、就读的学校或每天的日程安排。

如果你的孩子不理解这样做的必要性，你要问："如果你和一个陌生人聊天，并告诉他你住在哪里，可能会发生什么？"

另外，要谈谈你的孩子可能想和他在互联网上认识的人实际见面的情形。要问类似这样的问题："如果你去见一个你不认识的人，可能会发生什么？"你的孩子可能会回答："你就不会再让我上网了。"如果你的孩子不遵守规则，确实有这种可能性。

通过运用"我能解决问题"法，我相信你能通过鼓励你的孩子考虑与安全相关的后果，来防止这种类型的危险变成现实。也就是说，要问类似这样的问题：

"你怎么知道你的新朋友真的是朋友？"

"为什么有人想知道你住在哪里？"

"如果结果证明那个人不是你的朋友，会发生什么？"

通过这一系列的问题，你的孩子将会明白，与我们在互联网上结识的人见面，和被街上遇到的陌生人引诱上车没有什么不同。你可以告诉你的孩子："我们绝不能这么做。"通过鼓励你的孩子告诉你可能会发生什么，你就不必告诉他为什么了。你的孩子会理解，他绝对不能独自去见在网上认识的人——你会一直陪着他，而且只能在一个公共场所见面。

为了避免这样的问题出现，许多父母告诉我，他们觉得把电脑放在起居室里最让人放心，在那里他们可以监控孩子在做什么，以及他们使用了多长时间。甚至安全过滤器也不是万无一失的，聪明的孩子在长大一些后能避开它们。另一个好处是，使用电脑成为了一项家庭活动。正如一个 11 岁的女孩告诉我的那样："我很兴奋，因为我们一起上网。"

到大多数孩子快要进入青春期的时候，他们可能想要维护自己的独立性，辩称他们的电脑不需要过滤器。"怎么回事，"他们问，"难道你不信任我吗？"这个问题肯定会让父母感到很被动。但是，这并不能让父母们不再担心自己的孩子会接触到令人讨厌甚至危险的网站，比如那些试图引诱孩子接触色情、毒品、酒精、烟草甚至暴力的网站。

正如我在第 2 部分的引言中提到的，孩子们可能会避免披露危险的行为，因为他们害怕被禁足，害怕自己的隐私被侵犯，或者从父母那里得到其他不想要的结果。正如费伊·米什纳（Faye Mishna）、迈克尔·塞尼 (Michael Saini) 和史蒂文·所罗门 (Steven Solomon) 所了解到的那样，那些遭受网络欺凌的 5~8 年级的受害者可能也不愿意披露——在这种情况下，是因为他们害怕父母可能会剥夺他们上网或使用手机的特权。[①] 正如这些作者解释的那样，这个年龄段的孩子会把父母以切断他们与他们的社交世界的联系的方式来保护他们免受伤害的努力，看作是一种极端的惩罚。

马丁·瓦尔克和他的同事们的研究报告证实，用热情、接纳和倾听的方式养育孩子，可以使孩子更安全地使用互联网，在线互动行为更正面，对互联网的复杂性也会有更好的理解。

奥斯汀，12 岁，在争取上网的自由，并最终向父母提出了他想出来的一个解决方案。"让我自己选择我想要访问的网站，我会告诉你们，"他提议道，"如果你们不喜欢我选的网站，可以叫我停下来，我就会停下来。"

爸爸下意识的反应是说："儿子，你还没有做好一个人上网的准备。"但是，在和妈妈谈过之后，他同意试试奥斯汀的主意。这是个好决定。奥斯汀觉得他的父母很信任他，而且，他们一起花在谈论他喜欢访问的网站而不是他不喜欢的网站的时间，让他们对他从互联网上了解到什么做了进一步的讨论。正如奥斯汀的

---

① Mishna, F., Saini, M., & Solomon, S. (2009). Ongoing and online: Children and youth's perceptions of cyber bullying. *Children and Youth Services Review*, 31, 1222 - 1228.——作者注

爸爸告诉我的那样："我和儿子在一起的时间比以往任何时候都多。"也许最重要的是，这个家庭现在已经习惯了彼此交谈，这对未来几年是个好兆头。当奥斯汀进入青春期，并且想自由地上网时，他和父母将知道如何一起谈论这个话题，以及如何去协商新的界限。

讨论网络安全的目的不是为了吓唬你的孩子，正如你不想让他担心他在街上遇到的每个陌生人都有邪恶的想法一样。其目的是要让你的孩子意识到一些危险的存在，并教他如何采取预防措施，以便他能自由地去发现上网带来的挑战和乐趣。

第 *18* 章

责任感

"地板中间是放玩具的好地方吗？"

你 4 岁的女儿每次玩完玩具后都会把它们随便丢在原地。你解释过玩具应该放在她的房间里。但她已经知道了。你已经告诉过她一千次，玩完玩具后要收起来。当她问为什么时，你生气地大叫："因为是我说的！"或者"别让我再说一遍！"

为了减轻"玩具扔在地板中间"的烦恼，一位邻居建议你带你的孩子去商店，让她挑选一些颜色鲜艳的储物箱。你把储物箱买回家之后，安装好，然后教给她积木可以放在其中一个里面，

马克笔可以放在另一个里面，乐高积木可以放在第三个里面。但两周后，这些储物箱仍然是空的，她的玩具仍然在地板上。这时，你彻底被激怒了。"如果你现在不

把那些玩具收起来，"你发现自己尖叫着说，"你就不能玩儿了！"

但是，这当然不管用。你完全不知道还能怎么办。

要尝试帮助你的孩子思考为什么地板中间不是放玩具的好地方。奥黛丽是 6 岁的肖恩的妈妈，她一直等到自己平静下来，才问了儿子一个重要的问题："**如果**你把卡车留在客厅的地板上，**可能**会发生什么？"

肖恩的第一反应只是说："我不知道。"

奥黛丽没有放弃。"我敢打赌，如果你努力想想，你一定会想到些什么的。"她说。

肖恩又试了一次："你会不让我玩儿了。"

这确实是一个潜在的后果，是接下来可能会发生的事情。但是，这不是奥黛丽想要的答案。使用"我能解决问题"法的父母会努力帮助孩子思考对别人造成的影响，而不仅仅是可能发生在孩子身上的事情。奥黛丽很想告诉他她想听到的答案，但她忍住了。相反，她通过问另外一个问题，温和地引导他朝她想让他思考的方向走："**如果**奶奶来看你，并且她没有看到你的卡车，而是一直往房间里走，可能会发生什么？"

在这个提示下，肖恩说："她可能会踩到它，把它弄坏。"这仍然不是奥黛丽寻求的答案，她继续说："还有可能发生什么？"肖恩不得不继续思考。过了好长一段时间，他看着她，轻声说："她可能会踩到它，并且摔倒。"

现在，肖恩想到了一些他以前从来没有想过的事情。奥黛丽接着说："**如果**发生那样的事情，奶奶**可能**会有什么感受？"

"**生气**，"肖恩回答说，"而且很**伤心**。"

现在，奥黛丽问："**如果**发生那样的事，**你**会有什么感受？"

"**伤心**，"肖恩说，"而且很**生气**。"

这时，奥黛丽问："你现在能做些什么，才不会有人摔倒，而且你也不会感到伤心或生气？"

像这样的问题不仅会帮助你的孩子把注意力集中在如果别人

受伤会有什么感受上，还能让他关注到如果发生那种情况**他**会有什么感受。而这可能会激励他把玩具挪到一个安全的地方。

当我们威胁孩子或向他们解释后果时，孩子们通常会对这些要求、建议和解释充耳不闻。早在 4 岁的时候，孩子们就能回答那些既帮助他们了解自己的感受又关心他人的问题。你可能再也不用告诉你的孩子应该把玩具放在哪里了。

家务战争

你的孩子会"忘记"倒垃圾吗？或者，他坚持说他的作业太多，没时间洗碗？也许他把衣服扔在他的床周围的地板上，而不是放到洗衣篮里。

你对此会做何反应？你让你的孩子做家务，原本是因为你认为这是学习责任感的一个好方法。你就是这样学习责任感的。你在家里也需要一些帮助。但现在，关于家务活的争吵已成为一个真正的问题，每天都在制造紧张；与其说这是一种帮助，不如说是一个麻烦。你自己把衣服捡起来或者把垃圾扔出去要容易得多。

但是，这并不能解决根本问题——而且，也肯定不能教给你的孩子责任感。这里是你用"我能解决问题"法赢得家务战争的一些方法：

- 让你的孩子选择一项他能掌握的技能——而且要早点开始。4 岁的本杰明喜欢整理自己的袜子，并把它们放到他的抽屉里专门放袜子的地方。
- 确保家务不会妨碍到孩子做家庭作业、与朋友相处的时间或对你的孩子来说重要的其他活动。
- 当你的孩子总是"忘记"做家务时，要弄明白他在想什么。9 岁的盖尔认为倒垃圾是她哥哥的事情。当妈妈问她想做什么时，她说她会摆餐具。

· 让你的孩子提前计划好他将要做什么，以及什么时候做。
  这会让他更有条理，而且他更有可能完成那些他自己计划
  好的任务。如果时间真的不允许在某一天或某一时间完成
  一件家务，要问问你的孩子能做些什么来解决这个问题。
  例如，如果她真的有很多很难的数学作业，想在感到太累
  之前做完，她可以把盘子泡在水槽里，等到做完作业再去
  洗。她也可以和哥哥交换家务活，以便她当晚在晚餐前摆
  放餐具，哥哥在餐后洗碗。

· 让家务保持在可控制的范围内。告诉你的女儿去打扫她非
  常凌乱的房间，可能会让她感到不知所措；她不知道从哪
  里开始。你可以问她想先做什么，然后做什么，最后做什么。
  那样，她可以决定先收拾袜子，然后整理好桌子，再整理
  好床铺。或者，你可以问她想从哪里开始——是从窗边的
  角落开始，还是从离她的壁橱或门最近的地方开始。这样，
  孩子们仍然会感到他们的房间是他们自己的领地，因为是
  他们自己决定了什么应该收起来，以及什么时候收。

一位妈妈为她 10 岁的儿子威尔一直"忘记"整理洗好的衣
服而感到伤心。她努力把自己的感受藏在心里，但是，最终她变
得非常生气，以至于她不大喊大叫就不能跟儿子说话了——这让
他们的关系恶化，并且让她感觉更糟了。在学过谈论感受之后，
妈妈问儿子："当我回到家，发现洗好的衣服还在烘干机里时，
你认为我有什么感受？"

"**生气**。"威尔回答道。然后，他停顿了一下。"我不喜欢
整理衣服，妈妈，"威尔承认说，"这太……像女孩子干的事了。
难道我不能做点别的事情吗？"

"你想做什么？"妈妈问。

"晚餐后收拾餐桌。"威尔说。

那次谈话让妈妈理解了儿子的看法，威尔也逐渐理解了她的

观点。重要的是，妈妈意识到，她真正的目标不是让儿子把衣服整理好，而是让儿子学会承担责任。

学会承担责任是一项重要的人生技能，要早点开始。那些现在有自豪感和成就感的孩子，将会把这种感觉保持到成年时期。

"为什么我的孩子这么健忘？"

有些孩子"忘记"做某件事，是因为他们真的不想做——或许是像倒垃圾或打扫房间这样的家务。有些孩子是真的忘记了他们想做和需要做的事情。

这似乎是不可避免的——在你给孩子买了一件崭新的冬装夹克，就是他想要的那一件的当天，他就把它忘在了学校里。或者，在重要的科学考试的前一天，他把课本忘在了柜子里。有些孩子向朋友借东西——借一美元去买零食，借一本书读或借一支笔——并且忘了还回去，直到另一个孩子打电话来要。另一些孩子忘记了为班级旅行向父母要钱，或者完全忘记了班级旅行这件事。

我们可以跟孩子解释说，忘在学校里的外套可能会被偷走；如果没有书，他们就无法备考；如果他们不归还借的东西，他们的朋友就会不信任他们。但是，大多数孩子已经知道这些。当他们听到我们解释这些事情时，他们会对我们的话充耳不闻。而且，他们仍然会忘记。

佩里 11 岁的儿子韦恩太容易分心了，以至于他把食物放进微波炉里后，开始看一本杂志，忘记了微波炉里的东西。"当我那天晚上用微波炉的时候，我发现他的汤还在里面。"佩里说。

"他和朋友聊天，把图书馆的书忘在了朋友家里——然后他被罚款了，因为他不能在到期时还书。我猜，孩子们就是不能像我们那样同时做几件事。"佩里补充道。

卡门告诉我，她 7 岁的女儿莫妮卡比她 5 岁的女儿艾比更健忘，这可能是因为莫妮卡脑子里想的事情更多——家庭作业、课外活动、在上学日晚上有限的打电话时间里决定打给谁。卡门开始认为她需要花更多的时间帮助莫妮卡变得有条理，但不知道从哪里开始。

如果这些孩子听起来和你的孩子很像，你可以做以下这些事情。

不要告诉你的孩子可能会发生什么，而要选择一个你能引起他们注意的时间，并问他们：

"如果……可能会发生什么？"

"如果你把外套忘在学校里，可能会发生什么？"

"如果你把书忘在柜子里，可能会发生什么？"

"如果你把从图书馆借的书忘在朋友家里，可能会发生什么？"

"如果你忘记归还从一个朋友那里借来的东西，可能会发生什么？"

大多数孩子都能想到后果：他们的外套可能会被偷；他们不能备考；如果他们不按时归还图书馆的书，就会被罚款；如果他们不归还借来的东西，就可能失去朋友的信任。

如果你的孩子不能想到这些事情，你可以引导他，而不要告诉他。例如，你这样问："**如果**你不认识的人看到了你的新外套，又没有其他人在场，**可能**会发生什么？""**如果**你有一场考试，而你没有书，**可能**会发生什么？"

一旦你的孩子想到了潜在的后果，你就可以问："**如果**发生那样的事情，你认为你**可能**会有什么感受？"一旦他了解了自己的感受，就会更愿意解决"遗忘"这个问题。与其给他一个建议，不如让他自己想出一个答案。

现在问："你怎么做，下次才能记得把你需要的东西带回家（或者归还你借的东西）？"

维克托，8岁，总是把书忘在学校，他说："我可以在储物柜上贴一张纸条，写上'检查今天布置的家庭作业'和'看看是否有考试'"梅兰妮，10岁，经常从朋友那里借书，并在之后忘记还给他们。她决定给自己写个便条，写上朋友的名字和还书的日期。

第一次或者第二次可能不会奏效。但是，比起我们的建议或要求，当一个孩子自己想到一个主意时，他会更愿意执行。

这正是发生在5岁的丽娃身上的事情。她经常在晚上忘记刷牙，尤其是在猫或她的妹妹跟着她进浴室的时候。她们会开始玩耍或聊天，而丽娃甚至都不碰牙膏。当妈妈问丽娃怎样才能记得刷牙时，丽娃说："在镜子上贴一张牙齿的图画。"丽娃自己画了一幅图画，每个人都被逗乐了。这张图画可能很滑稽，但是丽娃再也没忘记刷牙。

通过让你的孩子自己思考和解决问题，你还改变了这种讨论的本质。你关注的不是孩子忘记了什么，而是他如何才能记住。最终，他会开始为自己的能力感到自豪。

"你自己做！"

你的孩子想让你给他倒果汁、把吐司放进烤面包机、给他切食物、扣上外套的扣子，甚至给他的汉堡倒番茄酱吗？他甚至在把书从书包里拿出来之前就告诉你他不会做作业吗？

你是如何回应的？你对他大喊"你自己做！"，还是厌倦了争吵和喊叫，只是让步，并为他做？

很多父母没有意识到，是他们自己造成了这些问题——通过在孩子很小的时候为孩子做所有的事情。孩子们不会自动学会独立，必须有人教给他们。以下是托比的父母如何在他8岁的时候帮助他克服了对父母的持续依赖。

他们没有不停地唠叨或解释为什么托比要自己做事情，而是编了一个名为"我能自己做些什么？"的游戏。

首先，他们让托比列出他想让妈妈和爸爸为他做的三件事。

273

他们保证会在他身边帮助他，并让他选择一件事情试着自己做。托比说他要自己倒果汁。

托比慢慢地去做这件事，先从冰箱里取出果汁，然后拿着它走向餐台。"如果我洒了怎么办？"他问道——但因为这是一个游戏，他笑了。

他的父母也笑了，看着他非常谨慎地倒果汁。当他倒好后，他脸上露出了灿烂的笑容，非常享受地喝着自己倒的果汁。

那天晚上，托比让他的父母帮他收拾书包。他的父母没有像往常一样脱口而出："你自己做！"而是提醒了他这个游戏。现在气氛变了，托比说："哦，是的，我可以自己做。"

让托比独立做家庭作业花的时间稍微长一些，但确实做到了。一天，托比带着一份历史作业回家，要找出有关亚伯拉罕·林肯的传记资料。历史是托比最不喜欢的科目，他不想做。但是，爸爸已经准备了一个很好的问题："关于亚伯拉罕·林肯，下面哪一条是正确的？"他问，"他是美国雪茄公司的第十任总裁，波多黎各第十二任总统，还是美国第十六任总统？"

托比大笑，因为他知道答案，他满脸笑容地说："美国第十六任总统！"

看到托比很兴奋，爸爸问："他当总统期间做了哪些重要的事情？你可以在电脑上查一下。"

"爸爸，你能为我做吗？"托比问道。但是，接着他就笑了。"哦，是的，"他说，"我可以自己做。"在他搜索资料时，爸爸一直陪在他身边，然后，他们一起讨论了他们读到的东西。从那之后，托比就能自己完成作业了。

有些孩子总是依赖父母来帮他们寻找自己经常放错地方的东西。如果这听起来像你的孩子，你要通过问下面这个问题，来努力让孩子更自立："你今天在哪里玩你的洋娃娃了？"如果这还不能让她找到丢失的洋娃娃，要问她："你还在哪里玩你的洋娃娃了？"如果还不行，要问："在我帮你找你的洋娃娃之前，你能想出现在做的事情吗？"

一个 4 岁那么小的孩子可能会回答："我可以用蜡笔画画。"这时你应该说："你是解决问题的能手。"尽管她还没有找到她的洋娃娃，但她正在认识到你并不总是会有求必应。而且，在她等待的时候，她可能会自己想起她的洋娃娃在哪里。

为了帮助我们的孩子学会独立，我们一定不能让他们过度依赖我们。而独立的种子早在幼儿园的时候就能够种下。要赞扬你的孩子获得的新技能，鼓励你的孩子去练习，并且要让他们知道犯错误没关系。那些现在情感上有力量去解决日常生活中的障碍的孩子，不太可能会害怕未来的挑战。

我应该给孩子零用钱吗？

当我还是个孩子的时候，我的父母每周给我固定数额的零用钱——根据我的年龄，而不是根据我在家里做了什么或没做什么。有些父母把零用钱和家务活联系起来，而有些父母则完全不给孩子零用钱。相反，他们会在合理范围内给孩子想要的钱，只要孩子做了应该做的事情。

每一种选择都有其优点和缺点。下面是在你决定如何处理零用钱的问题时要考虑的事情。

如果你决定每周给孩子零用钱：

· 孩子们可以为他们想要的东西存钱，学会理财，并提前做计划。
· 他们可能不会再缠着你要钱，因为他们知道自己什么时候能拿到多少钱。

然而，当你的孩子想要更贵的东西时，你可能最终会给他额外需要的钱。而你可能会相信你的孩子在不劳而获——这会教给孩子钱来得太容易。

如果你因为孩子们做家务（打扫房间、洗碗、叠衣服）而给他们钱，他们会：

· 学会珍惜金钱。
· 理解钱是要挣来的。
· 不太可能轻率地花钱。
· 培养更强的责任感。

然而，你可能会讨厌因为孩子做了他们作为家庭成员原本应该做的日常家务而付钱给他们。此外，那些因为做家务而得到报酬的孩子可能会只想到他们自己，而不是家庭的需要；他们做家务只是为了得到报酬——这是错误的理由。

如果金钱取决于好行为：

· 孩子们可能会表现得更好。
· 孩子们可能会将钱看作是挣来的，就像如果他们做家务就会挣钱一样。

然而，孩子的好行为是建立在外部奖励的基础上的，而不是因为内心真正想这么做。

孩子们对这几种方式是怎么说的呢？

关于每周的零用钱，9 岁的艾丽西亚认为存钱能帮助她学习数学。她解释说："我存了多少钱，以及决定我能花多少钱，要进行加和减。"12 岁的凯丽看到了存钱的好处："把我的钱存起来，能帮助我更多地思考自己到底有多想要某样东西。"但是，丹内特害怕花自己的钱，因为"如果我现在花了钱，可能会出现我更想要的更新、更贵的东西"。而 8 岁的加里补充说："但我不能把钱花在任何'破坏我的大脑'的东西上。"这意味着即使攒够了钱，他也不能买宣扬仇恨的音乐 CD 或暴力电子游戏。"但没关系，"他补充道，"我仍然可以得到我想要的东西。"

爱德华，10 岁，每周做家务赚钱，他说他不在乎为了某个特别的东西攒钱而不得不做额外的家务。"我只会因为得到它而心怀感激。"他说。

11 岁的玛西的妈妈遵循第三种选择，给女儿钱让她在学校买零食，和朋友一起去看电影——但是，只有在她做了她应该做的事的情况下，也就是打扫房间、做作业、在学校里不惹麻烦。她妈妈解释说，她当然不会因为一点点违规就扣钱。但是，她解释说，如果不得不"一次又一次"地提醒玛西洗碗，那么当玛西要钱时，她不会给。

我问玛西对此有何感受，她说："我努力确保自己做正确的事情。我不想在向妈妈要钱时，听到她说'这次不行。你不应该去看这部电影，因为你忘了做家务'"。

如果你偶尔不给钱，不会有什么害处。我自己的感受是，金钱奖励或惩罚的威胁不应该是驱使孩子"把事情做对"的主要力量。

10 岁的肯德拉和费利西亚每周得到钱的方式不同：他们通过做一些特别的家务或按时上学或睡觉来获得分数。他们认为这是个好主意。"你不会因为没有原因就得到钱而感到内疚。"肯德拉解释道，并补充说，"我会把我的钱存起来，爸爸妈妈希望我有责任感。"

对于害怕花自己存的钱的丹内特来说，也许给她钱去买她想要的小东西是个好的选择——至少在一段时间内是这样。这样，她就可以自由地去花自己已有的钱，并且慢慢地找到花一些积蓄也能感到安全的方式。

无论你选择哪一种方式，孩子们都能像艾丽西亚那样学会数数和数字运算。他们可以像丹内特一样学习如何规划未来，也可以像肯德拉所说的那样学习责任感。

阿妮塔·德雷弗（Anita Drever）和她的小组查阅了大量的

文献，这些文献描述的是那些为了自己想要的东西学习等待的孩子如何能够规划未来，以及如何为了稍后达到更理想的目标（例如一辆自行车）而不被眼前的诱惑（例如糖果）分散注意力，如何在学业上表现得更好，并且如何培养能够为成年后的财务状况打下基础的技能。[①]

德雷弗和她的同事建议，父母可以通过公开讨论他们如何为花钱和存钱做决定，来树立一个榜样。早在幼儿园时，孩子们就能够倾听你如何为了你想要的东西而等待，计算钱，并且做出财务决定。当他们在 6 岁或 7 岁得到第一笔零花钱时，他们就已经开始培养日后自己做决定的基本技能了。这些研究人员还建议，应该鼓励父母为孩子提供有关消费和储蓄的决策资源，并与孩子们讨论他们的决定。

用"我能解决问题"法，你可以和你的孩子谈论他们的零用钱，无论你选择哪种方式给孩子们分配零用钱：

"有没有什么想要的东西是你值得为它节省零用钱的？"
"有什么事情可能会阻碍你实现这个目标？""
"你认为攒够钱需要多长时间？"
"如果你现在花太多零用钱买你想要的东西，可能会发生什么？"
"如果发生这种事，你会有什么感受？"
"你现在能怎么做，才能不发生这种事，而且你也不会有那种感受？"

问孩子们有什么感受，可以打开父母和孩子的沟通之门——在这种情况下，就是自由地讨论他们的消费和储蓄的决定，而不

① Drever, A.I., Odders-White, E., Kalish, C.W., Else-Quest, N.M., Hoagland, E.M., & Nelms, E.N. (2015). Foundations of financial well-being: Insights into the role of executive function, financial socialization, and experience-based learning in childhood and youth. *The Journal of Consumer Affairs*, 49, 13‑38.——作者注

用担心受到批评。类似这样的问题还有助于培养一些技能，比如为未来做计划、延迟满足、面对当前的干扰和诱惑时专注于重要事情的能力，以及思考实现储蓄目标的不同方法的能力。这些技能会给他们日后的财务状况和生活带来益处。

处理孩子的金钱问题没有绝对正确或错误的方法。重要的不是你如何给你的孩子钱，而是孩子如何珍惜和花费他们得到的钱。

第 *19* 章

健康与健身

帮助你的挑食的孩子

你3岁的孩子不愿意吃豌豆吗？他会用叉子把意大利面压扁而不是吃掉吗？你的孩子就是拒绝尝试任何新食物，不管是什么吗？当给他一盘他不认识的食物时，他会说"恶心！"或者"不吃！"吗？

挑食在多大程度上是基因决定的倾向或者婴儿喂养方法所造成的结果，这个问题超出了本书的范围，但是，西尔维亚·斯卡利奥尼（Sylvia Scaglioni）、米歇尔·萨尔维奥尼 (Michelle Salvioni) 和辛西娅·加林贝蒂 (Cinzia Galimberti) 报告说，那些限制孩子吃特定食物的妈妈，可能会让那些不被允许吃的食物产生更大的吸引力（"禁果"综合征），而且过分强调吃健康食物也可能会造成孩子挑食。[1] 家庭生活中一些最困难的时刻往往出现在吃饭的时候。试图让孩子们吃我们知道对他们有益的食物，

---

[1] Scaglioni, S., Salvioni, M., & Galimberti, C. (2008). Influence of parental attitudes in the development of children's eating behavior. *British Journal of Nutrition*, 99, S22 - S25.——作者注

或者让他们的饮食多样化，可能会变成一场激战。最后，我们会说出一些从未想到自己会说的话，比如"如果你不吃西蓝花，就别想吃甜点！"或者"在吃完所有的水果之前不能离开餐桌！"或者"你知道我花了多长时间做这顿饭吗？"

唠叨孩子对他们吃饭没有帮助；事实上，这可能会让他们比以前更坚决地拒绝让自己觉得讨厌的食物进入嘴巴里。你不能强迫孩子吃东西，正如你不能强迫他睡觉一样。我知道这一点。我在 10 岁那年参加夏令营时，我的辅导老师要求我把蓝莓派吃完才能离开餐桌。我讨厌蓝莓派。我想如果我在那里坐的时间足够长，她就会放弃。但她没有放弃。最后，我吃了一些，她让我走了。我一获得自由，就把蓝莓派吐了出来。

这里有一些建议，或许可以给你的挑食的孩子带来帮助。

首先，在给孩子吃一种新食物之前，要确保你的孩子饿了。如果他在晚餐前没有饱餐一顿薯条和苏打水，就更有可能吃茄子。

对于年龄非常小的孩子，你们可以玩一系列字词游戏，不仅仅在吃饭的时候玩，在一天里的任何时候都可以玩。要从用**一些**、**所有**、**不**这些字词开始玩这个游戏。你可以这样说：

"指给我看这个房间里**所有**的椅子。"
"现在，指给我看**一些**椅子。"
"指给我看**不**是椅子的东西。"

你可以用家里的任何东西来玩这个游戏。你还可以走进厨房，说：

"告诉我**一些**这里你**不**能吃的东西。"
"告诉我**一些**你可以在浴室里做但在厨房里**不**能做的事情。"

然后，当你们一起吃晚餐时，要说："指出你盘子里的**一些**豌豆。现在，指出你盘子里**所有**的豌豆。指出你盘子里**不**是豌豆的食物。"

由于这些词已经跟好玩联系在一起，你现在可以说："我敢说，你能吃掉**一些**豌豆。你**不必**把**所有**的都吃掉。"

你的孩子可能只吃了两个，甚至一个——但是，如果这是他第一次吃的话，这就是一个好消息。

如果你的孩子能和你一起去杂货店（当然，在他不饿的时候），要让他挑一种蔬菜或任何新的食物。要让他帮你准备这种食物，即使他只是往里面加了一些盐或拿着它在水龙头下冲洗。克拉辛·范·德·霍斯特（Klazine Van der Horst）支持这种克服挑食行为的方法，她发现，帮忙准备食物不仅能让孩子接触到各种各样的食物，让孩子产生一种拥有感和自豪感，还能增加吃东西的乐趣。[①] 与简单地提供给他们的食物相比，有些孩子更有兴趣吃他们参与准备的食物。

让孩子参与准备食物还有另一个好处：能帮助解开谜团。例如，每次鸡肉被端上餐桌的时候，8岁的贝琳达都会挑衅地说："我讨厌这个！"

她那被激怒的妈妈就会说："这不是餐馆。做了什么你就要吃什么！"这时，贝琳达会离开餐桌，跑回她的房间，什么也不吃。

接下来的那个星期，当妈妈在准备鸡肉时，贝琳达碰巧在厨房里，而且她注意到妈妈慷慨地在上面撒了很多调味料。"这就是我不喜欢鸡肉的原因，"贝琳达叫道，"你做得太辣了！"

贝琳达的妈妈知道该怎么做了。她问贝琳达想要吃哪一块，并且没有在那块上面撒调味料。那天晚上，贝琳达和家人一起吃了鸡肉。

如果你的孩子在外面吃某种特别的食物，却不吃你做的，那可能是因为做法不同。例如，多米尼克，4岁，在家里从来不吃豆子，但总是在奶奶家吃。在被问到为什么时，多米尼克说她不

---

① Van der Horst, K. (2012). Overcoming picky eating: Eating enjoyment as a central aspect of children's eating behaviors. *Appetite*, 58, 567 - 574.——作者注

知道。妈妈感到很伤心。一天，妈妈问奶奶是怎么做豆子的，奶奶解释说她用大蒜盐调味。当妈妈在家里尝试这么做时，多米尼克说"这味道就像奶奶做的一样"，并且毫不费劲地吃了起来。

你也可以尝试在烹饪食物上做点儿创意。彼得，8岁，是一个超级棒球迷。一天晚上，他的妈妈灵机一动，给他把盘子里的豌豆摆得像"绿色的小棒球"，并把它们放在用切碎的生胡萝卜做成的"球棒"旁边。另一位妈妈的儿子很喜欢动物，她把一些小动物饼干放在由胡萝卜摆成的正方形"栅栏"里。然后她说："这个农场就是为你准备的。"

类似这样的主意很可能会将孩子的反应从"恶心！"和"不吃！"变为微笑。你的孩子甚至可能同意尝试**一些**新食物——至少是一些，甚至是**所有**。

如果你的孩子真的很抵触某一种食物，他可能在很长一段时间里都不会对这些建议做出回应。事实上，他可能永远都不想尝试。有些孩子就是拒绝吃某些食物。这不值得争吵。专家们一致认为，如果你提供了均衡的饮食，大多数孩子会选择足够健康的食物——也许不是每顿饭，但在一周的时间里是这样的——而且他们会很健康。

顺便说一句，直到今天，我再也没有尝过一口蓝莓派。

你的孩子身体健康吗？

儿童肥胖——甚至是幼儿肥胖——正在成为美国一个全国性的新健康问题。正如杰弗里·科普兰（Jeffrey Koplan）和他的同事告诉我们的，成千上万的美国儿童吃油腻的食物，而且没有得到足够的锻炼来保持健康。他们援引的美国医学研究所的一份报告称，在过去30年里，学龄前儿童、2~5岁儿童和12~19岁青少年的肥胖人数增加了一倍以上。在6~11岁的儿童中，这一比例增加了两倍多。① 正如古罗马人常说的："有健康的身体，才有健康的心灵。"换句话说，我们的身体健康和情感健康是交织在一起的。

很容易就能看出我们是如何陷入这种困境的。随着更多的父母工作时间的延长，我们没有时间每天都准备健康的膳食。与此同时，许多孩子自己也过着忙碌的生活。即使他们活动量很大，在橄榄球训练完回家的路上吃个汉堡和炸薯条，变成了一种比家里做的饭更有吸引力的替代选择——但是，这当然也破坏了下午锻炼带来的益处。

同时，我们看电视的时间更长，而且会在电脑前花费好几个小时，这可能会锻炼我们的手指，甚至可能会锻炼我们的大脑，但锻炼不了我们的身体。正如《你的活泼的孩子》（*Your Active Child*）一书的作者雷·皮卡（Rae Pica）告诉我们的那样，看电视时间的增加会导致身体脂肪增加，以及健康水平下降。孩子们不仅不能在看电视的时候燃烧卡路里，还经常在这段时间吃东西。皮卡补充说，体重增加过多的后果不仅包括身体上的危害，如高血压、糖尿病、骨骼发育不良，甚至某些癌症，而且还有情感上的危害，正如科普兰和他的团队最近证实的那样。超重的孩子经常是学校里被取笑和嘲笑的对象，特雷莎·格雷夫斯（Teresa Graves）、安德鲁·迈耶斯（Andrew Meyers）和丽莎·克拉克（Lisa Clark）最近也证实了这一点，超重的孩子容易受到同龄人拒绝、消极的自我概念和某些形式的病状的折磨。② 这些孩子往往不想去上学，而且饱受考试不及格之苦，因为他们对做作业不感兴趣，而且不能集中精力考试。

---

① Koplan, J.P., Liverman, C.T., & Kraak, V.I. (2005). Preventing childhood obesity: Health in the balance—Executive summary. *Journal of the American Dietetic Association*, 105, 131–138.——作者注

② Graves, T., Meyers, A.W., & Clark, L. (1988). An evaluation of parental problemsolving training in the behavioral treatment of childhood obesity. *Journal of Consulting and Clinical Psychology*, 56, 246–250.——作者注

有什么补救措施吗？告诉孩子离开沙发、不要吃那么多以及唠叨他们，都不会有帮助。我们怎样才能够让我们的孩子离开沙发，离开他们的电脑和游戏机，离开游戏厅，投入到更有活力的追求中去呢？

你可以在孩子很小的时候就向他们灌输对运动的热爱。皮卡列出了从婴儿期开始适合各个年龄孩子的安全运动，告诉我们像散步、跑步、跳跃和攀爬这样简单的活动都有很多好处，其中最重要的是，它们能刺激心脏、肺和其他重要器官。

帮助你的孩子学会热爱运动的一个方法，是找一些锻炼的视频，网上有很多：比如，瑜伽现在就很流行。而且，有些视频是以 3~4 岁的孩子为受众的。瑜伽很温和，但也很费力。孩子们很喜欢，因为在做这些体式时，他们可以把自己变成树，模仿我们熟悉的动物，比如栖息在树枝上的老鹰、蹲在池塘边的青蛙、伸展腿部的小狗。

伸展运动和呼吸运动也能帮助你。你在家锻炼的时候可以加入这些运动，并鼓励你的孩子和你一起做。这些运动能增加力量和灵活性，并且帮助你放松。当你定期练习这些技巧时，你可能会发现你在白天会更加平静而且情绪复原能力更强，从而使你能更好地应对那些让情绪不安的事件。

在瓦莱丽·李·谢弗（Valerie Lee Schaefer）所写的备受大众喜爱的著作《对你的关心和照顾：女孩身材保持指南》（*The Care and Keeping of You:The Body for Girls*）中，她向我们展示了瑜伽和其他形式的健身活动如何能建立自信并增强能量，增强心脏系统，增加肌肉张力和力量，并深化我们在晚上放松和睡眠的能力。她的书对即将进入青春期并且对自己不断变化和脆弱的身体非常敏感的女孩们特别有帮助。

在与美国德雷克塞尔大学体育心理学家兼体育系主任埃里克·齐默尔（Eric Zillmer）博士的交谈中，她告诉我，儿童和成人对体育活动的看法相当不同。考虑到这些差异，齐默尔推荐了以下这些指导原则，来作为让健身成为儿童日常生活的一部分的手段：

- 年龄小的孩子进行的活动应该是无组织的和自发的，尽管要由一个成年人指导。
- 不应鼓励长时间、剧烈的体育锻炼。应该允许孩子们在需要的时候停下来。
- 健身应该被视为一种生活方式，是休闲时间的一部分。

重要的是，齐默尔提醒我们："适度的体育锻炼对幼儿和青春期孩子来说是非常健康的。它能建立自尊，让他们和朋友们聚在一起，给他们一种对自己身体的掌控感。"

特蕾莎·格雷夫斯和她的同事进行了一项研究，让6~12岁的孩子和他们的父母参加一个与"我能解决问题"法有关的项目。在这个项目中，父母们要想出关于体重控制问题的解决办法，列出可能的替代方案并进行评估，然后制订计划。例如，如果父母认为在郁闷、孤独或无聊的时候吃东西是一个问题，替代方案可能包括离开房间、给一个朋友打电话、把一项计划付诸行动（比如如何、什么时候以及在哪里实施这些解决方案），以及在评估这些解决方案后，思考更多的主意。与那些仅接触信息或行为技术的家庭（例如，营养数据或自我监测）相比，解决问题组的体重和体重指数降低更多。

我们自己的研究发现，4岁和5岁孩子的父母解决问题的能力越强，他们的孩子解决问题的能力就越强。我建议让孩子们参与寻找和评估与肥胖有关的问题的解决方案，并且到孩子8岁的时候，让他们参与规划实现目标（减肥）的步骤，预测可能妨碍实现这个目标的障碍，并评估实现目标可能需要多长时间。从7岁或8岁开始，你可以问孩子一些有趣的问题，比如：

"你的目标是什么？"

"要达到这个目标，你能做的第一件事是什么？"

"可能会发生什么情况，使你很难去做这件事？"

"那你接下来能怎么办？"

"你认为要多久才能达到你的目标？"

如果你的孩子对谈论自己感到太焦虑，可以让他虚构一个孩子的故事。例如，你可以通过这样说来开始："让我们编一个跟你一样大的男孩想减肥的故事。故事的结果是这个男孩减了很多体重。你来补充中间的内容。要包括他能一步一步地做的事情，可能妨碍执行这些步骤的任何事情，以及达到他的目标可能需要多长时间。"

以下是 10 岁的保罗编的一个故事：

大卫说他会停止吃那么多巧克力，但是，他的朋友为他的生日烤了一个巧克力蛋糕。他不想伤害他的朋友的感情，所以他决定只吃一口，并告诉他的朋友为什么他只吃了一口。他决定把其余的蛋糕分给邻居们，但他们不喜欢吃巧克力。所以，他把蛋糕带到了学校，班上任何喜欢巧克力的人都可以吃。大卫告诉他的朋友，学校的孩子们多么喜欢这个蛋糕，他的朋友很高兴。

在保罗的故事中，大卫朝着目标迈出了一步（停止吃那么多巧克力），遇到了两个障碍（朋友为他烤了一个生日蛋糕，以及他可能会伤害朋友的感情）。他增加了一个步骤来绕过这些障碍（向他的朋友解释为什么他只吃了一口，并且将其余的送给他的邻居）。最后一步又遇到了一个障碍（邻居们不喜欢吃巧克力），他通过把蛋糕带到学校绕过了这个障碍。最后，大卫通过告诉他的朋友学校里的孩子们都很喜欢这个蛋糕，让他的朋友感觉很好。尽管保罗没有考虑大卫需要多长时间才能实现他的目标，但这是一个好的开始。

虽然体育锻炼很重要，但我相信，在孩子很小的时候，教给父母和他们的孩子与任何问题都相关的解决问题的技能，对于在童年后期解决肥胖之类的具体问题会有帮助。

当你和孩子一起锻炼时，你就给他树立了一个可以效仿的好榜样。这一点，再加上熟练的解决问题的技能，远比简单地劝他"离开沙发"或"别吃那么多"，并唠叨他少花点时间玩电子游戏，要有效得多。最好的是，和孩子一起锻炼提供了一个你们共度一段时间的好方法。

帮助孩子理解残疾人士

也许你的孩子认识某个身体或神经系统有残疾的人，比如一个同学或邻居。看到一个坐在轮椅上或拄着拐杖的孩子，他会感到不舒服吗？如果有人表现出无法控制的行为，比如肌肉抽搐，他会盯着看吗？或者，你的孩子对这些情况很平静？他想成为那个孩子的朋友吗？

最有可能的是，你的孩子和有残疾的孩子相处的时间越长，他就会感觉越轻松。当孩子们互相了解并一起参加有趣的活动时，他们会意识到两者是多么相似。在美国费城，有一个独特的项目就是为此设计的。来自 HMS 脑瘫儿童学校（HMS School for Children with Cerebral Palsy）的三年级和四年级学生与来自杰曼镇朋友学校（Germantown Friends School）——一所独立的贵格会学校——的学生一起排练一场音乐演出。HMS 脑瘫儿童学校的学生服务协调员明迪·奥利皮（Mindy Olimpi）告诉我："这种伙伴关系能让孩子们看到那些身体有残疾的孩子能做些什么，而不是只关注他们不能做什么。"

当我参加他们的一场排练时，我亲眼看到来自两所不同学校的孩子们是如何相互沟通和并肩工作的。坐在轮椅上的孩子们随着声音有节奏地旋转着，有时是在健全的孩子的帮助下，有时是独自完成；他们也唱歌，或者，如果他们不能唱歌，会用一个辅助交流工具发出声音。但是，让我吃惊的倒不是他们做了什么，而是看到孩子们的微笑，听到他们的笑声，以及看到搭档之间如何相互沟通。我能感觉到很多对搭档之间的心理联结以及这种心理联结对他们有多么重要。

但是，这种心理联结并不总是来得那么容易。来自杰曼镇朋友学校的 10 岁学生艾丽卡"一开始有点害怕"，但很快就开始欣赏这些来自 HMS 脑瘫儿童学校的孩子——"他们每天都要应对那些事情。他们看着其他孩子，而且心想着'我做不了他们做的事'。那对他们来说肯定很艰难。现在我觉得不那么害怕了。"她了解到 HMS 脑瘫儿童学校的孩子们可以做很多事情，比如在美术课上画画，如果不能用手，就用脚趾。大多数 HMS 脑瘫儿童学校的孩子都认识一些数字和字母。艾丽卡还学会了欣赏自己所能做的事情，并意识到了当她的同学被取笑时，他们的内心有什么感受。

HMS 脑瘫儿童学校的学生也很感激这种经历。12 岁的朗达对来自杰曼镇朋友学校的孩子们的到来感到紧张，因为"一开始我不知道他们是否会喜欢我"。但是，当她说出自己的感受后，她感觉好多了。她喜欢这样的交流，因为"我能参与到一些事情中，并能多进行一些社交"。带着一种胜利的微笑，朗达继续说："我喜欢这种经历，我喜欢唱歌和跳舞。"但是，最重要的是，她补充说："我们可以像其他孩子一样去做一件事。我们只是普通的孩子。"

随着美国全国范围内的课堂越来越接受普通孩子与特殊需求孩子一起上课，你的孩子很有可能每天都会与身体或神经有残疾的同龄人接触。为了帮助你的孩子关心这些孩子并感觉轻松，你可以问这样的问题：

"你认为那个孩子来学校的时候在想什么？"

"你们班的孩子是怎么对待他的？"

"你认为他有什么感受？"

"如果他需要帮助，你能做什么或说什么？"

这样的问题帮助了 11 岁的莉莉，她的同学道格患有图雷特综合征。这是一种神经失调，其症状是无意识的肌肉抽搐、痉挛或发声。这些症状出现迅速且频繁。当他的肌肉抽搐时，有些孩子不仅称道格为"橡皮脸"，他们还抱怨说他唱歌的时候声音太大，而且每次唱的都一样。"哦，不要，不要再唱了！"音乐课时，一个同学总是在道格开始唱歌的时候大声喊。

莉莉在考虑了上面列出的那些问题之后，更加同情道格，并且对同学们说："这不公平。要给他一个机会。也许他今天会唱得不一样。"听到这张"信任票"，道格坚定了决心：他努力唱出了一首新歌的至少五个音符。然后，他握着莉莉的手笑了。莉莉又提醒了大家一次，他们就再也不取笑道格了。

无论是通过一个有组织的项目，就像费城的 HMS 脑瘫儿童学校和杰曼镇朋友学校建立的伙伴关系，还是通过帮助孩子思考他人有什么想法和感受，那些健康的孩子会开始认识到残疾儿童有同样的想法、感受和希望——而且他们的内心和健康的孩子基本上是一样的。由斯坦·克莱因（Stan Klein）和约翰·坎普（John Kemp）编辑的《来自不同旅程的反思》（*Reflections from a Different Journey*）一书，收录了由患有包括脑瘫、唐氏综合征、自闭症、耳聋、失明和脊柱裂在内的各种各样的残疾的成年人撰写的鼓舞人心的文章。这些文章生动地表明了家庭支持的方式对孩子多大程度上适应残疾和生活有至关重要的影响——而且它们可能会帮助你向你自己的孩子传递包容和支持的信息。

在与艾丽卡、朗达和莉莉交谈之后，我非常感动。如果你能帮助你的孩子接触那些忍受着我们一开始可能无法理解的挑战的孩子，你也会被感动。

当家人长期患病时

当你、你的配偶，或者你的一个孩子患上重感冒或者流感时，你通常会感到沮丧、焦虑，甚至对出现这种事情感到愤怒。一切都变慢了，即使是最简单的事情也变得极其复杂。日常惯例被中断了。

当一个家人患有终身身体残疾或危及生命的疾病时，你会有什么感受？焦虑、紧张，甚至抑郁，会变得让人难以承受，而且似乎无法忍受。

著名脱口秀主持人蒙特尔·威廉姆斯（Montel Williams）被诊断出患有多发性硬化症——一种可能危及生命的中枢神经系统炎症性疾病。然而，蒙特尔不允许自己向绝望屈服或者在震惊中踯躅不前。认识到身体素质和健康之间的联系，蒙特尔开始健身，来让自己看起来好一些，并且让自己感觉上也和看起来一样好。他觉得这不仅归功于他自己，还要归功于他的孩子们。在他确诊时，他的孩子分别是 9 岁、10 岁、14 岁和 19 岁。

我有机会和蒙特尔谈论了关于身体健康的问题。对他来说，这就是身体上的良好感觉是如何帮助他在情感上感觉良好的，而且这让他有更多的精力和孩子们相处，一起玩耍。"一旦你开始考虑自己的身体健康和幸福，"他解释说，"你就会更关心你爱的人——你的配偶和你的孩子。"他感觉自己内心的力量——通过他和他的健身教练温妮·林格维奇（Wini Linguvic）共同撰写的《身体变化》一书中描述的锻炼得到了增强——对他的家庭产生了巨大的影响。①

---

① Williams, M., & Linguvic, W. (2001). Body change: The 21-day fitness program for changing your body... and changing your life! Carlsbad, CA: Mountain

因为相信完全诚实非常重要，蒙特尔向孩子们充分解释了自己的病情，包括多发性硬化症如何导致渐进性退化。他还表示，他需要每天早上不受打扰地在健身房连续锻炼1小时。

蒙特尔明白，向孩子们解释自己的病情和自己的需要，不仅能帮助他们进一步与他共情，还能帮助他们进一步与他人的需要和感受共情——比如那些在学校被欺负的孩子。蒙特尔和我分享了很多关于他的孩子如何帮助那些坐在轮椅上的人、在商场里走得很慢的人，或者看起来很悲伤的人的故事。"他们明白，尽管我现在看起来很健康，但我患有这种疾病，他们对未来的任何变化都做好了充分准备。"蒙特尔说。

正如他的孩子们因为爸爸的疾病而对他人的感受变得更加敏感一样，蒙特尔相信他对孩子们的需要也变得更加敏感。他说："这让我比以往任何时候都更了解他们的需要。"

当我10年前为这本书的第一版采访他时，他无法预测自己的外表和感觉还能像当时那样维持多长时间。现在，他仍然过着充实的生活，而且在健身教练的帮助下，尽他所能地做着每一件事情。

布兰迪·哈勒2岁时被诊断患有肺动脉高压，这是一种罕见的、可能致命的肺部疾病，常常被误认为是哮喘。布兰迪不得不每周7天、每天24小时戴着一根能将血液和药物泵入心脏的管子。当我遇到这家人时，布兰迪5岁，她妈妈告诉我，布兰迪不明白她的病情的严重性。然而，她确实明白连着管子的泵不能被弄湿或被拉出来，正因为如此，她不能去海滩，不能在沙滩和水中玩耍。但是，布兰迪把它称作"小泵"，她会开心地戴着它骑自行车，并且没有任何怨言。

虽然她的父母每天都期盼布兰迪的病能得到治愈，保持乐观的心态，但他们在日常生活中是现实的。正如布兰迪的妈妈解释的那样："我们更加珍惜每一天。我们不能去想明天或者五年后，

Movers.——作者注

或者她长大后想做什么。我们必须看到积极的一面，尽我们所能享受快乐。"

当布兰迪在幼儿园的时候，老师们充分了解她的疾病和特殊需要，以及在紧急情况下该怎么做。布兰迪的爸爸和妈妈知道送她上学是有风险的。但是，他们决定要保持乐观。"布兰迪喜欢与人相处，"她妈妈告诉我，"我想让她享受这些，当出现问题时，我们将会处理。"

像这样处理得很好的家庭，可以激励我们所有人。当我们感到压力或不知所措时，想想蒙特尔、他的家人和布兰迪一家，可以帮助我们渡过难关。如果他们能保持积极的态度，看到生活值得过下去，我们也能。

第20章

学校、家庭作业和学习

谁做家庭作业？

你女儿带回家的数学作业太难了，以至于她冥思苦想都解不出来。她向你求助——想让你替她做作业。

你儿子拖着不完成他的读书报告，现在他处于紧急时刻。他问你能否帮他写一小部分。你应该答应帮他，以便他能按时完成吗？

如果你像许多父母一样，你会忍不住帮忙。据研究人员克莉丝汀·诺德（Chistine Nord）称，如果父母参与到孩子的学校教育中，孩子在学校的成绩会更好。[①] 但是，在你帮助孩子做家庭作业之前，你必须停下来想一想，什么样的参与才有帮助。如果你替孩子做家庭作业，他真正学到的会是什么？

要停下来考虑一下你的目标。也许，与其说是帮助他完成作业，不如说是吸引他以新的精力和活力投入到作业中。有很多创意十足的方法可以做到这一点。

如果你的孩子说家庭作业很无聊，你可以让它变得有趣一些。

---

① Nord, C.W. (1998). *Father involvement in schools*. ERIC Document Reproduction Service No. ED 419632.——作者注

当你们讨论四分之一茶匙和半茶匙的区别时，可以让他帮你做饭。如果你的孩子很小，你可以在桌子左边放两个苹果，右边放两个苹果，然后让他数有多少个。你可以让你的孩子选择别的物品放在桌子上。如果他在学减法，可以把其中几个物品拿走，并让他数剩下了几个。你可以通过问类似下面这样的问题，将用于社交情形的"我能解决问题"法字词运用到非社交情形中："1+2 的答案和 1+1+1 的答案是**相同**，还是**不同**？""火车和汽车有哪些**相同**的地方，有哪些**不同**的地方？"你可以把数字或分类按照孩子的理解程度结合起来。这里还有一些其他的主意。

你可以将特定的技能——比如算术与情感字词结合起来，这样问：

"1 块比萨（伸出一根手指）还是 2 块比萨（伸出两根手指）让你更开心？"

"如果你能买 1 立方米、1 升或 1 毫升你最喜欢的冰激凌，买多少会让你更开心呢？"

"如果你想买的东西需要 5 元，而你有 100 个 1 分、5 个 1 角、36 个 5 分钱和 9 个 2 角，或者你有 200 个 1 分，11 个 1 角和 3 个 2 角，哪一种会让你感到更沮丧？"

"用多长时间学会拉小提琴让你感觉最自豪：3 年 51 周、3 年 14 个月、3 年 371 天，还是 4 年 1 个月？"

你还可以编一些与其他科目有关的游戏。例如，如果你的孩子正在学习地理，你可以问："下列哪个城市不属于这个名单——以及为什么？广州、杭州、南京、北京。"[①] 要探寻历史知识，你可以问："列出 1950 年后当选的三位美国总统和 1950 年之前当选的一位美国总统。"同样，你要使这些问题的挑战性保持在

---

① 本书英文版列出的是美国一些州的首府，为了让中文读者更容易理解，编者改为中国城市。——编者注

你的孩子感兴趣的程度。

孩子正在学习的任何科目，都可以运用解决问题技能变成一种练习。让我们看看"我能解决问题"法的基石之一——考虑后果，并通过问如下问题将其应用到社会研究科目中：

"如果……可能会发生什么？"

"如果华盛顿的士兵在横渡特拉华河的时候不听他的话，可能会发生什么？"①

"如果马丁·路德·金没有被暗杀，可能会发生什么？"

"如果城市没有政府，可能会发生什么？"

或者，从解决问题的角度来讨论马丁·路德·金的民权计划：

"他的目标是什么？"

"他采取了哪些步骤来实现这个目标？"

"在实现目标的路上遇到了什么障碍？"

"他是如何克服这些障碍的？他采取了什么新措施？"

"完成这些步骤用了多长时间？"

"一个民权领袖今天能做些什么来继续努力实现这个目标？"

父母和他们的孩子都喜欢的思考数学和学校里其他科目的一种方式，是以流行的"记忆游戏"为基础的。当你还是个孩子的时候，可能有一些画着动物或物体的卡片，把有图案的一面朝下放置，一次翻转两张，希望能找到两张匹配的。你可以通过制作索引卡对这个游戏进行改编，制作一套反映你的孩子在学校里正在学的内容的卡片。但是，不要制作两张一样的卡片，而要制作能测试你的孩子所学知识的配对卡片。例如，如果你的孩子正在学习乘法表，就做一张写着"12"的卡片和一张写着"4×3"的

---

① 华盛顿率军横渡特拉华河被视为美国独立战争的转折点。——译者注

卡片。当他把这两张翻过来的时候，就匹配到一起了。或者制作一套测试各省省会知识的卡片，让"南京"与"江苏"相匹配。[①]你可以用你的孩子需要掌握的任何科目来做这些卡片。

一个 9 岁的男孩非常喜欢玩这种游戏，以至于他以新的热情来做他的家庭作业。因为他感觉受到了挑战，而且自尊心让他不想向父母寻求帮助；他想自己掌握所学的知识。

当你富有创意时，你要鼓励你的孩子有创意。通过引导而不是替你的孩子做作业——他生活中如此重要的一个活动——你就是在让孩子看到你在乎他，从而使他也能够在乎自己。但是，你也是在让他看到，你相信他会找到自己完成作业的方法。

家庭作业：什么时候做

家庭作业会引发战争。这种战争在那么多家庭爆发。父母提醒孩子做作业，然后唠叨。孩子们抱怨并且拖延。很多时候，到了睡觉时间，你的孩子的家庭作业还没有完成，甚至可能还没有开始做。你该怎么办？

下面是一位名叫露易丝的妈妈，在对 7 岁的儿子达内尔运用要求和威胁的方式时发生的事情。

妈妈：达内尔，你放学回家已经快一个小时了，你还没开始做作业。在完成作业之前，不能看电视，不能让朋友来玩。

达内尔：但是，妈妈，我会**做**的！

妈妈：我们每天都是这样。我想让你现在就做。如果你不做，就永远做不完。你的老师会生气，你的成绩也会落后。

问题在于，路易丝是在对着达内尔不停地说，而不是与他交谈。

---

① 本书英文版列出的是美国几个州的首府，为了让中国读者更容易理解，编者将其改为中国省会。——编者注

下面是她学会"我能解决问题"法之后，如何与她的儿子交谈的。

> *妈妈*：达内尔，你今晚哪些科目有家庭作业？
>
> *达内尔*：拼写单词、数学和科学。
>
> *妈妈*：你想先做哪一科？
>
> *达内尔*：我想先拼写单词。
>
> *妈妈*：好。你想在吃零食**之前**还是**之后**拼写单词？
>
> *达内尔*：**之后**。
>
> *妈妈*：好的——你拼写完单词**之后**做什么？
>
> *达内尔*：去外面玩。
>
> *妈妈*：好的——你在晚饭**之前**还是**之后**做数学作业？
>
> *达内尔*：**之前**。
>
> *妈妈*：科学作业呢？
>
> *达内尔*：**之后**。
>
> *妈妈*：达内尔，我真为你骄傲。你制订了自己的计划。

这是一个良好的开端。一旦你的孩子像达内尔那样开始思考自己的计划，你就可以问一些额外的问题，比如：

"你认为你的数学作业要花多长时间？"

"**如果**结果表明你需要更多的时间，你会怎么做？"

"**如果**你的朋友在你做数学作业的时候打电话给你，你会说什么或者做什么？"

还有，如果你的孩子大到可以认识钟表了，你可以问："你什么时候开始做下一门功课的作业？"

年龄小的孩子喜欢自己制订计划。这样，他们就会感觉自己参与了制订计划的过程，并且会对结果负责。

年龄较大的孩子需要为更复杂的任务制订计划。阿米莉亚，

11 岁，两周后要交一份关于一个历史事件的报告，她的风格是等到截止日期前一天晚上才开始读相关的书。而且，她的妈妈越是唠叨她早点开始，阿米莉亚越是抗拒。妈妈尝试了一种不同的方法，她问了这些问题：

"你的报告什么时候交？"

"你完成报告需要多少天？"

"你要做的第一件事是什么？"

"你认为这需要多长时间？"

"那你该怎么办？"

"你认为这将需要多长时间？"

将更复杂的任务分解为更小的步骤，并为每个步骤留出足够的时间，可以帮助减轻压力和无能为力的感觉。阿米莉亚认识到，她必须对她的报告主题进行一些研究，可以选择用互联网和去图书馆，然后估算出分别需要多长时间以及实际撰写报告需要多长时间。她用日历计算出了每个步骤需要的天数，考虑了其余的家庭作业和其他活动所需要的时间。通过练习，她更擅长用这一技能做好每门作业了，而且，她很快就能及时完成她的短期和长期项目，能在截止日期的前一天夜里睡个好觉了。通过你的一点努力和指导，你的孩子也可以在这方面变得很熟练。

当你的孩子能够计划自己的时间，无论是为了短期还是长期项目，那么他在学习承担责任、规划和时间管理的同时，也会更有掌控感。他不仅有可能更喜欢学校，而且在今后的生活中都可以依赖这些技能。

培养孩子对阅读的热爱

即使在孩子们太小、还不会阅读的时候，他们也能够爱上书籍。如果你有一个学龄前的孩子，而且你给他读书的话，他会喜欢你的语调、你脸上的表情，以及你给予他的关注。而且，他会听文字，看图画。研究表明，情感温暖加上与书籍的接触，会帮助年龄很小的孩子与你建立亲情心理联结，学会爱上阅读，并且在上学时能取得成功。

下面是一些让你的孩子对书籍感到兴奋的方法。

让你的孩子挑选他想"读"的书。和孩子一起去图书馆或书店浏览各种图书，能为你和你的孩子创造一段重要的亲情心理联结的时光。

当你们选好要阅读的书时，要把整个故事从头到尾读一遍，中间不要间断，以便你的孩子能明白整个故事的走向。然后，要作为一个问题解决者再读一遍。问你的孩子，每个角色对发生在他们身上的事情有什么感受。然后问："你有过那种感受吗？"如果有一幅插图表现了一个角色的感受，要让你的孩子指着它，并且让他自己做出"悲伤"或"生气"或"高兴"的表情。然后，要问他故事中的另一个角色如何能让那个角色感觉好起来。

例如，在朱迪思·维奥斯特的经典童书《亚历山大和倒霉、烦人、一点都不好、糟糕透顶的一天》中，亚历山大的妈妈带他去看牙医，而牙医发现了一个龋洞。你可以问你的孩子亚历山大对此有什么感受，你的孩子对看牙医的感受跟亚历山大**相同**还是**不同**，以及他为什么有这种感受。你也许还可以通过这样的问题来了解你的孩子在想什么："哪些事情会让你觉得一天过得倒霉、烦人、一点都不好、糟糕透顶？"

对于涉及兄弟姐妹、朋友或孩子和父母之间冲突的故事——正如为学龄前儿童所写的很多故事一样——你可以给孩子重读一遍，并在不同的地方停下来，帮助你的孩子思考书中的人物有什么感受，问题可以如何得到解决，以及书中的故事与他自己生活中的事情有什么联系。要问类似这样的问题：

"这个故事里的孩子是如何解决他们的问题的？"

"你认为这是一个解决问题的好办法吗？为什么是或者为什么不是？"

"你能想到解决这些孩子们的问题的其他办法吗？"

"如果他们用你的想法来解决这个问题，会发生什么？"

斯坦·博恩斯坦和简·博恩斯坦夫妇合著的《博恩熊》系列绘本，是讨论人们的感受以及如何解决问题的绝佳跳板。例如，在《博恩熊吵架了》一书中，熊哥哥和熊妹妹背对着背坐在露天平台上，一言不发，因为他们吵架了。在问过上面列出的问题后，你可以问你的孩子是否发生过类似这样的事情，他有什么感受，他认为对方可能有什么感受，以及他是（或者能够）如何解决问题的。

除了问还不会阅读的孩子问题，你可以通过问以下这样的问题，来帮助较大的孩子拓展他们的思维：

"你认为书中的女孩为什么会那样做？"

"她那样做还有其他原因吗？"

"你们学校里有人那样做吗？"

"你认为她为什么会那样做？"

"她那样做还会有其他原因吗？"

"你能想出你怎么做或怎么说，她才会不那么做吗？"

如果故事里发生的事情是你小时候遇到过的，要和你的孩子说说你对事情的记忆、想法和感受。例如，当11岁的莫拉读《哈利·波特》系列时，她和妈妈最终就作为一名孤儿意味着什么、他们自己的家庭以及拥有彼此是多么幸运进行了一次长长的讨论。

随着你的孩子长大并且学会自己阅读，不要放弃你们一起阅读的时间——相反，要让它继续发展。例如，现在你们可以轮流为彼此朗读。（事实上，许多年龄较大的孩子仍然喜欢别人给他读书。）

花时间和你的孩子一起阅读，会让他看到你很重视阅读这项活动。用图书来引发讨论，会帮助你们了解彼此的一些重要而私密的事情，而这在其他情况下是不可能发生的。

培养孩子对阅读的热爱的另一种方式，是鼓励你的孩子以书为跳板，自己创作故事。你可以从引导他为刚读过的故事编一个不同的结局开始，来帮助他从不同角色的角度看待这个故事。而且，通过这样做，你的孩子能够思考如果自己处于书中描述的情形时会有什么感受。对别人写的故事的喜爱，可能会激发你的孩子创作他自己的故事——给他机会组织那些对他自己很重要的事情的想法和感受。如果他愿意，他可以把他的故事读给家人听——这是让你知道他有什么想法的一种安全的方式。但是，创作自己的故事还给了他思考、组织和向最重要的观众——他自己——表达自己观点的机会。

用运动来教数学

你和你的孩子对橄榄球或棒球有共同的兴趣吗？也许足球、篮球或曲棍球对你们更有吸引力。运动可以成为让你的孩子对数学感到兴奋的一种好方法，就像他们对得分、奔跑或射门一样。

我是在参观一个很多孩子数学都很差的五年级班级时，想到这个主意的。那是 1983 年，费城 76 人队赢得篮球冠军的那一年。孩子们庆祝了一整夜。他们告诉我的每个球员的数据，包括替补球员，比我所知道或记住的都要多——不仅包括每个球员在决赛中得了多少分，还包括每个球员本赛季的平均得分。我被他们震惊了，心想："谁说这些孩子学不会数学？"

在他们平静下来之后，我问了他们一些包含情感词汇——"我能解决问题"法的一个重要部分——的数学问题，但我把自己的问题调整成了适合 76 人队："76 人队赢（8×5-20）分，还是（8×4+16-6）分，会让你们更开心？"我还使用了"不止一种方法"的概念——这也是"我能解决问题"法的一部分——来增加数字计算的趣味性。例如，一次投篮得 2 分或者 3 分，罚球进球得 1 分，我问 76 人队总共有多少种方法可以得到 6 分。我把类似这样的问题写在黑板上，把全班分成几个小组，让他们一起解决问题。他们没有都答对，但他们的兴奋和热情从未减退。甚至他们的老师都不敢相信。而且，从那天起，在他们的老师把很多授课内容与体育运动结合到一起教学之后，大多数学生的数学成绩都提高了。

如果你和你的孩子都喜欢橄榄球，你可以将这种兴趣运用到数学上，你可以说："一个球队有五种方法可以得分。"让你的孩子尽可能多说几种方法，以及每种方法可以得多少分。如果他不知道所有的方法，那就把你们的知识汇集起来，直到想出五种方法为止：

· 达阵 = 6 分
· 附加分（达阵后将球踢过球门柱）=1 分
· 转换分（从两码线传球或冲球进入达阵区）=2 分

所以，一次达阵可以得到 6 分、7 分或 8 分。

· 安防（带球的对手在自己的达阵区内被阻截）=2 分
· 射门得分（当球被踢过门柱而不是达阵时）=3 分

一旦你的孩子理解了得分规则，你们就可以开始玩一个新游戏。从一个简单的问题开始："如果一个球队达阵一次，附加分一次，射门得分一次，那么这个球队会得到多少分？"（答案是 10 分）。

　　然后问："在游戏规则范围内，一个球队可以用多少种方法得到9分？"

　　三种可能性是：(1) 一次达阵得分和一次射门得分，(2) 三次射门得分，(3) 一次有附加分的达阵得分和一次安防得分。你的孩子甚至可能会想到一种极其罕见的情况：三次安防得分和一次射门得分。然而，如果他提出了三次转换得分和一次射门得分，总分也是9分，这是不正确的，因为不像安防得分，没有达阵得分就无法获得转换分。

　　这时，给年龄大一点的孩子增加些难度。问："假设你们的球队输了16分。你们有多少种打平的方法？"

　　答案包括：(1) 一次达阵得分加一次附加得分加三次射门得分，(2) 两次达阵得分，每次都有转换分，(3) 两次达阵得分，每次都有附加分，一次安防得分，(4) 一次有转换分的达阵得分，两次射门得分，一次安防得分。当然，这种得分顺序是不太可能的，但这会拓展孩子的思维能力。虽然不太可能发生，但在比赛规则范围内，以八次安防得分拿下16分也是有可能的。

　　要编出你们自己的各种组合答案，并鼓励孩子自己编问题。你可能想在晚餐或观看比赛的中场休息时做这件事。

　　如果你喜欢打棒球，可以问诸如这样的问题："一支球队在一次击球中有多少种方法可以得到两分？""你能想出一些不常见的方式吗？比如投手投出一个暴投，投手犯规，或者对方球员失误？"

　　孩子们喜欢思考球队能够得分的方式。你们一起观看的每一场比赛都将成为一个全新的转折点。而且，数学最终可能也会更有趣。

爸爸：学业成功的一个重要因素

　　说到学业上的成功，爸爸们似乎有很大的影响。克莉丝汀·诺德（Christine Nord）对两千多个家庭的调查显示，无论家庭收入、父母的教育程度、种族、民族如何，爸爸参与孩子的教育会让他们的孩子的学习成绩更好、参与的课外活动更多、更喜欢学校，而且不太可能留级。对男孩和女孩来说都是如此。

尽管研究人员报告说，母亲们参与学校活动的时间比父亲们的多，但他们也发现，当父亲们参与时，好处会更多。

研究人员不能确定为什么爸爸的参与对孩子学业的成功是如此重要的一个因素。也许是孩子们想要成功，以取悦他们的父亲，并反过来取悦他们自己。也可能是父亲和孩子在一起度过的时间增加了他们之间的亲情心理联结。妈妈们在学校的参与当然是至关重要的。但是，正如埃德温·谭（Edwin Tan）和温迪·戈德堡（Wendy Goldberg）发现的那样，妈妈加爸爸这种组合是充满活力的。[1] 正如布伦特·麦克布莱德 (Brent McBride) 和他的同事们报告的那样，当爸爸从一开始，也就是在孩子上学前以及与学校相关的问题出现之前，就开始影响孩子的学业成绩

时，这种组合格外有活力。[2] 尤其有效的是与孩子一起参与那些能提高思维技能的活动，比如参观博物馆或去图书馆、谈论学校和时事，以及一起读书。而且谭和戈德堡发现，当爸爸们参与这类活动时，他们的孩子对学校的焦虑会减少，而且会更喜欢学校。

---

[1] Tan, E.T., & Goldberg, W.A. (2009). Parental school involvement in relation to children's grades and adaptation to school. *Journal of Applied Developmental Psychology*, 30, 442－453.——作者注

[2] McBride, B., Dyer, W.J., Liu, Y., Brown, G.L., & Hong, S. (2009). The differential impact of early father and mother involvement on later student achievement. *Journal of Educational Psychology*, 101, 498－508.——作者注

以下是爸爸们参与孩子的学校生活的一些备受称赞的特别方式：

· 有空时要到学校去——即使只是偶尔——并且要主动帮忙。即便是在你的孩子的教室里或课间时间在操场上待半个小时，也会对你的孩子的学习成绩产生巨大的影响。
· 为教室做一些东西——例如一块公告板。
· 自愿辅导一个需要帮助的孩子。
· 自愿陪同你的孩子的班级进行野外旅行或参加学校的其他课外活动。
· 和你孩子的老师谈谈你怎样才能在孩子的学业、社交和情感发展方面给孩子提供具体的帮助。
· 参加家长教师联谊会。

如果你能遵循这些建议中的任何一条，你将会得到巨大的回报。首先，你会更了解你的孩子在学校里正在学什么。你会见到你的孩子的朋友们。最后，你可以在学习环境中观察你的孩子，你可以与老师和同学们互动，有了这些具体的信息，你就能更好地帮助孩子规划一些现实的目标以及如何实现。所有这些方式都会让你的孩子感到教育是生活中非常重要的一部分。

爸爸们如何参与孩子的家庭作业，而又不替他们做作业呢？和我交谈过的许多爸爸都会检查孩子的家庭作业，以确保作业都完成，而且，他们会把错误给孩子指出来，让孩子重做。尽管这会让孩子看到爸爸对作业的关心——这本身就是一个很重要的因素——但有些爸爸会做得更多一些。有几位父亲告诉了我他们是如何带领孩子一步步地完成数学或科学项目的。正如一位爸爸所说："我的儿子必须慢下来。他想立刻得到答案，而如果他没有得出答案，就想让我告诉他。所以，我会让他给我讲一下题目——这会让他思考自己在做什么。比如解方程，我会带他完成第一步或第二步，只是为了让他开始。这改变了他的节奏。"这位爸爸还帮助他的孩子思考如何做计划并完成科学项目。他和儿子讨论将需要什么材料，帮助儿子思考什么时候以及从哪里得到这些材料，以及下一步要考虑什么，等等。他接着说："如果我告诉他答案，他不仅学不会怎么去找出答案，而且他不会感受到自己得出答案的快乐和自豪。"

另一位爸爸通过和自己 10 岁的女儿朵琳一起复习公式，并帮助她将其应用到问题中，来帮助她做数学作业。有一次，朵琳不由自主地开始扮演老师，向一群假想的朋友解释这些规则和步骤。她自豪地解释说："既然我是最聪明的，我就把爸爸教我的东西教给他们。我给他们起了名字。当我遇到解释不清楚的内容时，我就让爸爸再教我一次。然后，我会给'小飞象'再解释一遍，直到他会做为止。这让我觉得自己很聪明。"我问朵琳这对她有什么帮助。"当我教'小飞象'的时候，"她笑着说，"我必须慢下来，并且要有耐心。我可以按照自己的节奏学习。没有考试，没有压力。"然后，我问她，这是否有助于她完成真正的家庭作业，她回答说："这帮助我更喜欢数学了。而且，我还交了一个新朋友，她在做作业的时候有困难。在我和想象的朋友排练之后，我可以去教给我真正的朋友。"

比阿特丽斯·赖特现在已经是成年人了，她回忆了爸爸在她成长过程中对她产生的影响。"妈妈一直都在帮助我，但当爸爸参与进来的时候，那就很特别了。当他下班回家时，他往往看上去是那么疲惫和精疲力竭。但是，当我们坐下来一起做我的作业时，他总是会让它变得很有趣。他会问我一些与我们正在学的东西有关的问题，而我不得不去百科全书或字典（那时我们没有电脑）里寻找信息。在一起做 10~15 分钟的家庭作业后，他似乎又活跃起来了——他重新有了活力。"

所有和我交谈过的爸爸都有这种活力，而且会表现出来。

爸爸们可以通过很多方式参与到孩子的教育当中。我已经推荐了一些，但还有很多。事实上，你做什么并不重要，怎么做才是关键。爸爸参与得越多，他们的孩子对学习就越投入。每个人都会受益。

第 *21* 章

创造力和艺术

玩具可以培养创造力

走进现在的一间玩具店，可能会有一种超脱尘世的体验。铃铛在响，娃娃在说话、哭和拉便便，机器人在嘟嘟叫和咔咔响，电子游戏在发出震耳欲聋的电子音乐声。你的头开始阵痛，你的眼睛变得模糊。你开始了这次购物之旅，满怀期待地希望很容易就能为你 3 岁的侄女找到合适的玩具。但是，现在你不知道应该先去哪里找了。你记忆里小时候玩的游戏棒、神奇画板和其他安静、舒适、使用方便的老式玩具在哪里？

或者，你去玩具店是因为你 6 岁的侄子明确地告诉了你他生日想要什么。虽然很容易就找到了，但当你打算购买时，你犹豫了。那个玩具又丑又吵闹，而且还贵得吓人。你真的想给他买吗？

最近，我参加了一个 2 岁孩子的生日聚会。我给她带了一只玩具收音机，上面有几盏闪烁的灯，可以通过按不同的按钮选择不同的歌曲。这个玩具让过生日的女孩玩了大约五分钟。她收到的其他玩具都有一个开关或遥控器，在地板上到处跑着，发出刺耳的声音。但是，当我站在一旁观察正在发生的这一切时，我突然想到了什么。孩子们正围成一圈坐在那里，看着玩具。他们按下按钮或打开开关，但除此之外，他们就在那里一动不动地坐着。就好像他们在看一出戏——玩具们是演员，而他们是观众。

我还给小女孩的 4 岁的姐姐带了一件在我看来是象征性的礼物——一只洗澡用的黄色橡皮鸭，以便她不会感觉自己被遗忘了。

"这是阿弗莱克。"我说，把它递给了她，并用电视广告里那只鸭子的名字给它命名。她捏了捏它，希望它能发出声音，但它没有。所以，我捏了捏它，同时说："阿弗莱克。"

然后，她捏了捏它，笑着说："嘎嘎嘎，嘎嘎嘎。"

很快，那个过生日的女孩就开始模仿她。她的一些朋友也走了过来。不久，小"嘎嘎嘎"就成了当天的热门话题。在打开那些会咔嚓响、咔哒响、会响铃、唱歌、闪光和跳跃的玩具后，所有的孩子都想学嘎嘎叫，用自己的声音去模仿鸭子的叫声。

当假期临近的时候，我清楚地知道该给这对姐妹买什么了：手偶、彩色马克笔、书，也许还有一个医生和护士的玩具套装，还有一些可以用来搭成汽车、机场和火车的木制积木。有了这些，她们就可以创作故事并为家人表演。如果我加上一些黏土，也许她们就能为演出制作出一些舞蹈人物。

如果你厌倦了花一大笔钱去给孩子买那些一下午就会玩腻的高科技玩具，那就考虑一下那些培养创造力的玩具吧。在购买玩具的时候，我们的目标不是过度刺激我们的孩子。玩耍不是无休止地消耗精力，它有孩子们认真对待的目标。你可以通过购买由想象力而不是电力驱动的开放式玩具，来帮助他们实现这些目标。你甚至可以通过搜索那些需要儿童输入的游戏，来满足你的清单上的电子游戏爱好者。有很多游戏可以让孩子们画画、塑造角色和创作故事情节。

与高科技玩具相比，创意玩具不仅不那么贵，而且不太容易损坏，并且从长远来看，你可能会发现，孩子们玩这些玩具的时间实际上比玩各种花里胡哨的玩具的时间更长。为什么？因为孩子们其实不想坐在观众席上观看表演——他们想要加入其中。当动起来的是他们而不是玩具的时候，你就会知道玩具买得很值。

帮助点燃孩子的想象力

你的孩子曾经把天空画成绿色吗？或者把海洋画成橙色？他有足够的自由把眉毛画在眼睛下面吗？

如果他这样做过，那么他就拥有活跃而自由的想象力——这是一件好事。想象力和创造力能帮助孩子们变得灵活，并且想出不同的独特方式来适应其所处情形。无论你家里的日常生活是充满压力，还是只是正常的忙碌，想象力都能像一个补缺者，减轻我们面对的一部分压力。

"但是，我的孩子没那么有创造力或想象力，"你可能在想，"她总是把天空画成蓝色，将颜色涂到线条里面。这有问题吗？"

一点问题也没有。就像我们为了变得更柔韧去练习瑜伽和健美操一样，我们可以学习舒展我们的思维，以便它们能变得更灵活。你可以从孩子4岁的时候开始训练他。

这样做的一种方法是玩"你还能做什么"游戏。这个游戏基于 J.P. 吉尔福德（J.P.Guilford）的扩散性思维测验（tests of divergent thinking），其答案没有对错之分。在这个游戏里，孩子们被要求想出看待事物的多种不同的方法，并考虑不同的常见物品的不寻常的用途。[1]

下面是如何用一张椅子介绍这个游戏。要对你的孩子说："这是一张椅子。你可以坐在椅子上。你还能用椅子做什么？"让你的孩子想出他能想象出的用椅子做的许多不同的事情——他能想到的所有事情。

---

[1] Guilford, J.P. (1968). *Intelligence, creativity, and their educatonal implications.* San Diego: Robert Knapp.——作者注

佩吉，4岁，想到了四件事。"我能爬上去，"她说，"我可以坐在上面吃东西，我可以藏在它后面，我可以爬上去拿块饼干。"

她8岁的哥哥说："我能给它涂色。我可以把它放在门后，这样就没有人能把门打开了。我可以坐在上面向后仰，并且摔倒。"

当妈妈建议接下来想想水可以做什么的时候，佩吉说："我可以喝，用水洗衣服或盘子，做饭，在水里面游泳，钓鱼和用水冲马桶。"

她的哥哥补充说："我可以用水刷牙，把水倒出来，用水灭火，还可以冲澡。"

对佩吉和她的哥哥来说，椅子和水现在有了许多有趣的新含义。他们发现自己整天都在想通过很多不同的方式来使用这两个词，并且很喜欢这么做。

10岁的特洛伊和他的妹妹萨拉想出了不同的方法来解决另一种问题。首先，特洛伊编了一个关于迷路的男孩的故事。然后，特洛伊和萨拉轮流想这个男孩找到回家的路的很多不同方法。他们还从读自己喜欢的故事，并思考这些故事可能发生的不同结局中找到了乐趣。

当孩子们运用他们的想象力时，他们也许就能调整自己适应思考事物的新方式，并以独特而有创造性的方式解决与他人之间的问题。比如，在不小心打破了一个珍贵的花盆后，佩吉担心妈妈会生她的气。当我让她思考她可以怎么做时，她说："说对不起。保证不会再发生这种事。把花盆粘好。"但是，之后，她想出了一些更有创意的主意："我可以把妈妈最喜欢的花放在另一个花盆里。我可以按照她最喜欢的颜色买一个新花盆。我可以假装睡着了，因为这样妈妈就不会对我大喊大叫了。"然后，她笑着说："如果她还生气，我可以给妈妈拿些果汁，然后她就会感觉好一些。"

如果佩吉能够想出充满想象力的方法来解决现在对她来说很重要的问题，毫无疑问，她在以后的生活中也能想出一些独特的方法来处理将会遇到的压力和挫折。

对音乐的热爱超越了声音本身

要知道，你喜欢做而且能跟你的孩子一起做的任何事情，都会增强你们之间的情感纽带。这种情感纽带非常重要，它能帮助孩子与他人建立连接——无论是现在还是在以后的生活中。

通过对音乐的热爱建立的连接就能实现这一点，费城坦普尔大学音乐教育和治疗系主任贝丝·博尔顿（Beth Bolton）博士如是说。她还是面向0~4岁孩子的"加入音乐，加入圈子"项目的发起人。当我参加其中一个工作坊时，我看到五六个月大的孩子和他们的父母一起高兴地蹦跳、鼓掌、模仿他们听到的动物的声音，和其他家庭一起参加音乐游戏和活动。

除了对音乐的热爱，这样的活动还能帮助孩子们了解什么是节奏并学习重要的听力技巧。"音乐可以抚慰人心，"博尔顿说，"而且有了父母的陪伴，会帮助孩子感到放松和安全。"而且不仅如此，丽贝卡·帕拉基安（Rebecca Parlakian）和克莱尔·勒纳（Claire Lerner）告诉我们，在摇晃着婴儿的同时唱摇篮曲，可以刺激婴儿早期的语言发展，增强父母与婴儿的依恋，而且，当移动婴儿的身体时，能够促进婴儿空间意识的增长。[1]

我在这个工作坊里与之交谈过的父母们也赞同这一点。胡里奥·冈萨雷斯（Julio Gonzales）通过音乐帮助他22个月大的女儿罗西塔"发现了生活的乐趣"。

----

[1] Parlakian R., & Lerner, C. (2010, March). Beyond twinkle, twinkle: Using music with infants and toddlers. Young Children, 14‐19.——作者注

"我们一起跳舞，"胡里奥说，"我们一起拍手，一起大笑。从她出生的那天起，我们就给她放 CD，给她唱歌——而且不仅仅是摇篮曲。当她 4 个月大的时候，我们注意到，当我们播放同样的音乐时，她的表情会变化。她会微笑，流露出更多的情感。即使是现在，她唱的歌也几乎是她从出生就听过的。音乐能安抚她。能让她平静下来。"这正是帕拉基安和勒纳所描述的可能发生的情形。当婴儿得到安抚时，他们就能学会安抚自己，这是学会管理自己情绪状态的重要一步。而且，随着年龄的增长，有些孩子会难以表达自己的情感。康妮·道（Connie Dow）报告称，这些孩子可以在受到音乐刺激而做出的动作中找到一个出口——并释放情绪紧张，情绪紧张会抑制他们思考和解决本书中所描述的问题的能力。[1]

音乐在促进身体健康方面——第 19 章描述过的一项重要的人生技能——也能起到重要作用。彼得·沃纳（Peter Werner）和他的同事向我们展示了如何通过随着音乐动起来，来鼓励孩子进行积极、快速的运动，进而通过表演各种动作来增加乐趣，比如跳、"溜冰"转圈、穿上"靴子"、在"水坑"中踩水，或走路、跳跃、"雪中"跳跃。节奏较慢的音乐可以鼓励我们伸展四肢，以便变得更加灵活，并探索一些较慢的动作，比如伸手去够"天空"，然后慢慢弯腰捡起一个"球"——这些练习可以让孩子平静下来。[2]而且，正如帕拉基安和勒纳所描述的那样，音乐可以刺激舞蹈，以及任何可以锻炼胳膊、腿和躯干肌肉的动作——并促进手和手指运动——这会促进身体的发育，对孩子以后的写作和画画都很重要。

① Dow, C.B. (2010, March). Young children and movement: The power of creative dance. *Young Children*, 30 - 35.——作者注

② Werner, P., Timms, S., & Almond, L. (1996, September). Health stops: Practical ideas for health related exercise and preschool and primary classrooms. *Young Children*, 48 - 55.——作者注

　　音乐不仅能使孩子平静下来，而且，正如乔伊的妈妈贝蒂告诉我的那样："它能帮助我忘记我的问题！"当5岁的乔伊通过自制的乐器，比如装有橡子的罐头或装有大米的薄膜罐，发出有创意的新声音时，贝蒂会放松下来。"它能帮助我活在当下，而且我不再感到担心。"她说。

　　自制乐器帮助另一个家庭安然度过了一次长途汽车旅行。这一家的两个孩子分别是5岁和7岁，他们用装着小球的塑料蛋伴奏，把看到的东西和要去的地方编成歌。孩子们是如此忘我地编歌曲，以至于忘记了抱怨和争论。

　　3岁的桑德拉的妈妈玛丽恩说："我想让桑德拉学会以自然的方式享受生活。一起唱歌和跳舞还能让我们建立亲情心理联结。"她还相信，在未来的岁月里，她的女儿将不得不努力掌握音乐技能，并且"这样的努力将帮助孩子形成一个爱好，而在很小的时候就养成的爱好将帮助塑造她的品格。"

　　音乐和舞蹈还有其他重要的好处。由音乐刺激产生的创意动作很有价值，这个见解得到了尤凡卡·洛沃（Yovanka Lobo）和亚当·温斯勒（Adam Winsler）所进行的严谨研究的证实，他们发现与那些只进行自由玩耍的孩子相比，学龄前儿童只要接受8周创意舞蹈动作的指导，就能变得更能保持灵活性，获得同龄人的接纳，而且，总的来说，与人交往的能力更强。起初好斗的孩子变得不那么好斗了，而且起初孤僻或焦虑的孩子在被引导以创造性的方式随着音乐活动后，变得不那么焦虑和孤僻。[①]

　　音乐对大一些的孩子也有重要的益处。12岁的奥利维亚发现弹钢琴能让她放松。"当我放学回家后，我会练琴大约一个小时。我可以想想当天发生的事情。如果有什么好事发生，我可以弹奏活泼的音乐。如果发生了什么悲伤的事，我可以弹奏一些听

[①] Lobo, Y.B., & Winsler, A. (2006). The effects of a creative dance and movement program on the social competence of Head Start preschoolers. *Social Development*, 15, 501－519.——作者注

起来很悲伤的慢音乐。然后，我会感到很轻松，就可以做我的家庭作业了。"

与我交谈的两个孩子还告诉我演奏音乐如何影响了他们的社交生活。卡特里娜，12岁，是学校弦乐四重奏乐团的小提琴手，这段经历让她获得了很多关于团队合作以及如何解决争端的教益。这四个孩子已经学会了把他们各自的声音融合在一起。在排练的时候，他们讨论每一首乐曲，努力就演奏的快慢或轻重、音量大小达成共识。他们还讨论作曲家对曲子的愿景，以及如何能最接近这种愿景。这种包容和共识的建立，是我们与他人和谐相处所需要的一项重要的人生技能。

德鲁，10岁，发现了不弹奏乐器也能从音乐中获得的益处。作为一个乡村音乐的乐迷，他在学校里听到一个孩子在谈论一个最近上了电视的乡村歌手。德鲁开始和这个男孩聊天，最后，他们一起去了当地的音乐商店，去对比他们最喜欢的CD。现在，他们成了很亲密的朋友。

孩子们和他们的家人有很多方式可以在学习重要的人生技能的同时找到快乐、感到放松和安全。从与父母们和孩子们的交谈中，我开始理解音乐是如何能够成为众多方式中的一种的。

现场文化活动会激发孩子们敏锐的洞察力

电影、CD、DVD和电视节目可能已经成为你的孩子生活中的一个重要组成部分。通过这种方式，他已经可以欣赏到我们社会所提供的一些文化。但是，戏剧和音乐剧呢？参加现场活动不仅会让你的孩子感到兴奋，而且可以使他在许多其他的重要方面受益。

前一段时间，我观看了《雅克·布雷尔在巴黎活得很好》（*Jacques Brel Is Alive and Well and Living in Paris*）的一场现场演出。这是由当地一家致力于制作人们喜爱和欣赏的戏剧的新版本的戏剧公司制作的。

在演出中，演员们演唱了 21 首布雷尔自己创作的歌——我相信这意味着这些歌主要是写给成年观众的。观众席上有几个正值青春期的孩子和几个十一二岁的孩子，在幕间休息和演出结束后，我和他们中的几个进行了交谈。我想知道他们是否能把他们听到的任何一首歌与他们自己的生活联系起来，以及是如何联系起来的。

结果证明，和我交谈的那几个孩子当时并没有把他们听到的歌词与他们的生活联系起来。但是，当我让他们想想这些歌词对他们意味着什么时，一些孩子给出了富有洞察力的思考。

一个 12 岁的男孩说，《老人们》这首歌讲述了老人们通常是怎么一个人整天坐在那里，无所事事的，让他以一种新的方式思考他的祖母。"她整天坐在家里，"他说，"我以前从没想过。也许我可以带给她一些事情做，这样她就不会那么孤单和无聊了。"

歌曲《给我爱过的》是布雷尔对一位失去的恋人的哀悼。这让一个女孩想到了一个搬走了的最好的朋友，她们已经失去了联系。她思念这个女孩，但这首歌让她意识到能够认识这个朋友是多么幸运。这还让她回忆起了她们一起度过的许多快乐时光。一些回忆童年快乐时光的歌曲启发几个孩子感激他们现在所拥有的。正如一个 10 岁的孩子说的："也许我不应该再有那么多抱怨。"

带你的孩子观看任何形式的现场表演，都可以提供一次重要的文化体验。你可以通过问以下几个问题来强化这种体验，以便鼓励你的孩子从解决问题的角度来思考观看的戏剧或听到的歌：

- （剧中的一个角色）有什么感受？
- 这个戏剧的情节（歌词）让你有什么感受？
- 为什么会让你有这种感受？
- 这个戏剧或歌曲能让你想起对你来说很重要的某个人吗？
- 它在哪些方面让你想起了那个人？

·如果剧中或歌曲中的人们之间出现了一个问题，他们是如何解决的？

·你能想出其他方法来解决这个问题吗？

正如这家剧院公司的总监巴里·布拉特（Barry Brait）告诉我的："戏剧作品是为了传达某个信息而精心制作的。现场演出的即时性是电影和电视所无法比拟的，这可能会让我们敞开心扉去讨论生活中那些重要的事情。"

这也可以帮助你的孩子敞开心扉讨论他们生活中重要的事情。

鼓励孩子们自己写作

"每一个孩子，无论背景和年龄，都有一些重要的话要说，有一些事情值得倾听。"费城青年编剧协会执行理事格伦·纳普（Glen Knapp）说。该协会是一个艺术教育项目，其使命是通过剧本创作挖掘孩子们的潜力并激励他们学习。该协会将费城地区公立学校和私立学校的教师与专业教学艺术家结成对子，帮助孩子们以戏剧的形式表达他们对生活的想法和感受。一个由编剧、教师和前青年编剧协会学生组成的文学委员会，为不同年龄段的人选出剧本，在社区和专业剧院演出。对于更小的孩子，可以在当地与坦普尔大学戏剧系有合作关系的书店进行有指导的阅读。

尽管作品的曝光对孩子们来说是有益处的，但是，其好处远远不止于此。即使他们的剧本从未上演过，这些孩子也创作出了一些非常重要的东西。他们已经有机会将一些对于他们来说很重要的事情的想法和感受组织起来，因此，那些想法和感受对他们自己来说可能会变得更加清晰。

正如纳普指出的："也许现在的学生比以往任何时候都更需要一种表达自我的方式，需要找到一些方法来应对当今这个复杂而充满挑战的世界。而且，他们需要知道，我们会倾听并重视他们所说的。"下面是一个 10 岁的女孩表达的对她重要的事情。她觉得在现实生活中，她的爸爸没有给予她足够的关注。他总是忙于工作。她的剧本就围绕着这个主题：

一个孩子向她的爸爸要一只小狗。她的爸爸在昏昏欲睡中答应了，并让她从他的钱包里拿钱去买。这只小狗会说话。小狗从爸爸的办公室打来电话，假装是爸爸的秘书，告诉他那天没有工作。她的爸爸发现是这只小狗打的电话，并且在和女儿谈过这件事之后，同意减少自己的工作。

这个剧本是由费城威廉佩恩中学五年级学生凯蒂·格雷斯（Katie Grace）写的，在一次青年编剧比赛中获得了第一名。当她把这个剧本给她爸爸看时，他真的被感动了。从那天起，爸爸特别注意花更多的时间陪女儿。

在指导和鼓励下，孩子们将自己的想法以剧本的形式表现出来，无论是一个场景还是独幕剧，他们都能学到一些学业和社会技能。除了形成一套写作和修改的技能之外，孩子们还学会了勇于创新和批判性思考。同时，他们变得能意识到别人对他们要说的话的反应，并学会了更加宽容地看待别人的观点。

从小学到高中，故事主题包括了欺凌、毒品、暴力和人际关系——对孩子们来说很重要的各种事情。一个五年级的学生颇受启发，因为正如他所说："我认识到每个人都有不同的想法……尊重他们写的东西真的非常非常好，因为那可能不是你感兴趣的东西，但这并不意味着你就应该武断地做出评判。"

所有参加青年编剧项目的孩子都会收到该协会的一本个人记事本，鼓励他们继续写作，不管他们的剧本是否被演出过。所有的孩子都是赢家。仅仅通过参与剧本创作，他们就有机会思考、组织并向最重要的听众——他们自己——表达他们的观点。

无论你所在的地区是否有像费城青年编剧协会这样的组织，

你的孩子仍然能很有创造力。他可以写下自己的想法和感受，创作虚构的人物，并写出剧本来为家人表演。通过这种艺术方式，你的孩子可以找到一种安全的方式让你知道他在想什么。

后 记

我希望我已经教给你如何帮助你的孩子处理情感，变得更有能力，在家里和学校里形成健康的人际关系，并且学会在未来取得成功所需的重要人生技能。当你每天仔细权衡自己的选择，决定如何处理出现的情形时，你的孩子也能学会权衡他们自己的选择。在当今这个复杂的世界里，我们比以往任何时候都更需要给予我们的孩子在生活中做出正确决定所需要的技能，而且还要给予他们使用这些技能的自由。

我很想知道你家里发生的有趣的故事和小插曲。你可以写信给我：

Department of Psychology

Drexel University

3141 Chestnut St.

你也可以给我打电话，号码是 215–553–7120，或者给我写邮件，地址是 mshure@drexel.edu，还可以登录我的网站 www.thinkingchild.com 与我联系。我很希望你能与我联系。

致　谢

　　幸亏有与我共事30多年的朋友和同事乔治·斯派维克(George Spivack)，否则本书中所描述的构成"我能解决问题"法基础的这项研究就永远不会诞生。由美国国家心理健康研究所预防研究处提供资金，乔治和我得以有机会发现与4~12岁孩子健康的社会适应有关的思考技能。这笔资金还让我设计出了"我能解决问题"（ICPS）项目，来测试一种引导行为的新方法——这个项目为我和父母们打交道奠定了基础。

　　在我为父母们写的第一本书《如何培养孩子的社会能力》出版后，时任《费城每日新闻》执行主编的艾伦·福利 (Ellen Foley) 意识到可以将我的"我能解决问题"法——作为一个包含养育建议的报纸专栏——应用到各种各样的情景中。还要感谢 WHYY-FM① 负责企业传媒和公共事务的前副总裁内莎·福曼（Nessa Forman）、时任项目经理金斯利·史密斯（Kingsley Smith）、时任教育服务副总裁罗杰·米切尔（Roger Mitchell），他们让我们有机会在广播中提供这些建议。正是对报纸和电台养育建议的回应，以及读者对我的前两本书籍提出的问题，促成了现在这本书。

　　我要感谢来自俄亥俄州新奥尔巴尼的社会工作者罗莎莉·兰普森（Rosalie Lampson）和丽莎·斯佩克特 (Lisa Spector) 提供的收录于本书序言中的父母对 ICPS 的一些评论。在先与自己的孩子一起运用这一"我能解决问题"法之后，罗莎莉和丽莎为父母们开设了工作坊。

---

　　① WHYY-FM，费城当地的一家全国公共电台。——作者注

323

　　我还要感谢在美国巡回举办工作坊——这些工作坊使我的解决问题法保持着活力——时认识的其他专业人士，以及那些现在或曾经为家庭和学校提供他们自己的工作坊的"我能解决问题（ICPS）"培训师们。这些培训师的真知灼见和经验激发了我的思考，并启发我写出了本书的部分内容。这些人包括佛罗里达州戴德县的心理学博士、神经心理学家、学校心理学家邦尼·阿伯森（Bonnie Aberson），阿肯色州罗杰斯市的教育学博士、亲职专家迪·奥斯汀（Dee Austin），新泽西州葛拉斯堡罗市多萝西·L.布洛克学校的学校顾问、文学硕士菲利斯·布洛克–博法特（Phyllis Bullock–beaufait），伊利诺伊州芝加哥市大都会家庭服务中心暴力预防专家阿尔贝托·布斯托兹（Alberto Bustoz），伊利诺伊州内珀维尔市米尔街学校校长、文学硕士露丝·克罗斯（Ruth Cross），伊利诺伊州内珀维尔市 NCO 青年与家庭服务中心家长导师协调员、理科硕士诺妮·唐宁（Nonie Downing），新泽西州林肯公园市林肯公园学校的学校顾问凯瑟琳·克罗尔（Kathleen Krol）博士，路易斯安那州巴吞鲁日市"我关爱"项目预防专家、教育专科督导简·麦克高（Jane McGaugh），宾夕法尼亚州希灵顿市州长米夫林学区教学支持小组、文学硕士罗宾·纳尔逊（Robin Nelson），伊利诺伊州芝加哥市巴罗幼儿中心社会服务经理、社会工作硕士麦里克·奥康奈尔（Merrick O'Connell），乔治亚州亚特兰大市阿马迪领导力协会教育顾问、文学硕士道恩·奥普拉（Dawn Oparah），宾夕法尼亚州施文克斯维尔市圣玛丽学校预防专家凯瑟琳·派德（Kathleen Piede），伊利诺伊州芝加哥市大都会家庭服务项目主任米歇尔·沙伊特（Michelle Scheidt），伊利诺伊州内珀维尔市米尔街学校社会工作者、社会工作硕士丽贝卡·史密斯–安东（Rebecca Smith–Andoh），新泽西州苏埃尔科教资源信息中心新泽西儿童保育培训项目主任理查德·提图斯（Richard Titus），以及下面这些私人执业教育顾问：宾夕法尼亚州匹兹堡市认证欺凌预防专家帕梅拉·康图里斯

（Pamela Countouris），新泽西州费里霍尔德市社会工作者海蒂·德斯塔夫（Heidi DeStaven），得克萨斯州休斯顿市的琳恩·迪瓦恩 (Lynne Devine)，俄勒冈州尤金市社会工作者克里斯汀·芬克（Kristin Funk），新泽西州莫里斯敦的安-琳·格拉泽（Ann-Linn Glaser），佛罗里达州那不勒斯市的理科硕士路易丝·克里安（Louise Krikorian），得克萨斯州休斯顿市的莉萨·拉克纳（Lisa Lakner），加利福尼亚州加登格罗夫市的玛丽·凯特·兰德 (Mary Kate Land)，新泽西州佛森市的文学硕士桑德拉·谢尔（Sandra Sheard），特拉华州贝尔市的社会工作硕士玛丽·贝丝·威利斯（Mary Beth Willis），北卡罗来纳州罗利市的莫妮可·贝瑟尔（Monique Bethell）博士。

威斯康辛大学"推广/合作推广"项目家庭生活项目专家和州联络员、理科硕士玛丽·胡塞尔 (Mary Huser) 为"如何培养孩子的社会能力"（Raising a Thinking Child）项目提供了重要补充。她在威斯康辛州各地培训家长方面发挥了领导作用。而且她的四位培训师和我一起在威斯康辛公共广播的"拉里·梅利尔秀"上演示了这个解决问题的方法，他们是：格林郡威斯康辛大学推广家庭生活代理、理科硕士布里奇特·穆钦-汉弗莱（Bridget Mouchon-humphrey），沙瓦诺县威斯康辛大学推广家庭生活教育者、理科硕士南希·舒尔茨（Nancy Schultz），沃尔沃思县威斯康辛大学推广家庭生活教育者、理科硕士詹妮·韦梅尔（Jenny Wehmeier）和苏·艾伦（Sue Allen）。我还想感谢纽约州花园城阿德菲大学育儿研究所的主任玛西·萨福尔 (Marcy Safyer) 博士，她在"如何培养孩子的社会能力"项目中指导她的员工培训父母，还进行了研究，验证学龄前儿童的父母学习如何与孩子一起解决问题过程中的依恋问题。我要深深地感谢前战略计划经理、教育学博士斯蒂西·穆尔纳·梅因（Stacie Mulnar-Main）和宾夕法尼亚州露营山安全学校中心的特别项目管理协调员斯蒂芬妮·罗伊（Stephanie Roy），我们一起合作，将我们与父母、教师和其他看护人员之间的工作推向全国。我也要感谢前研究出版社社长安·温德尔（Ann Wendel），她允许我把为 ICPS 学校项目设计的"可笑的对话"加入第 16 章中。此外，本书的四个部分开头的引语最初出现在《如何培养孩子的社会能力（Ⅱ）》一书中。

我的经纪人林恩·塞利格曼（Lynn Seligman）从一开始就对我的工作充满信心。我认识林恩已经将近 20 年了，我感谢她鼓励我继续以新的方式扩展我的解决问题法。我也感谢她把我介绍给罗伯塔·伊莎洛夫（Roberta Israeloff），伊莎洛夫不仅在快到截稿日期前让我保持冷静，还用她敏锐的洞察力帮助我写这本书，一如她在《如何培养孩子的社会能力（Ⅱ）》时做的那样。

本书的原出版商麦格劳－希尔出版社的编辑朱迪思·麦卡锡（Judith McCarthy）在与她自己的孩子一起运用这个解决问题法的过程中提出了一些宝贵的见解。事实上，她的一些发人深省的逸事也收录在这本书中。我还要感谢研究出版社前社长盖尔·萨尔亚德（Gail Salyards），感谢她对"我能解决问题"学校系列丛书的持续支持，感谢她对家庭《如何培养孩子的社会能力练习册》的支持，感谢她认识到出版这本书的价值。现在我要特别感谢研究出版社的总裁兼首席执行官朱迪·帕金森（Judy Parkinson），感谢她对 ICPS 系列、《如何培养孩子的社会能力练习册》的持续支持，以及她对本书的信心，这促成了本书第二版也就是扩展版的诞生。我还要感谢 ICPS 系列丛书和这两版书籍的编辑凯伦·施泰纳（Karen Steiner）。

我的朋友、德雷塞尔大学护理与健康职业学院的前副教授杰拉尔德·贝罗（Gerald Bello）博士不仅自始至终给了我情感支持，还为一些作品的创作做出了重要贡献。在我写本书第二版的时候，我的同事、德雷塞尔大学（Drexel University）的心理学助理教授多萝西·夏博尼耶（Dorothy Charbonnier）和我进行了生动的对话，为这本书的创作做出了重要的贡献。我的叔叔哈罗德·劳夫曼（Harold Laufman）医学博士耐心地听取了其中的一些片段，并以他无限的智慧提出了表达它们的方法——其中一些出现在了这本书中。我的好朋友巴里·布拉特（Barry Brait）启发我采用一些新的方式去思考，用他的话说，日常事件可以"为我们讨论生活中的重要事情打开一扇大门"。

但最重要的是，父母和孩子才是这本书的核心。我要向数百个有 4~12 岁孩子的家庭表示感谢，他们构成了我选择案例的基础。虽然那些参与我的研究的人必须匿名，但我要点名感谢那些与我进行了交谈，有时甚至交谈长达数小时的人，或那些在他们的孩子玩耍时给我机会观察的人。（在这本书中，除了辛迪加脱口秀主持人蒙特尔·威廉姆斯（Montel Williams），他们的名字都做了更改。）有些故事是由父母、祖父母或看护者提供的；有些是由父母和他们的孩子提供的；还有一些是孩子们在大人们听不到的情况下分享的想法和故事。

这些父母、祖父母和看护者包括斯蒂芬妮·布鲁克斯（Stephanie Brooks）、M·J·塞尔帕克（M.J.Czerpark）、康妮·加西亚（Connie Garcia）、马里恩·吉列斯皮（Marion Gillespie）、辛迪·汉德勒（Cindy Handler）、柯克·海尔布伦（Kirk Heilbrun）、詹姆斯·赫伯特（James Herbert）、克里斯蒂·赫特里克（Christi Hetrick）、多萝西·霍奇曼（Dorothy Hochman）、雪莉·霍普金斯（Sherry Hopkins）、乔治·约翰逊（George Johnson）、凯西·凯恩（Kathy Kane）、罗丝·基恩（Rose Keane）、杜夫·莱斯（Dov Leis）、罗宾·刘易斯（Robin Lewis）、谢丽尔·利茨克（Cheryl Litzke）、约翰·马克兰斯基（John Makransky）、保罗·诺兰（Paul Nolan）、弗兰克·罗伯茨（Frank Roberts）、琼·罗尔（Joan Roll）、斯蒂芬妮·肖尔（Stephanie Shore）、芭芭拉·斯巴拉－康威（Barbara Skypala-Conway）、罗克珊·斯塔利（Roxane Staley）、珍妮特·斯特恩（Janet Stern）和 J·迈克尔·威廉姆斯（J.Michael Williams）。

那些同样做出贡献的父母和他们的孩子包括布鲁斯（Bruce）

和琳达·博古斯拉夫（Linda Boguslav）、梅拉（Mayla）和阿里尔(Arielle)，丽莎·霍夫斯坦（Lisa Hoffstein）和希拉里（Hillary），乔·麦卡弗里（Joe McCaffrey）和凯特琳（Kaitlyn），朱迪思·墨丘利（Judith Mercuris）和苏菲（Sohpie），伊丽莎白·罗宾逊（Elizabeth Robinson）、吉米（Jimmy）和格雷戈里（Gregory），乔纳森·西尔伯格（Jonathan Silberg）和莎拉（Sarah）。

我交谈过或观察过的孩子们包括约翰·布雷斯林（John Breslin）、弗朗西斯卡（Francesca）和乔凡娜·奇雅贝拉（Giovanna Chiabella），伊丽莎白·科纳罗（Elizabeth Conarroe），亚历克斯（Alex）和马特·多米尼克（Mart Domenick），亚尼·埃莱夫特里乌（Yianni Eleftheriou），艾略特（Eliott）和西尔维娅·赫伯特（Sylvia Herbert），马修·海曼（Mathew Hyman），恩里克·因克兰，（Enrique Inclan）阿里扎·卡恩（Aliza Kahn），迈克尔·卡茨（Michael Katz），加芙列拉·劳夫曼·科古特（Gabriela Laufman Kogut），凯莉·拉伦（Kaley Laren），阿基亚·马龙（Akia Malone），本杰明·奥尔斯霍（Benjamin Olsho），马尔戈·舍恩伯格（Margo Schoenberg），亚历克西·塞沃拉尔（Alexi Several），约书亚·托马斯（Joshua Thomas），加布里埃尔·韦斯（Gabrielle Weiss）。

如果没有人分享自己的故事，这本书就不可能出版。

《如何培养孩子的社会能力》

教孩子学会解决冲突和与人相处的技巧

简单小游戏　成就一生大能力
美国全国畅销书（The National Bestseller）
荣获四项美国国家级大奖的经典之作
美国"家长的选择（Parents'Choice Award）"图书奖

　　社会能力就是孩子解决冲突和与人相处的能力，人是社会动物，没有社会能力的孩子很难取得成功。舒尔博士提出的"我能解决问题"法，以教给孩子解决冲突和与人相处的思考技巧为核心，在长达30多年的时间里，在全美各地以及许多其他国家，让家长和孩子们获益匪浅。与其他的养育办法不同，"我能解决问题"法不是由家长或老师告诉孩子怎么想或者怎么做，而是通过对话、游戏和活动等独特的方式教给孩子自己学会怎样解决问题，如何处理与朋友、老师和家人之间的日常冲突，以及寻找各种解决办法并考虑后果，并且能够理解别人的感受。让孩子学会与人和谐相处，成长为一个社会能力强、充满自信的人。

　　默娜·B.舒尔博士，儿童发展心理学家，美国亚拉尼大学心理学教授。她为家长和老师们设计的一套"我能解决问题"训练计划，以及她和乔治·斯派维克（George Spivack）一起所做出的开创性研究，荣获了一项美国心理健康协会大奖、三项美国心理学协会大奖。

[美]默娜·B.舒尔
特里萨·弗伊·
迪吉若尼莫　著
张雪兰　译
北京联合出版公司
定价：30.00元

《如何培养孩子的社会能力（II）》

教 8～12 岁孩子学会解决冲突和与人相处的技巧

全美畅销书《如何培养孩子的社会能力》作者的又一部力作！
让怯懦、内向的孩子变得勇敢、开朗！
让脾气大、攻击性强的孩子变得平和、可亲！
培养一个快乐、自信、社会适应能力强、情商高的孩子

　　8～12岁，是孩子进入青春期反叛之前的一个重要时期，是孩子身体、行为、情感和社会能力发展的一个重要分水岭。同时，这也是父母的一个极好的契机——教会孩子自己做出正确决定，自己解决与同龄人、老师、父母的冲突，培养一个快乐、自信、社会适应能力强、情商高的孩子——以便孩子把精力更多地集中在学习上，为他们期待而又担心的中学生活做好准备。

　　本书详细、具体地介绍了将"我能解决问题"法运用于 8～12 岁孩子的方法和效果。

[美]默娜·B.舒尔　著
刘荣杰　译
北京联合出版公司
定价：35.00元

《培养孩子大能力的 210 个活动》

让孩子具备在学校和人生中取得成就的品质

畅销美国 30 余万册 被 4000 多所幼儿园和小学采用

这是一本实用的家庭教育指南，专门为 3~12 岁的孩子设计，通过 210 个简单易行、有用有趣的活动，让孩子具备在学校和人生中取得成就的 12 种大能力：自信、积极性、努力、责任感、首创精神、坚持不懈、关爱、团队协作、常识、解决问题、专注、尊重。

美国前国务卿希拉里·克林顿、美国儿童权益保护协会创始人兼会长阿诺德·菲格、耶鲁大学心理学教授爱德华·齐格勒博士等权威人士人对本书赞誉有加。自出版以来，本书已经在美国卖出 30 多万册，被 4000 多所幼儿园和小学采用。

[美] 多萝茜·里奇　著
蒋玉国 陈吟静　译
北京联合出版公司
定价：45.00 元

《孩子，把你的手给我》

与孩子实现真正有效沟通的方法

畅销美国 500 多万册的教子经典，以 31 种语言畅销全世界
彻底改变父母与孩子沟通方式的巨著

本书自 2004 年 9 月由京华出版社自美国引进以来，仅依靠父母和老师的口口相传，就一直高居当当网、卓越网的排行榜。

吉诺特先生是心理学博士、临床心理学家、儿童心理学家、儿科医生；纽约大学研究生院兼职心理学教授、艾德尔菲大学博士后。吉诺特博士的一生并不长，他将其短短的一生致力于儿童心理的研究以及对父母和教师的教育。

父母和孩子之间充满了无休止的小麻烦、阶段性的冲突，以及突如其来的危机……我们相信，只有心理不正常的父母才会做出伤害孩子的反应。但是，不幸的是，即使是那些爱孩子的、为了孩子好的父母也会责备、羞辱、谴责、嘲笑、威胁、收买、惩罚孩子，给孩子定性，或者对孩子唠叨说教……当父母遇到需要具体方法解决具体问题时，那些陈词滥调，像"给孩子更多的爱"、"给她更多关注"或者"给他更多时间"是毫无帮助的。

多年来，我们一直在与父母和孩子打交道，有时是以个人的形式，有时是以指导小组的形式，有时以养育讲习班的形式。这本书就是这些经验的结晶。这是一个实用的指南，给所有面临日常状况和精神难题的父母提供具体的建议和可取的解决方法。

——摘自《孩子，把你的手给我》一书的"引言"

[美] 海姆·G·吉诺特　著
北京联合出版公司
定价：32.00 元

[美] 海姆·G·吉诺特　著
张雪兰　译
北京联合出版公司
定价：26.00 元

《孩子，把你的手给我（Ⅱ）》

与十几岁孩子实现真正有效沟通的方法

《孩子，把你的手给我》作者的又一部巨著
彻底改变父母与十几岁孩子的沟通方式

　　本书是海姆·G·吉诺特博士的又一部经典著作，连续高踞《纽约时报》畅销书排行榜 25 周，并被翻译成 31 种语言畅销全球，是父母与十几岁孩子实现真正有效沟通的圣经。

　　十几岁是一个骚动而混乱、充满压力和风暴的时期，孩子注定会反抗权威和习俗——父母的帮助会被怨恨，指导会被拒绝，关注会被当做攻击。海姆·G·吉诺特博士就如何对十几岁的孩子提供帮助、指导、与孩子沟通提供了详细、有效、具体、可行的方法。

[美] 海姆·G·吉诺特　著
张雪兰　译
北京联合出版公司
定价：35.00 元

《孩子，把你的手给我（Ⅲ）》

老师与学生实现真正有效沟通的方法

《孩子，把你的手给我》作者最后一部经典巨著
以 31 种语言畅销全球
彻底改变老师与学生的沟通方式
美国父母和教师协会推荐读物

　　本书是海姆·G·吉诺特博士的最后一部经典著作，彻底改变了老师与学生的沟通方式，是美国父母和教师协会推荐给全美教师和父母的读物。

　　老师如何与学生沟通，具有决定性的重要意义。老师们需要具体的技巧，以便有效而人性化地处理教学中随时都会出现的事情——令人烦恼的小事、日常的冲突和突然的危机。在出现问题时，理论是没有用的，有用的只有技巧，如何获得这些技巧来改善教学状况和课堂生活就是本书的主要内容。

　　书中所讲述的沟通技巧，不仅适用于老师与学生、家长与孩子之间的交流，而且也可以灵活运用于所有的人际交往中，是一种普遍适用的沟通技巧。

《正面管教》

如何不惩罚、不娇纵地有效管教孩子

畅销美国400多万册　被翻译为16种语言畅销全球

　　自1981年本书第一版出版以来，《正面管教》已经成为管教孩子的"黄金准则"。正面管教是一种既不惩罚也不娇纵的管教方法……孩子只有在一种和善而坚定的气氛中，才能培养出自律、责任感、合作以及自己解决问题的能力，才能学会使他们受益终生的社会技能和人生技能，才能取得良好的学业成绩……如何运用正面管教方法使孩子获得这种能力，就是这本书的主要内容。

　　简·尼尔森，教育学博士，杰出的心理学家、教育家，加利福尼亚婚姻和家庭执业心理治疗师，美国"正面管教协会"的创始人。曾经担任过10年的有关儿童发展的小学、大学心理咨询教师，是众多育儿及养育杂志的顾问。

　　本书根据英文原版的第三次修订版翻译，该版首印数为70多万册。

[美] 简·尼尔森　著
玉冰　译
北京联合出版公司
定价：38.00 元

《0～3岁孩子的正面管教》

养育0～3岁孩子的"黄金准则"

家庭教育畅销书《正面管教》作者力作

　　从出生到3岁，是对孩子的一生具有极其重要影响的3年，是孩子的身体、大脑、情感发育和发展的一个至关重要的阶段，也是会让父母们感到疑惑、劳神费力、充满挑战，甚至艰难的一段时期。

　　正面管教是一种有效而充满关爱、支持的养育方式，自1981年问世以来，已经成为了养育孩子的"黄金准则"，其理论、理念和方法在全世界各地都被越来越多的父母和老师们接受，受到了越来越多父母和老师们的欢迎。

　　本书全面、详细地介绍了0～3岁孩子的身体、大脑、情感发育和发展的特点，以及如何将正面管教的理念和工具应用于0～3岁孩子的养育中。它将给你提供一种有效而充满关爱、支持的方式，指导你和孩子一起度过这忙碌而令人兴奋的三年。

　　无论你是一位父母、幼儿园老师，还是一位照料孩子的人，本书都会使你和孩子受益终生。

[美] 简·尼尔森
谢丽尔·欧文
罗丝琳·安·达菲　著
花莹莹　译
北京联合出版公司
定价：42.00 元

《3～6岁孩子的正面管教》

养育3～6岁孩子的"黄金准则"

家庭教育畅销书《正面管教》作者力作

[美]简·尼尔森
　　谢丽尔·欧文
　　罗丝琳·安·达菲　著
娟子　译
北京联合出版公司
定价：42.00元

　　3～6岁的孩子是迷人、可爱的小人儿。他们能分享想法、显示出好奇心、运用崭露头角的幽默感、建立自己的人际关系，并向他们身边的人敞开喜爱和快乐的怀抱。他们还会固执、违抗、令人困惑并让人毫无办法。

　　正面管教会教给你提供有效而关爱的方式，来指导你的孩子度过这忙碌并且充满挑战的几年。

　　无论你是一位父母、一位老师或一位照料孩子的人，你都能从本书中发现那些你能真正运用，并且能帮助你给予孩子最好的人生起点的理念和技巧。

《十几岁孩子的正面管教》

教给十几岁的孩子人生技能

家庭教育畅销书《正面管教》作者力作
养育十几岁孩子的"黄金准则"

[美]简·尼尔森
　　琳·洛特　著
尹莉莉　译
北京联合出版公司出版
定价：35.00元

　　度过十几岁的阶段，对你和你的青春期的孩子来说，可能会像经过一个"战区"。青春期是成长中的一个重要过程。在这个阶段，十几岁的孩子会努力探究自己是谁，并要独立于父母。你的责任，是让自己十几岁的孩子为人生做好准备。

　　问题是，大多数父母在这个阶段对孩子采用的养育方法，使得情况不是更好，而是更糟了……

　　本书将帮助你在一种肯定你自己的价值、肯定孩子价值的相互尊重的环境中，教育、支持你的十几岁的孩子，并接受这个过程中的挑战，帮助你的十几岁孩子最大限度地成为具有高度适应能力的成年人。

[美] 简·尼尔森 琳·洛特
斯蒂芬·格伦 著
梁帅 译
北京联合出版公司出版
定价：30.00 元

《教室里的正面管教》

培养孩子们学习的勇气、激情和人生技能

家庭教育畅销书《正面管教》作者力作
造就理想班级氛围的"黄金准则"
本书入选中国教育新闻网、中国教师报联合推荐
2014 年度"影响教师 100 本书"TOP10

很多人认为学校的目的就是学习功课，而各种纪律规定应该以学生取得优异的学习成绩为目的。因此，老师们普遍实行的是以奖励和惩罚为基础的管教方法，其目的是为了控制学生。然而，研究表明，除非教给孩子们社会和情感技能，否则他们学习起来会很艰难，并且纪律问题会越来越多。

正面管教是一种不同的方式，它把重点放在创建一个相互尊重和支持的班集体，激发学生们的内在动力去追求学业和社会的成功，使教室成为一个培育人、愉悦和快乐的学习和成长的场所。

这是一种经过数十年实践检验，使全世界数以百万计的教师和学生受益的黄金准则。

[美] 简·尼尔森
艾德里安·加西亚 著
[美] 葆拉·格雷 绘
张宏武 译
定价：35.00 元

《正面管教工具卡》

提高养育技能的 52 张卡片

家庭教育畅销书《正面管教》作者力作

该套卡片是将《正面管教》在实际中的运用，以卡片的形式呈现出来。在每张卡片上有对相应工具的简要介绍，以及具体的使用办法和相关示例，在卡片上还配有一幅形象而生动的插图。

1981 年，简·尼尔森博士出版《正面管教》一书，使正面管教的理念逐渐为越来越多的人接受并奉行。如今，正面管教已经成了管教孩子的"黄金准则"。其理念和方法已经传播到将近 70 个国家和地区，包括：美国、英国、冰岛、荷兰、德国、瑞士、法国、摩洛哥、西班牙、墨西哥、厄瓜多尔、哥伦比亚、秘鲁、智利、巴西、加拿大、中国、埃及、韩国。

《正面管教 A-Z》

日常养育难题的 1001 个解决方案

家庭教育畅销书《正面管教》作者力作
以实例讲解不惩罚、不娇纵管教孩子的"黄金准则"

无论你多么爱自己的孩子，在日常养育中，都会有一些让你愤怒、沮丧的时刻，也会有让你绝望的时候。

你是怎么做的？

本书译自英文原版的第 3 版（2007 年出版），包括了最新的信息。你会从中找到不惩罚、不娇纵地解决各种日常养育挑战的实用办法。主题目录，按照 A-Z 的汉语拼音顺序排列，方便查找。你可以迅速找到自己面临的问题，挑出来阅读；也可以通读整本书，为将来可能遇到的问题及其预防做好准备。每个养育难题，都包括 6 步详细的指导：理解你的孩子、你自己和情形，建议，预防问题的出现，孩子们能够学到的生活技能，养育要点，开阔思路。

[美]简·尼尔森 琳·洛特
斯蒂芬·格伦 著
花莹莹 译
北京联合出版公司
定价：45.00 元

《正面管教养育工具》

赋予孩子力量、培养孩子能力的 49 种有效方法

家庭教育畅销书《正面管教》作者力作
不惩罚、不娇纵养育孩子的有效工具

正面管教是一种不惩罚、不娇纵的管教孩子的方式，是为了培养孩子们的自律、责任感、合作能力，以及自己解决问题的能力，让他们学会受益终生的社会技能和人生技能，并取得良好的学业成绩。

1981 年，简·尼尔森博士出版《正面管教》一书，使正面管教的理念逐渐为越来越多的人接受并奉行。如今，正面管教已经成了管教孩子的"黄金准则"。其理念和方法已经传播到将近 70 个国家和地区，包括美国、英国、冰岛、荷兰、德国、瑞士、法国、摩洛哥、西班牙、墨西哥、厄瓜多尔、哥伦比亚、秘鲁、智利、巴西、加拿大、中国、埃及、韩国。由简·尼尔森博士作为创始人的"正面管教协会"，如今已经有了法国分会和中国分会。

本书对经过多年实际检验的 49 个最有效的正面管教养育工具作了详细介绍。

[美]简·尼尔森
玛丽·尼尔森·坦博斯基
布拉德·安吉 著
花莹莹 杨森 张丛林 林展 译
北京联合出版公司出版
定价：42.00 元

《正面管教教师指南 A-Z》

教室里行为问题的 1001 个解决方案

家庭教育畅销书《正面管教》作者力作
以实例讲解造就理想班级氛围的"黄金准则"

本书包括两个部分：

第一部分，介绍的是正面管教的基本原理和基本方法，包括鼓励、错误目的、奖励和惩罚、和善而坚定、社会责任感、分派班级事务、积极的暂停、特别时光、班会，等等。

第二部分，是教室里常见的各种行为问题及其处理方法，按照 A-Z 的汉语拼音顺序排列，以方便查找。你可以迅速找到自己面临的问题，有针对性地阅读，立即解决自己的难题；也可以通读本书，为将来可能遇到的问题及其预防做好准备。

每个行为问题及其解决，基本都包括 5 个部分：

● 讨论。就一个具体行为问题出现的情形及原因进行讨论。

● 建议。依据正面管教的理论和原则，给出解决问题的建议。

● 提前计划，预防未来的问题。着眼于如何预防问题的发生。

● 用班会解决问题。老师和学生们用班会解决相应问题的真实故事。

● 激发灵感的故事。老师和学生们用正面管教工具解决相关问题的真实故事。

[美] 简·尼尔森
　　　琳达·埃斯科巴
　　　凯特·奥托兰
　　　罗丝琳·安·达菲
　　　黛博拉·欧文 – 索科奇　著
郑淑丽　译
北京联合出版公司出版
定价：55.00 元

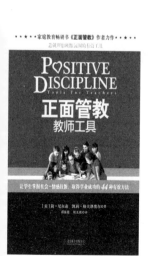

《正面管教教师工具》

造就理想班级氛围的有效工具
让学生掌握社会——情感技能、
取得学业成功的 44 种有效方法

家庭教育畅销书《正面管教》作者力作

如何处理学生的不良行为，是教师们经常会遇到的一个巨大挑战。他们通常的做法是惩罚不良行为，奖励好行为。然而，研究表明，无论惩罚还是奖励，都会降低学生的内在动力、合作精神、自控力，以及独立解决问题的能力。

在本书中，作者将以阿德勒心理学为基础的正面管教方法，具体化为教师们在日常教学中可以实际应用的 44 个工具，每个工具都有具体的说明和世界各地的教师运用该工具解决问题的实例，以及心理学和各种研究的依据。帮助老师们不惩罚、不娇纵地有效管教班级，解决班级管理中遇到的各种令人头疼的问题，最终培养出孩子们的自律、责任感、合作以及自己解决问题的能力，并取得学业的成功。

[美] 简·尼尔森
　　　凯莉·格夫洛埃尔　著
胡海霞　胡美艳　译
北京联合出版公司出版
定价：45.00 元

《单亲家庭的正面管教》

让单亲家庭的孩子健康、快乐、茁壮成长

家庭教育畅销书《正面管教》作者力作
单亲父母养育孩子的"黄金准则"

　　单亲家庭不是"破碎的家庭"，单亲家庭的孩子也不是注定会失败和令人失望的，有了努力、爱和正面管教养育技能，单亲父母们就能够把自己的孩子培养成有能力的、满足的、成功的人，让单亲家庭成为平静、安全、充满爱的家，而单亲父母自己也会成为一位更健康、平静的父母——以及一个更快乐的人。

　　《单亲家庭的正面管教》是家庭教育畅销书《正面管教》作者简·尼尔森的又一力作。自从《正面管教》于1981年出版以来，正面管教理念已经成为养育孩子的"黄金准则"，让全球数以百万计的父母、孩子、老师获益。

　　《单亲家庭的正面管教》是简·尼尔森博士与另外两位作者详细介绍如何将正面管教的理念和工具用于单亲家庭的一部杰作。

[美] 简·尼尔森　谢丽尔·欧文
卡萝尔·德尔泽尔　著
杨森　张丛林　林展　译
北京联合出版公司
定价：37.00 元

《特殊需求孩子的正面管教》

帮助孩子学会有价值的社会和人生技能

家庭教育畅销书《正面管教》作者力作

　　每一个孩子都应该有一个幸福而充实的人生。特殊需求的孩子们有能力积极成长和改变。

　　运用正面管教的理念和工具，特殊需求的孩子们就能够培养出一种越来越强的能力，为自己的人生承担起责任。在这个过程中，他们会与自己的家里、学校里和群体里的重要的人建立起深入的、令人满意的、合作的关系，从而实现自己的潜能。

[美] 简·尼尔森　史蒂文·福斯特
艾琳·拉斐尔　著
甄颖　译
北京联合出版公司
定价：32.00 元

《如何读懂孩子的行为》
理解并解决孩子各种行为问题的方法

孩子为什么不好好吃、不好好睡？为什么尿床、随地大便？为什么说脏话？为什么撒谎、偷东西、欺负人？为什么不学习？……这些行为，都是孩子在以一种特殊的方式与父母沟通。

当孩子遇到问题时，他们的表达方式十分有限，往往用行为作为与大人沟通的一种方式……如何读懂孩子这些看似异常行为背后真实的感受和需求，如何解决孩子的这些问题，以及何时应该寻求专业帮助，就是本书的主要内容。

安吉拉·克利福德–波斯顿（Andrea Clifford–Poston），教育心理治疗师、儿童和家庭心理健康专家，在学校、医院和心理诊所与孩子和父母们打交道 30 多年；她曾在查林十字医院（Charing Cross Hospital，建立于 1818 年）的儿童发展中心担任过 16 年的主任教师，在罗汉普顿学院（Roehampton Institute）担任过多年音乐疗法的客座讲师，她还是《泰晤士报》"父母论坛"的长期客座专家，为众多儿童养育畅销杂志撰写专栏和文章，包括为"幼儿园世界（Nursery World）"撰写了 4 年专栏。

[美] 安吉拉·克利福德–波斯顿 著
王俊兰 译
北京联合出版公司
定价：32.00 元

《帮助你的孩子爱上阅读》
0 ～ 16 岁亲子阅读指导手册

没有阅读的童年是贫乏的——孩子将错过人生中最大的乐趣之一，以及阅读带来的巨大好处。

阅读不但是学习和教育的基础，而且是孩子未来可能取得成功的一个最重要的标志——比父母的教育背景或社会地位重要得多。这也是父母与自己的孩子建立亲情心理联结的一种神奇方式。

帮助你的孩子爱上阅读，是父母能给予自己孩子的一份最伟大的礼物，一份将伴随孩子一生的爱的礼物。

这是一本简单易懂而且非常实用的亲子阅读指导手册。作者根据不同年龄的孩子的发展特征，将 0 ～ 16 岁划分为 0 ～ 4 岁、5 ～ 7 岁、8 ～ 11 岁、12 ～ 16 岁四个阶段，告诉父母们在各个年龄阶段应该如何培养孩子的阅读习惯，如何让孩子爱上阅读。

[美] 爱丽森·戴维 著
宋苗 译
北京联合出版公司
定价：26.00 元

[美] 伯顿·L.怀特 著
宋苗 译
北京联合出版公司
定价：39.00 元

《从出生到3岁》

婴幼儿能力发展与早期教育权威指南

畅销全球数百万册，被翻译成 11 种语言

　　没有任何问题比人的素质问题更加重要，而一个孩子出生后头 3 年的经历对于其基本人格的形成有着无可替代的影响……本书是唯一一本完全基于对家庭环境中的婴幼儿及其父母的直接研究而写成的，也是惟一一本经过大量实践检验的经典。本书将 0~3 岁分为 7 个阶段，对婴幼儿在每一个阶段的发展特点和父母应该怎样做以及不应该做什么进行了详细的介绍。

　　本书第一版问世于 1975 年，一经出版，就立即成为了一部经典之作。伯顿·L.怀特基于自己 37 年的观察和研究，在这本详细的指导手册中描述了 0~3 岁婴幼儿在每个月的心理、生理、社会能力和情感发展，为数千万名家长提供了支持和指导。现在,这本经过了全面修订和更新的著作包含了关于养育的最准确的信息与建议。

　　伯顿·L.怀特，哈佛大学"哈佛学前项目"总负责人，"父母教育中心"（位于美国马萨诸塞州牛顿市）主管，"密苏里'父母是孩子的老师'项目"的设计人。

[美] 特蕾西·霍格
梅林达·布劳 著
北京联合出版公司
定价：42.00 元

《实用程序育儿法》

宝宝耳语专家教你解决宝宝喂养、睡眠、情感、教育难题

《妈妈宝宝》、《年轻妈妈之友》、《父母必读》、"北京汇智源教育"联合推荐

　　本书倡导从宝宝的角度考虑问题，要观察、尊重宝宝，和宝宝沟通——即使宝宝还不会说话。在本书中，作者集自己近 30 年的经验，详细解释了 0~3 岁宝宝的喂养、睡眠、情感、教育等各方面问题的有效解决方法。

　　特蕾西·霍格(Tracy Hogg)世界闻名的实战型育儿专家，被称为"宝宝耳语专家"——她能"听懂"婴儿说话，理解婴儿的感受，看懂婴儿的真正需要。她致力于从婴幼儿的角度考虑问题，在帮助不计其数的新父母和婴幼儿解决问题的过程中，发展了一套独特而有效的育儿和护理方法。

　　梅林达·布劳，美国《孩子》杂志"新家庭（New Family）专栏"的专栏作家，记者。

《孩子是如何学习的》

畅销美国200多万册的教子经典，以14种语言畅销全世界

孩子们有一种符合他们自己状况的学习方式，他们对这种方式运用得很自然、很好。这种有效的学习方式会体现在孩子的游戏和试验中，体现在孩子学说话、学阅读、学运动、学绘画、学数学以及其他知识中……对孩子来说，这是他们最有效的学习方式……

约翰·霍特（1923～1985），是教育领域的作家和重要人物，著有10本著作，包括《孩子是如何失败的》、《孩子是如何学习的》、《永远不太晚》、《学而不倦》。他的作品被翻译成14种语言。《孩子是如何学习的》以及它的姊妹篇《孩子是如何失败的》销售超过两百万册，影响了整整一代老师和家长。

[美] 约翰·霍特 著
张雪兰 译
北京联合出版公司
定价：30.00元

《美国儿科医生育儿百科》

一部不可多得的育儿指南
详细介绍0~5岁宝宝的成长、发育、健康和行为

一位执业超过30年的美国儿科医生，一部不可多得的育儿指南，详细介绍0~5岁宝宝的成长、发育、健康和行为。

全书共4篇。第1篇是孩子的发育与成长，将0~5岁分为11个阶段，详细介绍各阶段的特点、分离问题、设立限制、日常的发育、健康与疾病、机会之窗、健康检查、如果……怎么办，等等问题。第2篇是疾病与受伤，从父母的角度介绍孩子常见的疾病、受伤与处理方法。第3篇讨论的是父母与儿科医生之间反复出现的沟通不畅的问题，例如免疫接种、中耳炎、对抗行为等。第4篇是医学术语表，以日常语言让父母们准确了解相关医学术语。

[美] 劳拉·沃尔瑟·内桑森 著
宋苗 译
北京联合出版公司
定价：89.00元

以上图书各大书店、书城、网上书店有售。

团购请垂询：010-65868687 13910966237

Email: marketing@tianluebook.com

更多畅销经典图书，请关注天略图书微信公众号"天略童书馆"及天猫商城"天略图书旗舰店"
（ https://tianluetushu.tmall.com/ ）